SUJEIÇÃO PASSIVA E OS LIMITES DA RESPONSABILIDADE TRIBUTÁRIA

MATHEUS SCHWERTNER ZICCARELLI RODRIGUES

Prefácio
Betina Treiger Grupenmacher

SUJEIÇÃO PASSIVA E OS LIMITES DA RESPONSABILIDADE TRIBUTÁRIA

Belo Horizonte

2023

© 2023 Editora Fórum Ltda.

É proibida a reprodução total ou parcial desta obra, por qualquer meio eletrônico, inclusive por processos xerográficos, sem autorização expressa do Editor.

Conselho Editorial

Adilson Abreu Dallari
Alécia Paolucci Nogueira Bicalho
Alexandre Coutinho Pagliarini
André Ramos Tavares
Carlos Ayres Britto
Carlos Mário da Silva Velloso
Cármen Lúcia Antunes Rocha
Cesar Augusto Guimarães Pereira
Clovis Beznos
Cristiana Fortini
Dinorá Adelaide Musetti Grotti
Diogo de Figueiredo Moreira Neto (*in memoriam*)
Egon Bockmann Moreira
Emerson Gabardo
Fabrício Motta
Fernando Rossi
Flávio Henrique Unes Pereira

Floriano de Azevedo Marques Neto
Gustavo Justino de Oliveira
Inês Virgínia Prado Soares
Jorge Ulisses Jacoby Fernandes
Juarez Freitas
Luciano Ferraz
Lúcio Delfino
Marcia Carla Pereira Ribeiro
Márcio Cammarosano
Marcos Ehrhardt Jr.
Maria Sylvia Zanella Di Pietro
Ney José de Freitas
Oswaldo Othon de Pontes Saraiva Filho
Paulo Modesto
Romeu Felipe Bacellar Filho
Sérgio Guerra
Walber de Moura Agra

FÓRUM
CONHECIMENTO JURÍDICO

Luís Cláudio Rodrigues Ferreira
Presidente e Editor

Coordenação editorial: Leonardo Eustáquio Siqueira Araújo
Aline Sobreira de Oliveira

Rua Paulo Ribeiro Bastos, 211 – Jardim Atlântico – CEP 31710-430
Belo Horizonte – Minas Gerais – Tel.: (31) 99412.0131
www.editoraforum.com.br – editoraforum@editoraforum.com.br

Técnica. Empenho. Zelo. Esses foram alguns dos cuidados aplicados na edição desta obra. No entanto, podem ocorrer erros de impressão, digitação ou mesmo restar alguma dúvida conceitual. Caso se constate algo assim, solicitamos a gentileza de nos comunicar através do *e-mail* editorial@editoraforum.com.br para que possamos esclarecer, no que couber. A sua contribuição é muito importante para mantermos a excelência editorial. A Editora Fórum agradece a sua contribuição.

Dados Internacionais de Catalogação na Publicação (CIP) de acordo com ISBD

R696s	Rodrigues, Matheus Schwertner Ziccarelli Sujeição passiva e os limites da responsabilidade tributária / Matheus Schwertner Ziccarelli Rodrigues. Belo Horizonte: Fórum, 2023. 204 p. 14,5x21,5 cm ISBN 978-65-5518-535-5 1. Direito tributário. 2. Sujeição passiva. 3. Responsabilidade tributária. 4. Destinatário constitucional tributário. 5. Administração tributária. I. Título. CDD: 341.39 CDU: 34:336(81)

Ficha catalográfica elaborada por Lissandra Ruas Lima – CRB/6 – 2851

Informação bibliográfica deste livro, conforme a NBR 6023:2018 da Associação Brasileira de Normas Técnicas (ABNT):

RODRIGUES, Matheus Schwertner Ziccarelli. *Sujeição passiva e os limites da responsabilidade tributária*. Belo Horizonte: Fórum, 2023. 204 p. ISBN 978-65-5518-535-5.

Aos meus avós, Amilton e Dulcinea,

aos meus pais, Marcello e Sabrina,

às minhas irmãs, Camilla, Carolina e Valentina.

SUMÁRIO

PREFÁCIO
Betina Treiger Grupenmacher 13

INTRODUÇÃO 17

CAPÍTULO 1
A NORMA JURÍDICA TRIBUTÁRIA E O SUJEITO PASSIVO DA RELAÇÃO JURÍDICA TRIBUTÁRIA 25

1.1. Premissas para compreensão da norma jurídica tributária 25
1.1.1. O Direito como sistema prescritivo 25
1.1.2. Competência tributária e o conceito de tributo 28
1.1.3. A relação jurídica e o critério de distinção 29
1.1.4. O regime jurídico tributário 31
1.1.5. A fenomenologia da incidência tributária e o processo de positivação do Direito 33
1.1.6. A regra-matriz de incidência tributária 38
1.2. O sujeito passivo da obrigação tributária e o destinatário constitucional tributário 44
1.2.1. A capacidade de realizar o fato jurídico tributário e a capacidade de ser sujeito passivo da obrigação tributária 44
1.2.2. A capacidade tributária passiva prevista no artigo 126 do Código Tributário Nacional 45
1.2.3. A ausência de necessária identidade entre o sujeito que realizou o fato jurídico tributário e o sujeito passivo da relação jurídica tributária correspondente 46
1.2.4. O conceito de sujeição passiva tributária e o "desapego" ao sujeito que realizou o fato jurídico tributário 49
1.2.5. O destinatário constitucional tributário 50
1.2.6. O destinatário constitucional tributário e as espécies tributárias 52

1.2.7. O destinatário constitucional tributário como elemento de verificação da constitucionalidade da norma 54
1.3. Espécies de sujeição passiva tributária 55
1.3.1. Classificações no direito 55
1.3.2. O critério de distinção na sujeição passiva tributária: classificações doutrinárias 57
1.3.3. Nosso critério de distinção: contribuinte e responsável tributário 60

CAPÍTULO 2
OS FUNDAMENTOS DA RESPONSABILIDADE TRIBUTÁRIA E SUAS MODALIDADES 63
2.1. A responsabilidade tributária como exceção à regra constitucional 63
2.1.1. A responsabilidade como proposição prescritiva que compõe a norma geral de tributação 65
2.1.2. A responsabilidade tributária e suas modalidades 66
2.1.2.1. Responsabilidade por substituição 66
2.1.2.2. Responsabilidade por transferência 68
2.2. A capacidade colaborativa como critério essencial de escolha do responsável tributário 70
2.2.1. Conceito jurídico de capacidade 70
2.2.2. Capacidade colaborativa como requisito para instituição da responsabilidade tributária 70
2.2.3. O reconhecimento da capacidade de colaboração 71
2.3. O dever de colaborar com a Administração Pública como fundamento da responsabilidade tributária 73
2.3.1. O dever fundamental de pagar tributos 74
2.3.2. O dever de colaboração com a Administração Tributária 76
2.4. A classificação da norma de responsabilidade tributária quanto ao seu fundamento: dever de colaborar com a Administração Tributária ou sanção 79
2.4.1. A responsabilidade como concretização do dever de colaborar com a Administração Tributária 80
2.4.2. A responsabilidade como sanção em razão do descumprimento do dever de colaborar com a Administração Tributária 82

2.4.3.	A responsabilidade como sanção por ato doloso	86
2.4.4.	Síntese conclusiva e explicativa	89

CAPÍTULO 3
OS LIMITES CONSTITUCIONAIS AO INSTITUTO DA RESPONSABILIDADE TRIBUTÁRIA 91

3.1.	O princípio da legalidade tributária e a disciplina por lei complementar	92
3.1.1.	O princípio da legalidade e da vinculabilidade da tributação	92
3.1.2.	As normas gerais de Direito Tributário e a reserva de lei complementar	94
3.1.3.	A reserva de lei complementar e a responsabilidade tributária	99
3.1.4.	Síntese conclusiva	102
3.2.	O princípio da capacidade contributiva	102
3.2.1.	A capacidade contributiva absoluta ou objetiva e a capacidade contributiva relativa ou subjetiva	103
3.2.2.	A capacidade contributiva e a responsabilidade tributária	104
3.2.3.	Síntese conclusiva	107
3.3.	O princípio da vedação à tributação com efeitos de confisco	107
3.3.1.	A indeterminação da expressão "efeito de confisco" e a construção doutrinária e jurisprudencial	108
3.3.2.	O princípio da vedação à tributação com efeitos de confisco e a responsabilidade tributária	111
3.3.3.	Síntese conclusiva	112
3.4.	Os princípios da razoabilidade e da proporcionalidade	112
3.4.1.	Os princípios da razoabilidade e da proporcionalidade e a responsabilidade tributária	113
3.4.2.	Síntese conclusiva	117

CAPÍTULO 4
OS LIMITES PREVISTOS NO CÓDIGO TRIBUTÁRIO NACIONAL AO INSTITUTO DA RESPONSABILIDADE TRIBUTÁRIA 119

4.1.	O artigo 121 do Código Tributário Nacional: sujeito passivo e responsabilidade tributária	121
4.1.1.	Responsável como espécie do gênero sujeito passivo da obrigação principal	122
4.1.2.	O critério residual para classificação do sujeito passivo	123
4.1.3.	A exigência de disposição expressa de lei	123
4.2.	O artigo 124 do Código Tributário Nacional: solidariedade passiva tributária	124
4.2.1.	Solidariedade como graduação da responsabilidade dos sujeitos que compõem conjuntamente o polo passivo da mesma obrigação tributária	125
4.2.2.	O interesse comum na situação que constitua o fato jurídico tributário	129
4.2.3.	A interpretação sistemática do inciso II do artigo 124 do CTN	135
4.3.	O artigo 128 do Código Tributário Nacional	137
4.3.1.	A autorização para definir novas hipóteses distintas daquelas já elencadas pelo CTN e o reconhecimento da harmonia entre a cláusula geral e as hipóteses previstas em lei complementar	138
4.3.2.	O vínculo do responsável com o fato jurídico tributário	140
4.3.2.1.	O critério residual: vínculo distinto do estabelecido entre contribuinte e o fato jurídico tributário	140
4.3.2.2.	Os fundamentos para exigência do vínculo com o fato jurídico tributário	141
4.3.2.3.	A repercussão jurídica do tributo	143
4.4.	Extensão da responsabilidade tributária	149
4.4.1.	A distinção entre o conceito de crédito tributário e o conceito de tributo para fins de delimitação da extensão da responsabilidade tributária	149
4.4.2	A extensão da responsabilidade quanto às penalidades pecuniárias	153
4.4.3.	A extensão do artigo 129 do CTN quanto à responsabilidade dos sucessores	155
4.5.	Os efeitos da responsabilidade tributária: solidariedade, subsidiariedade e pessoalidade	158
4.5.1.	A responsabilidade solidária	159

4.5.1.1.	Os efeitos da solidariedade previstos no artigo 125 do Código Tributário Nacional	160
4.5.2.	A responsabilidade subsidiária	164
4.5.3.	A responsabilidade pessoal ou exclusiva	166
4.6.	Considerações acerca do lançamento e da cobrança do crédito tributário em face do responsável tributário	168
4.6.1.	Considerações gerais acerca do lançamento e do auto de infração	168
4.6.2.	O requisito de individualização do sujeito passivo e a necessária constituição da norma individual e concreta em face do responsável tributário	171
4.6.3.	O lançamento tributário em face do responsável e a observância ao contraditório, à ampla defesa e ao devido processo legal	174
4.6.4.	A impossibilidade de promover ou redirecionar a execução fiscal sem a prévia constituição da norma individual e concreta em face do responsável tributário	176

CONCLUSÕES 181

REFERÊNCIAS 199

PREFÁCIO

Fiquei extremamente honrada com o convite que me foi dirigido pelo Dr. Matheus Schwertner Ziccarelli Rodrigues para prefaciar o seu livro.

Conheço o autor desde os tempos de sua graduação na Universidade Federal do Paraná, momento em que já revelou profundo interesse pelo Direito Tributário, dedicando-se intensamente ao estudo da matéria e sempre pronto a me auxiliar em minhas atividades acadêmicas, quando conheceu, de forma mais abrangente, o conteúdo programático e as importantes manifestações doutrinárias e jurisprudenciais sobre temas fiscais.

Dado o seu interesse pelo Direito Tributário, ainda na graduação, deu os primeiros passos rumo à investigação do referido ramo do Direito, quando, sob a minha coordenação, desenvolveu projeto de iniciação científica, que resultou no texto: "Os incentivos fiscais como normas indutoras de efetivação de garantias constitucionais pelo próprio contribuinte, em prol do equilíbrio econômico-social do orçamento público – Análise do art. 10 da Lei 10.666/2003 como dispositivo-modelo da questão levantada". Avançando em tal pesquisa, escreveu seu trabalho de conclusão de curso: *Incentivo fiscal: a intervenção estatal via fomento em matéria tributária e o reequilíbrio econômico-social do orçamento público*, estudo que tive a satisfação de orientar.

Ainda em auxílio de minha atividade docente, foi meu monitor nas disciplinas de Direito Tributário e Direito Tributário Especial, quando desempenhou de forma proativa e com extrema responsabilidade as atividades inerentes à referida monitoria.

Paralelamente às atividades que desenvolveu durante a graduação, acompanhando-me nas tarefas da Universidade, o autor realizou estágio profissional em minha banca de advocacia por dois anos e, em razão do seu desenvolvimento técnico e amadurecimento no Direito Tributário, foi definitivamente incorporado à equipe após a sua formatura e habilitação para exercer a advocacia.

Sempre inquieto e buscando alçar novos horizontes, especializou-se em Gestão Contábil e Tributária pela FAE Business School e, depois, submeteu-se à seleção do programa de mestrado da Universidade Federal do Paraná, no qual foi aprovado e, para a minha satisfação, figurei como sua orientadora na elaboração da dissertação de mestrado, que se verte na presente obra.

A obra revela a preocupação do autor com os "Limites da responsabilidade tributária, considerando em suas reflexões as premissas teóricas do referido instituto, o seu conceito e o seu regime jurídico". O texto é claro e direto, com ideias lógicas e bem concatenadas.

Trata-se de relevante e detida investigação voltada à análise de aspectos da sujeição passiva, especificamente no que diz respeito à responsabilidade tributária. Partindo da compreensão de que tributo não é um mero instrumento de financiamento das instituições democráticas, o autor conclui que os interesses meramente arrecadatórios não podem se sobrepor aos princípios e normas que disciplinam a tributação.

Na presente obra, o autor realiza estudo relativo à responsabilidade tributária, buscando conciliar o interesse arrecadatório do sujeito ativo com os direitos assegurados ao sujeito passivo pela Constituição Federal, especificamente no que concerne à responsabilidade pelo pagamento da exação tributária a um terceiro distinto daquele que realizou o fato jurídico tributário previsto na hipótese de incidência da norma tributária.

Propõe classificação da norma de responsabilidade tributária, tendo como critério distintivo o fundamento que a embasa, o qual pode ser tanto o dever de colaborar com a Administração Tributária, quanto a sanção. Segue analisando as limitações constitucionais formais e materiais à criação de novas hipóteses de responsabilidade tributária, além de investigar a constitucionalidade das hipóteses já existentes.

Sem prejuízo, enfrenta as limitações formais e materiais previstas no Código Tributário Nacional, especialmente no que concerne ao disposto nos seus artigos 121, 124 e 128, o que resultou no estudo mais aprofundado da figura do responsável tributário; da solidariedade passiva tributária; da exigência do vínculo do responsável tributário ao fato jurídico tributário; da repercussão jurídica do tributo; dos limites de aplicação e extensão da responsabilidade tributária, e de seus possíveis efeitos: a solidariedade, a subsidiariedade e a pessoalidade.

Este livro, que tenho a honra de prefaciar e cuja consistência interna e relevância para o Direito Tributário são dignas de nota, está apto a ser apreciado pela doutrina e pelos operadores do Direito, posto que traz o tom da seriedade científica do autor.

Cumprimento, por fim, a editora e o autor por esta excelente obra.

Curitiba, 13 de dezembro de 2022.

Betina Treiger Grupenmacher
Prof.ª Titular de Direito Tributário da UFPR

INTRODUÇÃO

A representação do poder é inseparável da sua colocação em uma ordem que o transcende e o funda. Sua emblemática expressão se encontra na jurisdição, em que o direito é proclamado, realizando, nas palavras de Pietro Costa, a essência do poder, uma vez que este "[...] pressupõe a ordem e a declara, a confirma, a realiza."[1]

É certo que a delimitação do poder também implica sua limitação. Assim, ao mesmo tempo que surge para declarar e realizar o poder, o Direito também serve para limitá-lo. Justamente por isso que o Estado de Direito é concebido na função de influenciar a relação entre Estado e indivíduo, introduzindo, a favor do sujeito, alguma limitação jurídica ao poder soberano.[2]

Para compreender o nascimento do Estado de Direito diante da tensão entre poder e Direito que atravessou toda cultura político-jurídica ocidental, relevante é o escorço histórico realizado por Pietro Costa a respeito da exigência do Poder Monárquico, no período medieval, de vincular a *voluntas* soberana a uma medida indiscutível, a um direito inderrogável, a uma *ratio* superior; e a reviravolta, na modernidade, na qual o Direito passou a dispor e prevalecer sobre tal vontade soberana, agora nas mãos das democracias em ascensão:

> No medievo, o soberano é representado como o vértice de uma pirâmide de poderes, como o cume de uma ordem já dada e necessária, que coincide com a natural disposição hierárquica dos seres humanos. De fato, o *Corpus Iuris* celebra a *maiestas* imperial e a sua *absoluta potestas*, mas oferece também bases textuais a quem quer sustentar a existência de limites que não podem ser ultrapassados pelo poder imperial. Resta difundida, então, a convicção de que o soberano não cria a ordem, mas a tutela e a conserva, tanto que pode ser denunciado como 'tirano' quando pretender perturbar arbitrariamente as estruturas de base que a conduz. [...]

---

[1] COSTA, Pietro. O Estado de Direito: uma introdução histórica. *In*: COSTA, Pietro; ZOLO, Danilo (Orgs.). *O Estado de Direito*: história, teoria. São Paulo: Martins Fontes, 2006. p. 100.

[2] COSTA, Pietro. O Estado de Direito: uma introdução histórica. *In*: COSTA, Pietro; ZOLO, Danilo (Orgs.). *O Estado de Direito*: história, teoria. São Paulo: Martins Fontes, 2006. p. 100.

A vontade onipotente do soberano domina, portanto, a cena da modernidade, mas não a ocupa integralmente: constitui especialmente o pólo de um campo de tensão, enquanto que no pólo oposto estão normas e princípios que repousam sobre uma ordem "objetiva" e "não voluntária" (e exatamente por isso atribuída aos cuidados de um órgão – órgão judiciário – a quem uma antiga tradição atribui a honra e a honra de dar voz a uma imparcial e objetiva racionalidade). Apresenta-se também para a modernidade a exigência de limitar o poder em nome do direito; mas na trajetória do moderno, os termos constitutivos da tensão se determinam numa forma historicamente inconfundível: o soberano toma cada vez mais a forma de um povo senhor do próprio destino, enquanto o direito se traduz e se realiza nos *direitos* atribuídos aos sujeitos e aparece inseparável daquela revolução antropológica que faz dos sujeitos o ponto de origem e a destinação do senso de ordem.[3]

Como visto, acompanhando a passagem do poder das mãos dos monarcas para as mãos das democracias constitucionais, a limitação ao poder soberano vai se tornando cada vez maior com o passar dos séculos, sendo característica dos atuais Estados Democráticos de Direito a existência de um leque de direitos dos quais os indivíduos passam a ser titulares em face do Estado.

No âmbito tributário, apesar de alguns exemplos anteriores, a mais célebre limitação ao poder soberano de tributar surge com a Magna Carta inglesa. A partir daquele momento, o Rei, ao invés de impor, por ato de autoridade, prestações financeiras aos cidadãos, deveria obter o prévio consentimento dos representantes da nação.[4]

Tal limitação foi imposta durante o reinado de João-sem-Terra, em que os barões – inconformados com as onerosas e injustas prestações financeiras exigidas dos cidadãos pelo Rei – "[...] rebelaram-se e, com a força das armas, exigiram determinadas concessões, para tutela dos seus direitos".[5] A condição de que

---

[3] COSTA, Pietro. Democracia política e Estado Constitucional. *In*: COSTA, Pietro. *Soberania, representação, democracia*: ensaios de história do pensamento jurídico. Curitiba: Juruá, 2010. p. 237.

[4] UCKMAR, Victor. Princípio da legalidade: aprovação das prestações pecuniárias coativas pelos órgãos representativos – origem histórica. *In*: *Princípios comuns de Direito Constitucional Tributário*. 2. ed. Tradução de Marco Aurélio Greco. São Paulo: Malheiros, 1999. p. 25.

[5] UCKMAR, Victor. Princípio da legalidade: aprovação das prestações pecuniárias coativas pelos órgãos representativos – origem histórica. *In*: *Princípios comuns de Direito Constitucional Tributário*. 2. ed. Tradução de Marco Aurélio Greco. São Paulo: Malheiros, 1999. p. 25.

nenhuma prestação pecuniária pode ser imposta sem o consentimento daqueles que são onerados nasce, portanto, como contrapartida às exigências arbitrárias promovidas pelo Poder Monárquico.

Relembrando a lição de Aristóteles de que, seja qual for a forma de governo, aquele que o exerce deve sempre buscar a felicidade geral,[6] a limitação em referência surge como uma resposta à tirania, ou seja, à monarquia voltada para a utilidade do monarca, e não para o bem comum.[7]

Assim, o princípio do prévio consentimento – que vai se tornar o atual princípio da legalidade – surge para mediar dois interesses contrapostos: o interesse do Rei em arrecadar tributos e o interesse/direito dos cidadãos de não ter seu patrimônio invadido sem o seu consentimento. É certo que, mesmo com a previsão de limitações formais, durante o período monárquico, o interesse arrecadatório do monarca era preponderante em face do direito de propriedade dos indivíduos, tendo em vista que a *voluntas* soberana ainda era tida como superior à *ratio* jurídica.

Ocorre que, historicamente, o poder soberano não só cedeu em face do direito posto, como atualmente é exercido pelo próprio povo, "[...] cuja absoluta soberania encontra na lei a expressão mais típica e alta."[8] Nesse sentido, ao tratar da atual democracia constitucional, Pietro Costa é claro ao dispor que o povo se livra das amarras do monarca e constitui a si mesmo como entidade soberana:

> [...] o soberano não se ergue sobre sujeitos como uma entidade separada e superior, mas coincide com a totalidade das pessoas, com aquele corpo político que Rousseau chamou de "eu comum". E é justamente Rousseau que, delineando o processo de fundação da ordem política, exprime o traço característico da democracia moderna: a idéia do autogoverno de um povo composto de indivíduos livres e iguais.[9]

---

[6] ARISTÓTELES. *A política*. Tradução de Roberto Leal Ferreira. 3. ed. São Paulo: Martins Fontes, 2006. p. 105.
[7] ARISTÓTELES. *A política*. Tradução de Roberto Leal Ferreira. 3. ed. São Paulo: Martins Fontes, 2006. p. 106.
[8] COSTA, Pietro. Democracia política e Estado Constitucional. *In*: COSTA, Pietro. *Soberania, representação, democracia*: ensaios de história do pensamento jurídico. Curitiba: Juruá, 2010. p. 237.
[9] COSTA, Pietro. Democracia política e Estado Constitucional. *In*: COSTA, Pietro. *Soberania, representação, democracia*: ensaios de história do pensamento jurídico. Curitiba: Juruá, 2010. p. 237.

Dessa forma, não encontramos mais – ou, pelo menos, não deveríamos encontrar – dois interesses contrapostos que devem ser mediados pela legalidade. Como república democrática, no Brasil, a população, através de seus representantes, institui as exações tributárias por meio de leis, que são executadas e aplicadas pelas autoridades fazendárias e pelos operadores do Direito, para atender aos fins eleitos por aquela.

Assim, a lei se apresenta como instrumento para a própria população, mediante seus representantes, instituir tributos, em busca daquilo que Aristóteles chamou de felicidade geral e hoje está previsto em nossa Constituição Federal como promoção do bem de todos e construção de uma sociedade livre, justa e solidária.[10]

Em contrapartida ao desenvolvimento do Estado Democrático de Direito e da forma republicana de governo, verificamos diversos resquícios do modelo de governo monárquico na forma como vemos e praticamos a tributação no país. Em detrimento do robusto Sistema Tributário previsto em nossa Constituição Federal, tanto a legislação tributária infraconstitucional quanto os operadores do Direito em nível administrativo e judicial, tendem a tomar a arrecadação tributária como fim e não como meio, como se ansiassem a satisfação dos antigos interesses do Rei em abarrotar seus cofres de recursos.

Por outro lado, inúmeros contribuintes descumprem com suas obrigações tributárias, utilizando-se dos mais variados mecanismos para evitar o pagamento de tributos, demonstrando um total descaso com seus próprios deveres como cidadãos, como se a arrecadação tributária não fosse imprescindível para a manutenção do Estado de Direito.[11]

Nesse cenário, partimos da famosa frase programática de Michael Foucault para, *mutatis mutandis*, propor que é necessário cortar a cabeça do rei no Direito Tributário.[12] Assim como a teoria

---

[10] Art. 3º Constituem objetivos fundamentais da República Federativa do Brasil: I - construir uma sociedade livre, justa e solidária; II - garantir o desenvolvimento nacional; III - erradicar a pobreza e a marginalização e reduzir as desigualdades sociais e regionais; IV - promover o bem de todos, sem preconceitos de origem, raça, sexo, cor, idade e quaisquer outras formas de discriminação.

[11] FERRAGUT, Maria Rita. *Responsabilidade tributária e o Código Civil de 2002*. São Paulo: Noeses, 2013. p. XXV.

[12] "[...] é necessário cortar a cabeça do rei: isso ainda não foi feito na teoria política" FOUCAULT, M. *Microfisica del potere. interventi politici*. A. Fontana e P. Pasquino (Org.). Torino: Einaudi, 1977. p. 15.

política, é certo que o Direito Tributário ainda é obcecado pela soberania, pelo 'palácio do monarca', por um 'lugar central' e dominante, e, justamente, em razão disto, encontra-se desarmado frente às disseminações dos poderes e dos conflitos que permeiam toda a sociedade.[13]

Diante disto, entendemos como imprescindível para o estudo do Direito Tributário afastar a visão clássica da tributação como um ato de império do Estado, que se vale da sua soberania para obrigar os cidadãos a financiarem com seus recursos o funcionamento da máquina estatal, desconstruindo a falsa noção de que o interesse público no Direito Tributário seria o de promover a arrecadação de recursos pelo Estado na maior medida possível, pois o custeio das suas atividades teria maior importância do que os direitos individuais dos particulares.[14]

Em tal perspectiva, a interpretação da norma jurídica deveria ser voltada a proporcionar a solução que representasse a melhor arrecadação possível, compreendendo que o interesse da sociedade seria o de que ela se privasse do maior número de recursos possível, em favor do Estado, porque esses recursos supostamente voltariam ao seu benefício pela atuação estatal por eles "remunerada".[15]

Ao tratar da supremacia do interesse público, Marçal Justen Filho considera que um dos mais graves atentados à moralidade pública consiste no sacrifício prepotente, desnecessário ou desarrazoado do interesse privado, destacando que o Estado Democrático de Direito, tal como aquele consagrado pela Constituição Federal de 1988, reconhece que a supremacia do interesse público não significa supressão de interesses privados: "O Estado não existe contra o particular, mas para o particular".[16]

Nesse sentido, o doutrinador é preciso ao afirmar que o Estado não existe para buscar satisfações similares às que norteiam a vida

---

[13] COSTA, Pietro. Democracia política e Estado Constitucional. In: COSTA, Pietro. Soberania, representação, democracia: ensaios de história do pensamento jurídico. Curitiba: Juruá, 2010. p. 88.
[14] TAVARES, Diogo Ferraz Lemos. A supremacia do interesse público e o direito tributário. Porto Alegre: Núria Fabris, 2012. p. 129.
[15] TAVARES, Diogo Ferraz Lemos. A supremacia do interesse público e o direito tributário. Porto Alegre: Núria Fabris, 2012. p. 129.
[16] JUSTEN FILHO, Marçal. O princípio da moralidade pública e o direito tributário. Revista de Direito Tributário, São Paulo, n. 67, p. 65-80, 1995. p. 73.

dos particulares, sendo que a tentativa de obter maior vantagem possível seria válida e lícita, observados os limites legais, mas apenas para os sujeitos privados. Por sua vez, não seria conduta admissível para o Estado, que somente está legitimado a atuar para realizar o bem comum e a satisfação geral.[17]

Em matéria tributária, Roque Carrazza leciona que aqueles que se dispõem a abordar temas tributários "[...] hão de ter consciência de que o tributo não é um mero veículo de abastecimento dos cofres públicos e de que, portanto, os interesses meramente arrecadatórios não se sobrepõem aos princípios e normas jurídicas que informam a tributação".[18]

Assim, é justamente com tal propósito que nos propomos a estudar o tema da responsabilidade tributária, matéria que, de forma bastante polêmica e complexa, busca conciliar o interesse arrecadatório da Administração Tributária com os direitos constitucionais conferidos aos cidadãos, ao imputar a responsabilidade pelo recolhimento de determinado tributo a um terceiro distinto daquele que realizou o fato jurídico tributário previsto na hipótese de incidência da norma.

A legislação acerca da responsabilidade tributária apresenta diversas indeterminações que dão ensejo a um indesejável âmbito de discricionariedade por parte da autoridade fazendária, bem como reproduzem inúmeras inseguranças no planejamento tributário do contribuinte e no julgamento das autuações e ações fiscais, o que gera um ambiente de muita dúvida e, por conseguinte, um espaço maior para ocorrência de ilegalidades e arbitrariedades.

Na linha dos ensinamentos de Tércio Sampaio Ferraz Jr., mister se faz criar "[...] condições de *certeza* e *igualdade* que habilitam o cidadão a sentir-se senhor de seus próprios atos e dos atos dos outros".[19] Para tanto, a correta interpretação dos dispositivos legais, com a vedação de normas indeterminadas, impõe a proibição do emprego da discricionariedade pela autoridade fazendária e permite

---

[17] JUSTEN FILHO, Marçal. O princípio da moralidade pública e o direito tributário. *Revista de Direito Tributário*, São Paulo, n. 67, p. 65-80, 1995. p. 73.

[18] BECHO, Renato Lopes. *Responsabilidade tributária de terceiros:* CTN, arts. 134 e 135. São Paulo: Saraiva, 2014. p. 7.

[19] FERRAZ JR., Tércio Sampaio. Segurança Jurídica e Normas Gerais Tributárias. *Revista de Direito Tributário*, São Paulo, ano V, n. 17-18, p. 51-56. jul./dez. 1981. p. 17-18/51.

um planejamento tributário, com um mínimo de segurança, por parte do contribuinte.

Como se vê, um estudo amplo da temática implica maior estabilidade e previsibilidade do direito posto, consubstanciando-se numa necessária segurança jurídica ao sujeito passivo em suas relações com o sujeito ativo, bem como, refletindo em diversas implicações práticas e teóricas para o Direito Tributário, seja na compreensão acadêmica dos limites da sujeição passiva tributária, seja no planejamento tributário do contribuinte, nas autuações fiscais e nas lides judicias.

Assim, a questão de fundo que norteia o presente livro é, fundamentalmente, a compreensão dos limites previstos no ordenamento jurídico pátrio para imposição do dever legal de recolhimento do tributo por sujeito que não realizou ou não deu ensejo ao fato jurídico tributário previsto na hipótese de incidência da norma tributária.

Diante disso, propomo-nos a atingir os seguintes objetivos:

a) Compreender o gênero "sujeição passiva tributária", para o fim de delimitá-lo e empreender estudo aprofundado da espécie "responsabilidade tributária";

b) Investigar qual o fundamento da responsabilidade tributária e qual o critério essencial que permite a eleição do responsável tributário.

c) Propor classificação da norma de responsabilidade tributária, tendo como critério distintivo o fundamento que a embasa, que pode ser tanto o dever de colaborar com a Administração Tributária quanto uma sanção;

d) Analisar as limitações formais e materiais previstas na Constituição Federal à introdução de hipóteses de responsabilidade tributária no ordenamento jurídico pátrio, bem como, para investigação da constitucionalidade das hipóteses já existentes;

e) Analisar as limitações formais e materiais previstas no Código Tributário Nacional, desde a definição legal do responsável tributário até a extensão e os efeitos da responsabilidade tributária.

A divisão estrutural do trabalho segue a tentativa de responder a cada um desses objetivos. No *Capítulo 1*, estabelecemos premissas que auxiliam na compreensão da norma tributária, para depois focarmos na figura do sujeito passivo da relação jurídica tributária, quando buscamos cumprir com o objetivo *a* mencionado acima, a partir do estudo da distinção entre a capacidade de realizar o fato jurídico tributário e a capacidade para ser sujeito passivo da obrigação tributária, da compreensão da figura do destinatário constitucional tributário e do estabelecimento das espécies de sujeição passiva tributária.

No *Capítulo 2*, com foco nas questões apontadas nos objetivos *b* e *c*, discorremos sobre considerações preliminares a respeito da responsabilidade tributária e suas modalidades, realizando estudo do critério essencial para eleição do responsável tributário, bem como do fundamento jurídico que autoriza a responsabilização tributária de terceiro, para, por fim, propor a classificação das normas de responsabilidade tributária com base no fundamento que a justifica.

No *Capítulo 3*, buscamos analisar as limitações indicadas no objetivo *d*, que se traduziram no estudo do (i) princípio da legalidade tributária e da exigência constitucional de disciplina de normas gerais em matéria tributária por lei complementar, (ii) princípio da capacidade contributiva, (iii) princípio da vedação à tributação com efeitos de confisco, e (iv) princípios da razoabilidade e da proporcionalidade.

Por fim, no *Capítulo 4*, analisamos todos os dispositivos que, de alguma forma, delimitam e limitam a responsabilidade tributária, com especial foco nos artigos 121, 124 e 128 do Código Tributário Nacional, e naqueles que tratam da extensão e dos efeitos da responsabilidade tributária, assim como tecemos algumas consideração acerca do lançamento e da cobrança do crédito tributário em face do responsável.

Certo de que a pretensão de esgotar o tema da responsabilidade tributária seria inatingível por conta da amplitude e complexidade da referida matéria, optamos por restringir nosso estudo aos dispositivos legais previstos no ordenamento jurídico pátrio que limitam o referido instituto.

CAPÍTULO 1

A NORMA JURÍDICA TRIBUTÁRIA E O SUJEITO PASSIVO DA RELAÇÃO JURÍDICA TRIBUTÁRIA

1.1. Premissas para compreensão da norma jurídica tributária

O objetivo primordial do Direito é ordenar a vida social, disciplinando o comportamento dos seres humanos, nas suas relações de intersubjetividade.[20] Seu caráter instrumental consiste justamente nessa qualidade que todos reconhecem à norma jurídica de servir de meio posto à disposição das vontades para obter, mediante comportamentos humanos, o alcance das finalidades desejadas pelos titulares daquelas vontades.[21] Como asseverou Hans Kelsen, norma jurídica "[...] é o sentido de um ato dirigido à conduta de outrem [...]".[22]

1.1.1. O Direito como sistema prescritivo

O objeto dos comandos jurídicos só pode ser o comportamento humano. Como explica Geraldo Ataliba, "[n]enhum preceito se volta para outra coisa senão o comportamento. Não há norma jurídica

---
[20] CARVALHO, Paulo de Barros. *Curso de Direito Tributário*. São Paulo: Saraiva, 2012. p. 354.
[21] ATALIBA, Geraldo. *Hipótese de incidência tributária*. São Paulo: Malheiros, 2014. p. 25.
[22] KELSEN, HANS. *Teoria geral das normas*. Tradução de José Florentino Duarte. Porto Alegre: Sérgio Antônio Fabris, 1986. p. 3.

dirigida às coisas. Só o comportamento livre do homem (e, por extensão, o das pessoas jurídicas) pode ser objeto dos mandamentos jurídicos".²³ No mesmo sentido, são precisas as lições de Celso Antônio Bandeira de Mello:

> O direito não disciplina pensamentos, propósitos, intenções, mas regula comportamentos de um em relação a outro ou a outros. Eis por que todo direito pressupõe pelo menos duas pessoas. Eis por que na ilha de Robinson Crusoé não havia direito. O direito existe para regular relações entre as pessoas: comportamentos humanos relacionados. Mesmo quando parece que uma norma jurídica está disciplinando uma relação entre uma pessoa e uma coisa, na verdade ela está regendo uma relação entre pessoas; estabelecendo que alguém deve dar, fazer ou não fazer alguma coisa para outrem.²⁴

Assim, temos o Direito positivo como "[...] um corpo de linguagem com função prescritiva, que se dirige ao campo das condutas intersubjetivas com a finalidade de alterá-las".²⁵ E o Direito como sistema prescritivo se diferencia de outros sistemas prescritivos, como a moral e a religião, em razão de sua regulação voltar-se somente ao campo das condutas intersubjetivas, não se interessando em disciplinar condutas intrassubjetivas, e por sua coercitividade judicial.

Quanto à primeira distinção, Aurora Tomazini Carvalho cita o exemplo do suicídio: o Direito não proíbe o suicídio, mas

---

[23] ATALIBA, Geraldo. *Hipótese de incidência tributária*. São Paulo: Malheiros, 2014. p. 22.

[24] MELLO, Celso Antônio Bandeira de *apud* ATALIBA, Geraldo. *Hipótese de incidência tributária*. São Paulo: Malheiros, 2014. p. 22.

[25] Como bem ensina Aurora Tomazini de Carvalho, o Direito positivo "[c]onfigura-se como linguagem objeto em relação à Ciência do Direito e como metalinguagem em relação à linguagem social. É materializado numa linguagem do tipo técnica, que se assenta no discurso natural, mas utiliza-se de termos próprios do discurso científico. É operado pela Lógica Deôntica, o que significa dizer que suas proposições estruturam-se sob a fórmula "H ⊃ C", onde a consequência prescrita "C" aparece modalizada com os valores obrigatório (O), proibido (V) e permitido (P). Suas valências são validade e não validade, o que não impede a existência de contradições entre seus termos". Por sua vez, "[a] Ciência do Direito é um corpo de linguagem com função descritiva, que tem como objeto o Direito positivo, caracterizando-se como metalinguagem em relação a ele. É objetivada num discurso científico, onde os termos são precisamente colocados. Sintaticamente é operada pela Lógica Alética, o que significa dizer que suas proposições manifestam-se sob a forma "S é P", onde o predicado "P" aparece modalizado com os valores necessário (N) e possível (M). Suas valências são verdade e falsidade e seu discurso não admite a existência de contradições entre os termos". CARVALHO, Aurora Tomazini de. *Curso de teoria geral do Direito*: o construtivismo lógico-semântico. São Paulo: Noeses, 2013. p. 111.

imputa uma pena a sua instigação. Isso porque suicidar-se é uma conduta intrassubjetiva, enquanto instigar outrem a cometer suicídio configura uma conduta social. Por sua vez, a religião proíbe o suicídio porque é um sistema prescritivo que regula não só condutas intersubjetivas, como também intrassubjetivas.[26]

Quanto à coercitividade, todos os sistemas prescritivos possuem certo grau de coercitividade, ou seja, alguma coação que faça com que suas regras sejam cumpridas. No Direito positivo esta força é exercida pelo Estado e viabilizada pelo judiciário, que é capaz de forçosamente determinar que as ordens jurídicas sejam executadas.

Assim, o sujeito destinatário do comando jurídico deve adequar-se ao conteúdo mandamental da norma, no sentido de comportar-se como nela se determina, sob pena de sanções previstas em outras normas associadas à norma que estabeleceu tal comportamento e, em última instância, está sujeito à execução forçada da norma pelo judiciário.

Cumpre reforçar, como explica Ataliba, que as normas jurídicas só obrigam os comportamentos das pessoas que elas determinam e nos casos nelas previstos, sendo que toda norma contém uma hipótese e um comando. O comando só é obrigatório associado à hipótese. Não existe sem ela que, por sua vez, nada é sem o respectivo comando.[27]

Como bem pontua Alfredo Augusto Becker, "[...] a necessidade que deve ser satisfeita é um determinado objetivo escolhido pelo Estado",[28] sendo que a regra jurídica é justamente "[...] o *instrumento* criado pelo artífice humano para satisfazer esta necessidade".[29] Isso porque, o "[...] Direito positivo não é uma realidade metafísica existindo em si e por si; a regra jurídica não é um fim em si mesma, mas um *instrumento de convivência social*".[30]

---

[26] CARVALHO, Aurora Tomazini de. *Curso de teoria geral do Direito*: o construtivismo lógico-semântico. São Paulo: Noeses, 2013. p. 147.
[27] ATALIBA, Geraldo. *Hipótese de incidência tributária*. São Paulo: Malheiros, 2014. p. 26.
[28] BECKER, Alfredo Augusto. *Teoria geral do Direito Tributário*. 5. ed. São Paulo: Noeses, 2010. p. 74.
[29] BECKER, Alfredo Augusto. *Teoria geral do Direito Tributário*. 5. ed. São Paulo: Noeses, 2010. p. 74.
[30] BECKER, Alfredo Augusto. *Teoria geral do Direito Tributário*. 5. ed. São Paulo: Noeses, 2010. p. 74.

No âmbito tributário, interessa-nos aquele conjunto das proposições jurídico-normativas que correspondam, direta ou indiretamente, à instituição, arrecadação e fiscalização de tributos.[31]

1.1.2. Competência tributária e o conceito de tributo

Quando falamos em edição de norma jurídica e prescrição de deveres, em matéria de tributos, precisamos tratar da competência tributária, que é a aptidão atribuída pela Constituição Federal às pessoas políticas de Direito público para editar leis que criem, *in abstracto*, tributos, descrevendo, legislativamente, suas hipóteses de incidência, seus sujeitos ativos, seus sujeitos passivos, suas bases de cálculo e suas alíquotas.[32]

Como explica Paulo de Barros Carvalho, a competência tributária, em síntese, é uma das prerrogativas legiferantes de que são portadoras as pessoas políticas, consubstanciada na possibilidade de legislar para a produção de normas jurídicas sobre tributos, o que inclui desde as normas que contemplam o próprio fenômeno da incidência até aquelas que dispõe sobre uma imensa gama de providências que tornam possível a realização concreta dos direitos subjetivos de que é titular o sujeito ativo, bem como dos deveres atribuídos ao sujeito passivo.[33]

A respeito do vocábulo "tributo", Paulo de Barros Carvalho leciona que ele experimenta nada menos do que seis significações diversas, quando utilizado nos textos do Direito positivo, nas lições da doutrina e nas manifestações da jurisprudência. São elas: "tributo" como quantia em dinheiro; "tributo" como prestação correspondente ao dever jurídico do sujeito passivo; "tributo" como direito subjetivo de que é titular o sujeito ativo; "tributo" como sinônimo de relação jurídica tributária; "tributo" como norma jurídica tributária; e "tributo" como norma, fato e relação jurídica.[34]

---

[31] CARVALHO, Paulo de Barros. *Curso de Direito Tributário*. São Paulo: Saraiva, 2012. p. 47.
[32] CARRAZZA, Roque Antônio. *Curso de Direito Constitucional Tributário*. 30. ed. rev. ampl. e atual. até a Emenda Constitucional n. 84/2014. São Paulo: Malheiros, 2015. p. 593.
[33] CARVALHO, Paulo de Barros. *Curso de Direito Tributário*. São Paulo: Saraiva, 2012. p. 269-270.
[34] CARVALHO, Paulo de Barros. *Curso de Direito Tributário*. São Paulo: Saraiva, 2012. p. 51.

O Código Tributário Nacional definiu, em seu artigo 3º, que "[t]ributo é toda prestação pecuniária compulsória, em moeda ou cujo valor nela se possa exprimir, que não constitua sanção de ato ilícito, instituída em lei e cobrada mediante atividade administrativa plenamente vinculada". Por sua vez, Geraldo Ataliba critica tal definição legal por compreender que o conceito de tributo é constitucional, ou seja, constrói-se pela observação e análise das normas jurídicas constitucionais. E, a partir destas, o referido autor define tributo como:

> [...] obrigação jurídica pecuniária, *ex lege*, que se não constitui em sanção de ato ilícito, cujo sujeito ativo é uma pessoa pública (ou delegado por lei desta), e cujo sujeito passivo é alguém nessa situação posto pela vontade da lei, obedecidos os desígnios constitucionais (explícitos ou implícitos).[35]

Importante advertir que, durante o presente estudo, utilizaremos o vocábulo tributo em mais de uma de suas acepções. Ainda, é imperioso afirmar que a relação jurídica tributária que será objeto de nossa atenção é aquela que tem por objeto o pagamento de tributo, ou seja, aquela que contém o comando: "entregue dinheiro ao estado".[36]

1.1.3. A relação jurídica e o critério de distinção

Em razão do caráter eminentemente instrumental do ordenamento jurídico, o único meio de que este dispõe para alcançar suas finalidades precípuas é justamente a relação jurídica.[37]

A relação jurídica é o vínculo que se instaura entre dois ou mais sujeitos de direito, em razão de determinado fato jurídico, em que, como leciona Maria Rita Ferragut, "[...] por força da imputação normativa, uma pessoa, denominada sujeito ativo, tem o direito de exigir de outra, sujeito passivo, o cumprimento de determinada obrigação prevista na relação."[38] Como bem analisou Hans Kelsen, ao contrário da relação física que é sempre causal, em que de uma causa sempre decorre um

---

[35] ATALIBA, Geraldo. *Hipótese de incidência tributária*. São Paulo: Malheiros, 2014. p. 34.
[36] ATALIBA, Geraldo. *Hipótese de incidência tributária*. São Paulo: Malheiros, 2014. p. 21.
[37] CARVALHO, Paulo de Barros. *Curso de Direito Tributário*. São Paulo: Saraiva, 2012. p. 354.
[38] FERRAGUT, Maria Rita. *Responsabilidade tributária e o Código Civil de 2002*. São Paulo: Noeses, 2013. p. 30.

efeito, a relação jurídica se caracteriza pela imputação jurídica, por se tratar de uma relação artificial criada pelo Direito.[39] O critério distintivo das espécies de relação jurídica que ganhou maior notoriedade é o caráter patrimonial da prestação exigida do sujeito passivo. Assim, quando o objeto da relação jurídica for suscetível de avaliação econômica, teremos as relações jurídicas de cunho obrigacional. Por sua vez, nos vínculos jurídicos cujo conteúdo não se possa representar por símbolos ou equações econômicas, teremos as relações jurídicas não obrigacionais ou veiculadoras de meros deveres.[40]

No conjunto de prescrições normativas que interessam ao Direito Tributário, encontramos os dois tipos de relação jurídica. As de substância patrimonial, previstas no núcleo da norma que define o fenômeno da incidência e as outras, que fazem irromper meros deveres instrumentais ou formais, circumpostas àquela, preordenadas para facilitar o conhecimento, controle e arrecadação da importância devida como tributo.[41]

Em breve síntese, a fim de obter o resultado a que se propõe (instituição e arrecadação de tributos), são introduzidas normas no ordenamento jurídico que imputam deveres e outros tipos de vinculação para os sujeitos conviventes em sociedade, estando tais normas, em razão de sua natureza tributária,[42] submetidas ao regime jurídico tributário.[43]

---

[39] KELSEN, Hans. *Teoria pura do Direito*. Tradução de João Baptista Machado. São Paulo: Martins Fontes, 1987. p. 176-180.
[40] CARVALHO, Paulo de Barros. *Curso de Direito Tributário*. São Paulo: Saraiva, 2012. p. 354.
[41] CARVALHO, Paulo de Barros. *Curso de Direito Tributário*. São Paulo: Saraiva, 2012. p. 359-360.
[42] Como bem adverte Eurico de Santi, "[...] a qualidade de ser tributo não é efeito do regime jurídico aplicável. É tributo porque a norma jurídica impositiva instituidora da prestação apresenta critérios que a subsumem na extensão da classe dos 'tributos', coisa que, consequentemente, implica o regime jurídico peculiar dessa classe de relações jurídicas tributárias." [...] "Dizer que o regime jurídico define a natureza específica do tributo significa incorrer na denominada falácia da inversão do efeito pela causa. Como ensina Paulo de Barros Carvalho: a água é uma substância composta por dois átomos de hidrogênio e um de oxigênio, que ferve a 100 graus centígrados, no nível do mar. Não é por ferver a 100 graus centígrados que a substância assume o caráter de água: outros líquidos distintos apresentam o mesmo efeito, no pressuposto de idênticas condições. É o critério de sua composição que informa o uso da palavra "água", que designa a substância água, e não o efeito de ferver a 100 graus centígrados. Se fosse assim, todo líquido ou sólido que fervesse nessa temperatura seria água". SANTI, Eurico Marcos Diniz. As classificações no sistema tributário brasileiro. *In: Justiça Tributária*: direitos do fisco e garantias dos contribuintes nos atos da administração e no processo tributário. São Paulo: Max Limonad, 1998. p. 145.
[43] JUSTEN FILHO, Marçal. *Sujeição passiva tributária*. Belém: CEJUP, 1986. p. 219.

1.1.4. O regime jurídico tributário

Além de se tratar de regime de Direito público, que compartilha de todas as peculiaridades inerentes à natureza pública de institutos e normas, especialmente a supremacia[44] e a indisponibilidade do interesse público,[45] o regime jurídico tributário possui três aspectos que dão especialidade a ele: a sua destinação,[46] a relevância econômica

---

[44] Como explica Celso Antônio Bandeira de Mello, "[o] princípio da supremacia do interesse público sobre o interesse privado é princípio geral de Direito inerente a qualquer sociedade. É a própria condição de sua existência." [...] "Como expressão desta supremacia, a Administração, por representar o interesse público, tem a possibilidade, nos termos da lei, de constituir terceiros em obrigações mediante *atos unilaterais*. Tais atos são *imperativos* como quaisquer atos do Estado. Demais disso, trazem consigo a decorrente *exigibilidade*, traduzida na previsão *legal* de sanções ou providências indiretas que induzam os administrados a acatá-los. Bastas vezes ensejam, ainda, que a própria Administração possa, por si mesma, executar a pretensão traduzida no ato, sem necessidade de recorrer previamente às vias judiciais para obtê-la. É a chamada *autoexecutoriedade* dos atos administrativos" (MELLO, Celso Antônio Bandeira de. *Curso de Direito Administrativo*. São Paulo: Malheiros, 2014. p. 99). De qualquer forma, cumpre informar que, quando formos falar do lançamento tributário, apesar de ele deter os atributos da presunção de legitimidade e da exigibilidade, não possui as propriedades da imperatividade e da executoriedade, como bem aponta Paulo de Barros Carvalho: "Entende-se por imperatividade a iniciativa do Poder Público de editar provimentos que, interferindo na esfera jurídica do particular, constituam obrigações, de modo unilateral. Essa virtude, entretanto, o lançamento não tem. Mesmo que o fato jurídico tributário seja constituído pelo antecedente da norma individual e concreta, expedida pela Administração, ela assim o faz na conformidade de mandamentos gerais e abstratos, inscritos em normas de hierarquia superior, nunca para atender a deliberações de sua vontade, de tal arte que não se possa atribuir à autoridade lançadora o poder de gravar a conduta do administrado quando bem lhe aprouver. Sua atividade, nesse campo, sendo vinculada à lei, não deixa espaço a provimentos animados com esse tipo de imperatividade. [...] E menos ainda a executoriedade. Se o lançamento tributário fosse portador desse atributo, a Fazenda Pública, sobre exigir seu crédito, teria meios de promover a execução patrimonial do obrigado, com seus próprios recursos, compelindo-o materialmente. E o lançamento dista de ser um ato dotado dessa qualidade constrangedora. Não satisfeita a prestação, em tempo hábil, a Administração aplicará a penalidade prevista em lei. Se, vencido o prazo para recolhimento do tributo e da multa correspondente, sem que o sujeito passivo compareça para solver o débito, a entidade tributante não terá outro caminho senão recorrer ao Poder Judiciário, para lá deduzir sua pretensão impositiva. Por determinação de princípios constitucionais expressos, é-lhe vedado, terminantemente, imitir-se na esfera patrimonial do devedor, para sacar os valores que postula como seus." CARVALHO, Paulo de Barros. *Direito Tributário*: fundamentos jurídicos da incidência. 10. ed. rev. e atual. São Paulo: Saraiva, 2015. p. 324-325.

[45] "A indisponibilidade dos interesses públicos significa que, sendo interesses qualificados como próprios da coletividade – internos ao setor público –, não se encontram à livre disposição de quem quer que seja, por inapropriáveis. O próprio órgão administrativo que os representa não tem disponibilidade sobre eles, no sentido de que lhe incumbe apenas curá-los – o que é também um dever – na estrita conformidade do que predispuser a *intentio legis*." MELLO, Celso Antônio Bandeira de. *Curso de Direito Administrativo*. São Paulo: Malheiros, 2014. p. 76.

[46] Cumpre informar que aqui não estamos falando de destinação do produto da arrecadação no sentido denominado por Geraldo Ataliba como tributo vinculado, mas tão somente na compreensão do regime jurídico tributário como instrumento jurídico de abastecimento

das situações eleitas como pressuposto normativo para qualquer dever de pagar ao Estado e a estrita legalidade-tipicidade.

Primeiramente, o regime jurídico se identifica como tributário em razão de existir um conjunto de normas e princípios adequados a suprir o Estado de recursos financeiros, ou seja, que regulam a transferência de recursos da propriedade privada para o Estado. A finalidade última almejada pela introdução da lei no ordenamento jurídico é "[...] a transferência de dinheiro das pessoas privadas, submetidas ao poder do estado, para os cofres públicos".[47] Não basta, portanto, que a lei atribua certa parcela da riqueza privada ao Estado, há a necessidade de que se garanta o efetivo recolhimento por meio de comportamentos humanos.[48]

O segundo aspecto seria a exigência de que o dever de pagar determinada quantia ao Estado seja sempre vinculado a uma hipótese de incidência cuja materialidade preveja uma situação economicamente apreciável, assim justificado por Marçal Justen Filho:

> E é assim porque, primeiramente, a destinação tributária (arrecadação de recursos financeiros) pressupõe a existência de recursos econômicos, de riquezas. Por outro lado, a irrelevância econômica do pressuposto fático eleito para integrar a materialidade da hipótese de incidência assemelharia a figura normativa a uma punição. Não se trataria de o Estado apropriar-se de parcelas de riquezas existentes, como decorrência da existência da riqueza, mas de apropriar-se de parcelas de riqueza existentes por decorrência de outros fundamentos. O regime jurídico tributário envolve a apropriação pelo Estado de parcela da riqueza. Tal apropriação não significa, porém, uma punição, porquanto não se trata de cominar uma consequência (mandamento) a um pressuposto (hipótese de incidência) que corresponda

---

dos cofres públicos. Nesse sentido, relembramos as lições de Alfredo Augusto Becker de que: "[n]o plano jurídico tributário, a finalidade do tributo é simplesmente a de satisfazer o dever jurídico tributário. A natureza jurídica do tributo (e a do dever jurídico tributário) não depende da destinação financeira ou extrafiscal que o sujeito ativo da relação jurídica tributária vier a dar ao bem (dinheiro ou coisa ou serviço) que confere a consistência *material* ao tributo que foi ou deve ser prestado. Nenhuma influência exerce sobre a natureza jurídica do tributo a circunstância de o tributo ter uma destinação determinada ou indeterminada; ser ou não ser, mais tarde, devolvido ao próprio e mesmo contribuinte em dinheiro, em títulos ou em serviços. Nada disto desnatura o tributo que continuará sendo, juridicamente, *tributo*, até mesmo se o Estado lhe der uma utilização privada (não-estatal) e esta utilização privada estiver predeterminada por regra jurídica." BECKER, Alfredo Augusto. *Teoria geral do Direito Tributário*. 5. ed. São Paulo: Noeses, 2010. p. 307.

[47] ATALIBA, Geraldo. *Hipótese de incidência tributária*. São Paulo: Malheiros, 2014. p. 29.

[48] ATALIBA, Geraldo. *Hipótese de incidência tributária*. São Paulo: Malheiros, 2014. p. 29.

à descrição de conduta oposta (descoincidente) à prevista em mandamento normativo diverso.

Assim, desejando tributar determinada operação econômica, o legislador "[...] escolhe um determinado fato *jurídico* (que é um signo *presuntivo* da existência daquela operação econômica) para constituir a *hipótese de incidência* ("fato gerador") da regra jurídica tributária". A partir de tal raciocínio, Alfredo Augusto Becker denominou os fatos passíveis de serem objeto de tributação como fatos signo-presuntivos de riqueza.[49]

Finalmente, o terceiro aspecto característico ao regime jurídico tributário é a estrita legalidade-tipicidade. Trata-se da exigência de que a legalidade seja observada tanto sob o ângulo da hipótese de incidência, como sob o ângulo do mandamento que prevê a relação jurídica tributária. Por sua vez, a tipicidade[50] se manifesta no sentido de excluir conceitos vagos e impedir a discricionariedade por parte do aplicador do Direito, sendo que "[...] uma vez editada a lei tributária, não resta liberdade a quem quer que seja na apuração da ocorrência do fato imponível e na determinação do dever tributário."[51]

1.1.5. A fenomenologia da incidência tributária e o processo de positivação do Direito

Para que possa surgir a relação jurídica tributária, é necessário que ocorra a subsunção de determinado fato lícito,[52] à hipótese

---

[49] BECKER, Alfredo Augusto. *Teoria geral do Direito Tributário*. 5. ed. São Paulo: Noeses, 2010. p. 85.
[50] Conscientes da crítica enunciada por Misabel Abreu Machado Derzi de que, no Direito Tributário, "[...] não se encontram tipos propriamente ditos, como ordens flexíveis e graduáveis, mas antes conceitos rígidos ou somatórios e padrões numericamente definidos" (DERZI, Misabel Abreu Machado. *Direito Tributário, Direito Penal e tipo*. São Paulo: Revista dos Tribunais, 1988. p. 286), utilizamos aqui o princípio da tipicidade da tributação no sentido enunciado por Alberto Xavier de "imposição de comandos ao legislador para que formule as leis tributárias: (*i*) de um modo casuístico ou seletivo, com a consequente proibição de cláusulas gerais (*lex strcita*); (*ii*) de modo completo e exclusivo, com a consequente proibição de normas de reenvio (*lex completa*); (*iii*) de modo claro e preciso, com a consequente proibição de conceitos indeterminados (*lex certa*); (*iv*) de modo expresso, com a consequente proibição da analogia (*lex stricta*)." XAVIER, Alberto. *Tipicidade da tributação, simulação e norma antielisiva*. São Paulo: Dialética, 2001. p. 29.
[51] JUSTEN FILHO, Marçal. *Sujeição passiva tributária*. Belém: CEJUP, 1986. p. 226.
[52] "[...] caso contrário, se for ilícito, o objeto da prestação não será tributo, mas *sanção*." BECKER, Alfredo Augusto. *Teoria geral do Direito Tributário*. 5. ed. São Paulo: Noeses, 2010. p. 281.

de incidência da norma tributária. Nesse sentido, Becker rememora que a fenomenologia da incidência não é especificidade do Direito Tributário, pois toda e qualquer regra jurídica, independentemente de sua natureza, tem a mesma estrutura lógica: a *hipótese de incidência* e a *regra* cuja incidência sobre a hipótese fica condicionada à *realização* desta.[53]

No nosso sistema do Direito positivo, encontramos normas jurídicas com critérios de generalidade e abstração distintos. A norma é classificada como geral quando se dirige a um conjunto indeterminado de destinatários e individual quando individualiza os sujeitos de direito para os quais se volta. Por outro lado, existem as normas abstratas, que oferecem critérios para identificar fatos de possível ocorrência, e as normas concretas, que se remetem a acontecimentos passados, indicados de forma denotativa. Considerando tais critérios, podem ser constituídas normas (i) gerais e abstratas, (ii) gerais e concretas, (iii) individuais e abstratas, e (iv) individuais e concretas.[54]

A norma geral e abstrata é, portanto, aquela em que, no antecedente, "[...] não traz a descrição de um acontecimento especificamente determinado", mas "[...] alude a uma classe de eventos, na qual se encaixam infinitas ocorrências" e, no consequente, "[...] não traz a prescrição de uma relação intersubjetiva especificamente determinada e individualizada", mas "[...] alude a uma classe de vínculos intersubjetivos, na qual se encaixam infinitas relações entre sujeitos".[55]

E é justamente em decorrência dessa generalidade e abstração que a norma não atua diretamente sobre as condutas intersubjetivas, exigindo que sejam emitidas outras normas, mais diretamente

---

[53] BECKER, Alfredo Augusto. *Teoria geral do Direito Tributário*. 5. ed. São Paulo: Noeses, 2010. p. 280.

[54] "As regras-matrizes de incidência tributária são exemplos de normas gerais e abstratas, assim como o lançamento tributário e sentenças são de normas individuais e concretas. Os veículos introdutores são típicas normas gerais e concretas, enquanto as normas individuais e abstratas podem ser identificadas nos contratos firmados entre pessoas determinadas, objetivando ao cumprimento de prestações se e quando se concretizar uma situação futura." TOMÉ, Fabiana Del Padre. *A prova no Direito Tributário*. São Paulo: Noeses, 2008. p. 29.

[55] CARVALHO, Aurora Tomazini de. *Curso de teoria geral do Direito*: o construtivismo lógico-semântico. São Paulo: Noeses, 2013. p. 380.

voltadas aos comportamentos que se busca atingir, para obter maior aproximação dos fatos e ações reguladas.[56] Isso porque "[...] uma ordem jurídica não se realiza de modo efetivo, motivando alterações no terreno da realidade social, sem que os comandos gerais e abstratos ganhem concreção em normas individuais".[57]

É o próprio ordenamento jurídico que estabelece como se dará a criação, transformação e extinção de suas normas, determinando como suas estruturas devem ser movimentadas e os requisitos a serem observados por aqueles que pretendem transformá-lo. Como ensina Paulo de Barros Carvalho, as normas do sistema do direito "[...] estão dispostas numa estrutura hierarquizada, regida pela fundamentação ou derivação que se opera tanto no aspecto material quanto no aspecto formal ou processual, o que lhe imprime possibilidade dinâmica, regulando, ele próprio, sua criação e suas transformações".[58]

Merece destaque a separação doutrinária das regras jurídicas em dois grupos: as normas de comportamento (ou de conduta) e as normas de estrutura (ou de organização). As primeiras diretamente voltadas para as condutas das pessoas, nas relações de intersubjetividade; e as segundas voltadas igualmente para condutas interpessoais, tendo por objeto, porém, os comportamentos relacionados à produção de novas unidades jurídicas, dispondo, portanto, sobre órgãos, procedimentos e o modo pelo qual as regras devem ser criadas, transformadas ou expulsas do sistema, compondo a denominada gramática jurídica.[59]

---

[56] TOMÉ, Fabiana Del Padre. *A prova no Direito Tributário*. São Paulo: Noeses, 2008. p. 29-30.
[57] CARVALHO, Paulo de Barros. *Direito Tributário*: fundamentos jurídicos da incidência. 10. ed. rev. e atual. São Paulo: Saraiva, 2015. p. 62.
[58] CARVALHO, Paulo de Barros. *Direito tributário, linguagem e método*. São Paulo: Noeses, 2008. p. 214.
[59] "As regras de estrutura representam, para o sistema do Direito positivo, o mesmo papel que as regras da gramática cumprem num idioma historicamente dado. Prescrevem estas últimas a forma de combinação dos vocábulos e das expressões para produzirmos orações, isto é, construções com sentido. À sua semelhança, as regras de estrutura determinam os órgãos do sistema e os expedientes formais necessários para que se editem normas jurídicas válidas no ordenamento, bem como o modo pelo qual serão elas alteradas e desconstituídas. Provém daí o nominar-se de Gramática Jurídica ao subconjunto das regras que estabelecem como outras regras devem ser postas, modificadas ou extintas, dentro de certo sistema." CARVALHO, Paulo de Barros. *Curso de Direito Tributário*. São Paulo: Saraiva, 2012. p. 188.

Nesse cenário, a aplicação configura ato mediante o qual se extrai de regras superiores o fundamento de validade para a edição de outras regras, cada vez mais individualizadas. Tal processo é denominado de positivação do Direito, como explica Aurora Tomazini de Carvalho:

> Positivar, assim, é passar da abstração para a concretude das normas jurídicas, o que se efetiva, necessariamente, por meio de um ato humano. Este ato, bem como a pessoa credenciada para realizá-lo, são determinados [sic] pelo direito e é por meio dele que normas são inseridas no sistema, numa posição hierarquicamente inferior àquelas que regulam sua produção.[60]

A positivação de cada norma se encerra com a produção de outra norma que a denota semanticamente. Aplicar uma norma significa, portanto, criar uma outra norma. Como sintetizou Hans Kelsen, "[a] aplicação do Direito é simultaneamente produção do Direito".[61]

Ao explicar o nascimento da relação jurídica tributária, em razão da qual o tributo é devido, Paulo de Barros Carvalho descreve o fenômeno da subsunção do fato à norma e a fenomenologia da incidência, esclarecendo que o legislador recorta eventos da vida real e lhes imputa a força de, uma vez relatados em linguagem competente, suscitar os comportamentos que entende valiosos.[62]

Assim, há a subsunção quando o fato jurídico tributário guarda absoluta identidade com o desenho normativo da hipótese tributária. De qualquer forma, como bem aponta o referido autor, para fins de incidência da norma, não é suficiente a existência da norma geral e abstrata e o acontecimento do fato nela previsto, é necessário que um ser humano promova a implicação que o preceito da norma geral e abstrata determina:

> Para que se dê a percussão jurídica do tributo mister se faz que essa vinculação passe a ser relatada por meio de ato de subsunção do

---

[60] CARVALHO, Aurora Tomazini de. *Curso de teoria geral do Direito*: o construtivismo lógico-semântico. São Paulo: Noeses, 2013. p. 430-431.
[61] KELSEN, Hans. *Teoria pura do Direito*. Tradução de João Baptista Machado. São Paulo: Martins Fontes, 1987. p. 260.
[62] CARVALHO, Paulo de Barros. *Curso de Direito Tributário*. São Paulo: Saraiva, 2012. p. 316.

fato à lei, que, no caso, significa a produção de norma individual e concreta, recebida aqui a expressão com abrangência para recolher tanto aquela exarada pela Fazenda Pública (lançamento) quanto a emitida pelo particular no desempenho das atribuições que o Direito positivo lhe comete.[63]

Em sentido semelhante, Gaston Jèze apontava que "[...] um fato material não é nunca, desde o ponto de vista da técnica judiciária, mais que a condição de aplicação a um indivíduo de um 'status' legal, ou condição para o exercício de um poder legal", sendo que, "[...] requer-se sempre um ato jurídico, uma manifestação de vontade no exercício de um poder jurídico".[64]

Como explica Fabiana Del Padre Tomé, é preciso que um ser humano promova a subsunção e a implicação que o preceito da norma geral e abstrata determina: "Daí a visão antropocêntrica, requerendo o homem como elemento intercalar, construindo, a partir de normas gerais e abstratas, outras normas, gerais ou individuais, abstratas ou concretas".[65]

Incidência e aplicação da norma, portanto, são equivalentes, exigindo a atuação humana para relatar o evento ocorrido no mundo social, criando o fato jurídico, e depois para "encaixá-lo" nos moldes de norma individual e concreta, com a realização da subsunção, "[...] resultando na incidência e aplicação da norma, com a construção da norma concreta".[66]

Dessa forma, temos a hipótese de incidência tributária – previsão legal abstrata de um fato que se ocorrido e quando ocorrido, dará nascimento à obrigação tributária – e o fato jurídico tributário – fato[67] concreto que, ao se subsumir à hipótese de incidência e ser

---

[63] CARVALHO, Paulo de Barros. *Direito Tributário*: fundamentos jurídicos da incidência. 10. ed. rev. e atual. São Paulo: Saraiva, 2015. p. 184.

[64] JÈZE, Gaston. *Principios generales del derecho administrativo*. Buenos Aires: Editorial Depalma, 1949. v. 1. p. 70.

[65] TOMÉ, Fabiana Del Padre. A incidência do ISS na locação de bens móveis: a importância da definição do fato gerador. *Revista Dialética de Direito Tributário*, São Paulo, n. 129, 38-53, 2006, p. 40.

[66] SOUZA, Priscila de. Intertextualidade na linguagem jurídica: conceito, definição e aplicação. In: CARVALHO, Paulo de Barros et al. *Constructivismo lógico-semântico*. São Paulo: Noeses, 2014. p. 111.

[67] Cumpre referir a lição de Tércio Sampaio Ferraz Jr. a respeito do conceito de fato: "É preciso distinguir entre *fato* e *evento*. A travessia do Rubicão por Cesar é um *evento*. Mas 'Cesar atravessou o Rubicão' é um *fato*. Quando, pois, dizemos que 'é um fato que Cesar

descrito em linguagem jurídica competente, provoca o nascimento da relação jurídica tributária.

Assim, temos as normas geral e abstrata, isto é, a norma jurídica de incidência tributária resultante do exercício da competência legislativo-tributária dos Estados-membros,[68] que atinge as condutas intersubjetivas, por intermédio do lançamento tributário ou de ato do particular, veículos estes que introduzem no sistema uma norma individual e concreta, ou seja, uma norma que concretiza a incidência.

1.1.6. A regra-matriz de incidência tributária

Conforme mencionamos anteriormente, enquanto o Direito positivo está vertido em linguagem prescritiva e é composto pelo conjunto de normas jurídicas válidas num dado sistema, a Ciência do Direito tem discurso eminentemente descritivo e busca descrever as normas jurídicas previstas no Direito positivo.

Para descrever a norma jurídica tributária, algumas abstrações foram realizadas pela doutrina, como aquelas proposições feitas por Alfredo Augusto Becker[69] e Geraldo Ataliba.[70] Todavia, aquela que ganhou maior notoriedade foi a regra-matriz de incidência tributária formulada por Paulo de Barros Carvalho, conhecida por ser "[...] talvez, a mais aguda percepção da estrutura da norma tributária".[71]

---

atravessou o Rubicão' conferimos *realidade* ao *evento*. 'Fato' não é pois *algo* concreto, sensível, mas um elemento linguístico capaz de organizar uma situação existencial como realidade." FERRAZ JR., Tércio Sampaio. *Introdução ao estudo do Direito*. São Paulo: Atlas, 1991. p. 253. No mesmo sentido, Paulo de Barros Carvalho aponta que "[...] fatos jurídicos não são simplesmente os fatos do mundo social, constituídos pela linguagem de que nos servimos no dia a dia. Antes, *são os enunciados proferidos na linguagem competente do Direito positivo, articulados em consonância com a teoria das provas*. Quem quiser relatar com precisão os fatos jurídicos, nomeando-lhes os efeitos, que use a teoria das provas, responsável pelo estilo competente para referência aos acontecimentos do mundo do direito." CARVALHO, Paulo de Barros. *Direito Tributário:* fundamentos jurídicos da incidência. 10. ed. rev. e atual. São Paulo: Saraiva, 2015. p. 147.

[68] UHDRE, Dayana de Carvalho. *Competência tributária*: incidência e limites de novas hipóteses de responsabilidade tributária. Curitiba: Juruá, 2017. p. 111.

[69] BECKER, Alfredo Augusto. *Teoria geral do Direito Tributário*. 5. ed. São Paulo: Noeses, 2010. p. 338-383.

[70] ATALIBA, Geraldo. *Hipótese de incidência tributária*. São Paulo: Malheiros, 2014. p. 51-122.

[71] COÊLHO, Sacha Calmon Navarro. *Teoria geral do tributo, da interpretação e da exoneração tributária*. São Paulo: Dialética, 2003. p. 95.

Nesse sentido, Aurora Tomazini de Carvalho aponta que a expressão "regra-matriz" pode ser utilizada em duas acepções: (i) estrutura lógica e (ii) norma jurídica em sentido estrito. Na primeira acepção, a "[...] regra-matriz, considerada como estrutura lógica, é desprovida do conteúdo jurídico, trata-se de um esquema sintático que auxilia o intérprete no arranjo de suas significações, na construção da norma jurídica". Na segunda acepção, a "[...] regra-matriz, enquanto norma jurídica, aparece quando todos os campos sintáticos desta estrutura forem semanticamente completados".[72]

Em breve síntese, a regra-matriz de incidência tributária é formada por uma hipótese – suposto ou antecedente – a que imputa um mandamento – o consequente. A hipótese contém a previsão de um fato, enquanto o mandamento prescreve a obrigação tributária que vai se instaurar, onde e quando for descrito o acontecimento do fato previsto no antecedente.

Como explica Paulo de Barros Carvalho, ao conceituar o fato que dará ensejo ao nascimento da relação jurídica do tributo, o legislador também seleciona as propriedades que julgou importantes para caracterizá-los, sendo que, na hipótese de incidência, teremos três critérios identificadores: critério material[73], critério espacial[74]

---

[72] CARVALHO, Aurora Tomazini de. *Curso de teoria geral do Direito*: o construtivismo lógico-semântico. São Paulo: Noeses, 2013. p. 378.

[73] "Dessa abstração emerge o encontro de expressões genéricas designativas de comportamentos de pessoas, sejam aqueles que encerram um fazer, um dar ou, simplesmente, um ser (estado). Teremos, por exemplo, "'vender mercadorias', 'industrializar produtos', 'ser proprietário de bem imóvel', 'auferir rendas', 'pavimentar ruas' etc. Esse núcleo, ao qual nos referimos, será formado, invariavelmente, por um verbo, seguido de seu complemento. Daí porque aludirmos a comportamento humano, tomada a expressão na plenitude de sua força significativa, equivale a dizer, abrangendo não só as atividades refletidas (verbos que exprimem ação) como aquelas espontâneas (verbos de estado: ser, estar, permanecer etc.)." CARVALHO, Paulo de Barros. *Curso de Direito Tributário*. São Paulo: Saraiva, 2012. p. 325.

[74] "[...] haverá sempre um plexo de indicações, mesmo tácitas e latentes, para assinalar o lugar preciso em que aconteceu aquela ação, tomada como núcleo do suposto normativo. [...] Acreditamos que os elementos indicadores da condição de espaço, nos supostos das normas tributárias, hão de guardar uma dessas três formas compositivas, diretriz que nos conduz a classificar o gênero tributo na conformidade do grau de elaboração do critério espacial da respectiva hipótese tributária: a) hipótese cujo critério espacial faz menção a determinado local para a ocorrência do fato típico; b) hipótese em que o critério espacial alude a áreas específicas, de tal sorte que o acontecimento apenas ocorrerá se dentro delas estiver geograficamente contido; c) hipótese de critério espacial bem genérico, onde todo e qualquer fato, que suceda sob o manto da vigência territorial da lei instituidora, estará apto a desencadear seus efeitos peculiares." CARVALHO, Paulo de Barros. *Curso de Direito Tributário*. São Paulo: Saraiva, 2012. p. 329.

e o critério temporal.⁷⁵ Tais critérios compõem conjuntamente a descrição objetiva do fato, que se resume à referência de um determinado comportamento (identificado por um verbo agregado a um complemento) de pessoas, físicas ou jurídicas, condicionado por circunstâncias de espaço e de tempo.⁷⁶

Por sua vez, o consequente, como prescritor, nos dá critérios para identificação do vínculo jurídico que nasce em razão da incidência da norma tributária, "[...] facultando-nos saber quem é o sujeito portador do direito subjetivo; a quem foi cometido o dever jurídico de cumprir certa prestação; e seu objeto, vale dizer, o comportamento que a ordem jurídica espera do sujeito passivo".⁷⁷ Os critérios são: o critério pessoal e o critério quantitativo.

O critério pessoal "[...] nos aponta quem são os sujeitos da relação jurídica tributária – sujeito ativo, credor ou pretensor, de um lado, e sujeito passivo ou devedor, do outro".⁷⁸ O sujeito passivo será objeto de grande divagação no presente trabalho. Quanto ao sujeito ativo, cumpre mencionar que ele é o titular da capacidade tributária ativa, ou seja, aquele que detém o direito subjetivo de exigir a pretensão tributária. De regra, é a própria pessoa jurídica de Direito público que tem competência para instituir o tributo.⁷⁹

Como explica Betina Treiger Grupenmacher, capacidade tributária ativa e competência tributária quase sempre se acumulam, sendo correto afirmar que quem tem competência tributária tem capacidade tributária ativa, embora a recíproca não seja verdadeira. De qualquer forma, teremos casos em que a capacidade ativa é delegada à pessoa política de Direito público distinta daquela competente para instituir o tributo ou à pessoa jurídica de Direito privado, como bem aponta a referida autora:⁸⁰

---

⁷⁵ "Compreendemos o critério temporal da hipótese tributária como o grupo de indicações, contidas no suposto da regra, e que nos oferecem elementos para saber, com exatidão, em que preciso instante acontece o fato descrito, passando a existir o liame jurídico que amarra devedor e credor, em função de um objeto – o pagamento de certa prestação pecuniária." CARVALHO, Paulo de Barros. *Curso de Direito Tributário*. São Paulo: Saraiva, 2012. p. 331.
⁷⁶ CARVALHO, Paulo de Barros. *Curso de Direito Tributário*. São Paulo: Saraiva, 2012. p. 324.
⁷⁷ CARVALHO, Paulo de Barros. *Curso de Direito Tributário*. São Paulo: Saraiva, 2012. p. 353.
⁷⁸ CARVALHO, Paulo de Barros. *Curso de Direito Tributário*. São Paulo: Saraiva, 2012. p. 353.
⁷⁹ SCHOUERI, Luis Eduardo. *Direito Tributário*. São Paulo: Saraiva, 2011. p. 470.
⁸⁰ GRUPENMACHER, Betina Treiger. A regra-matriz de incidência do imposto sobre serviços. In: *O Direito Tributário*: entre a forma e o conteúdo. São Paulo: Noeses, 2014. p. 102.

Nestas hipóteses, estar-se-á diante do fenômeno da parafiscalidade, quando aquele que recebeu por delegação o direito de cobrar o tributo, aplica o fruto da arrecadação às suas próprias finalidades. Pode deter a capacidade tributária ativa ainda, o agente arrecadador; o qual, embora arrecade o tributo, não o aplica, ou seja, destina o fruto da arrecadação ao titular da competência para instituí-lo.

Afastadas as hipóteses de parafiscalidade ou dos agentes arrecadadores, serão sujeitos ativos da relação jurídica tributária as pessoas políticas de direito público – União, Estados, Municípios e Distrito Federal –, ou, ainda, pessoas de direito privado.[81]

Quanto ao critério quantitativo, trata-se do "[...] grupo de notícias informativas que o intérprete obtém da leitura atenta dos textos legais, e que lhe faz possível precisar, com segurança, a exata quantia devida a título de tributo", que é explicitado pela conjugação de duas entidades: base de cálculo e alíquota.[82]

A primeira, via de regra, "[...] pode ser encontrada como um desdobramento da hipótese de incidência; é a própria quantificação, em cada caso, do fato jurídico tributário, ou, ainda, é o fato jurídico tributário, visto do ponto de vista numérico". Uma vez identificada a base de cálculo, "[...] aplica-se a *alíquota*, que geralmente é expressa na forma de um percentual, chegando-se ao montante do tributo devido.[83]

Finalmente, quanto ao desenho da regra-matriz de incidência tributária, é necessário destacar que parte da doutrina, como Marçal Justen Filho,[84] Misabel de Abreu Machado Derzi[85] e Sacha Calmon Navarro Coêlho, defende a existência de um critério pessoal na hipótese de incidência, sob o fundamento de que o fato previsto na hipótese de incidência "[...] está sempre *ligado a uma pessoa*, e,

---

[81] "Entre as pessoas de direito privado, sobressaem as entidades paraestatais que, guardando a personalidade jurídico-privada, exercitam funções de grande interesse para o desenvolvimento de finalidades públicas." CARVALHO, Paulo de Barros. *Curso de Direito Tributário*. São Paulo: Saraiva, 2014. p. 369.

[82] CARVALHO, Paulo de Barros. *Curso de Direito Tributário*. São Paulo: Saraiva, 2014. p. 396.

[83] SCHOUERI, Luis Eduardo. *Direito Tributário*. São Paulo: Saraiva, 2011. p. 455.

[84] JUSTEN FILHO, Marçal. *O imposto sobre serviços na Constituição*. São Paulo: Revista dos Tribunais, 1985. p. 47-52.

[85] DERZI, Misabel de Abreu Machado. *Do imposto sobre a Propriedade Predial e Territorial Urbana*. São Paulo: Saraiva, 1982. p. 219-220.

às vezes, os tributos ou qualificações dessa pessoa são importantes para delimitação da *hipótese de incidência*." Como exemplo, Navarro Coêlho aponta o fato jurídico que gera a incidência do ICMS, uma vez que, não basta haver circulação de mercadoria, "[é] mister que a *pessoa* promotora da circulação seja industrial, comerciante, produtor agropecuário ou equiparado".[86]

Em sentido semelhante, Schoueri aponta que é "[...] na hipótese tributária que se encontra uma situação imputável a alguém" e justifica a necessidade do referido critério pessoal para que se confirme a efetiva concretização da hipótese tributária, a partir da situação em que há imunidade pessoal daquele que realizou o fato gerador: "[...] de nada adiantará o legislador nomear terceiro (não imune) como sujeito passivo da obrigação tributária, já que esta não surgirá, em virtude da proteção constitucional ao imune".[87]

Ao analisar a presente controvérsia doutrinária, José Roberto Vieira afirma que lhe parece "[...] explicitamente admitida a existência deste aspecto subjetivo do fato descrito no suposto, quando se faz menção, no critério material, ao comportamento de *pessoas*, quando se requer um verbo *pessoal*, e quando se repele qualquer verbo *impessoal*", e, em razão de tal critério pessoal condicionar apenas raras vezes o fato jurídico tributário, não seria relevante o suficiente para ser elevado à categoria de critério da hipótese de incidência tributária, uma vez que "[...] as exceções não estabelecem a regra-matriz de incidência tributária".[88]

No que se refere ao objeto do presente estudo, Navarro Coêlho aponta que tal aspecto pessoal na hipótese de incidência demonstra ainda maior intensidade quando tratamos de substituição tributária:

> Sem a menção do aspecto pessoal da hipótese seria realmente mais complicado explicar por que "A" é o sujeito do dever previsto no mandamento da norma, embora não "tenha realizado a hipótese de incidência". Ora, se as consequências jurídicas decorrentes da incidência

---

[86] COÊLHO, Sacha Calmon Navarro. *Teoria geral do tributo, da interpretação e da exoneração tributária*. São Paulo: Dialética, 2003. p. 96.
[87] SCHOUERI, Luis Eduardo. *Direito Tributário*. São Paulo: Saraiva, 2011. p. 445.
[88] VIEIRA, José Roberto. *A regra-matriz de incidência do IPI: texto e contexto*. Curitiba: Juruá, 1993. p. 64.

do mandamento da norma se aropositam em razão da ocorrência do "fato gerador", como, com efeito, é possível a uma pessoa ver-se obrigada por fato que não praticou ou não lhe diz respeito? A resposta fica mais inteligível se se considera a pessoa envolvida com o fato jurígeno descrito na hipótese de incidência (*aspecto pessoal*) diversa da pessoa destinatária do dever, como *sujeito passivo* da relação jurídico-tributária instaurada com a realização da "situação jurígena" (do suposto). [...] E é imprescindível saber quem pratica o fato jurígeno, para ressarcir o substituto.[89]

Conforme veremos adiante, nas situações de responsabilidade tributária, sempre teremos um sujeito que realiza ou dá ensejo[90] ao fato jurídico tributário e outro distinto que é colocado na condição de sujeito passivo da relação jurídica tributária, sendo que tal fato poderia nos inclinar a concordar com a posição que entende pela necessidade do critério pessoal na hipótese de incidência.

Ocorre que, justamente em razão da regra-matriz de incidência se tratar de uma abstração formulada pela ciência do Direito para compreensão da norma jurídica tributária, entendemos, como Marcelo Caron Baptista, que "[...] a inclusão de um critério pessoal na hipótese de incidência tributária não lhe implica alterar a substância e nem distorcer qualquer conclusão que dela decorra", o que ocorre é tão somente "[...] uma variação do grau de elaboração da regra-matriz de incidência",[91] que pode ou não ser pertinente, a depender da situação jurídica em análise.

Após esta breve introdução teórica, em função do corte metodológico por nós realizado, focaremos nossa atenção no critério pessoal do consequente normativo, mais especificamente no sujeito passivo da relação jurídica.

---

[89] COÊLHO, Sacha Calmon Navarro. *Teoria geral do tributo, da interpretação e da exoneração tributária*. São Paulo: Dialética, 2003. p. 96.
[90] Nesse sentido, lembramos brevemente que, quanto aos tributos vinculados, quem realiza o fato jurídico tributário é o próprio ente da federação, mas tal fato é sempre realizado em função de determinada pessoa. Como analisa Geraldo Ataliba, trata-se, normalmente, daquela pessoa que "utiliza um serviço, tem-no à disposição ou é atingida por um ato de polícia ou ainda a que recebe especial benefício de uma atividade pública, ou a provoque." ATALIBA, Geraldo. *Hipótese de incidência tributária*. São Paulo: Malheiros, 2014. p. 88.
[91] BAPTISTA, Marcelo Caron. *ISS: do texto à norma*. São Paulo: Quartier Latin, 2005. p. 135.

1.2. O sujeito passivo da obrigação tributária e o destinatário constitucional tributário

1.2.1. A capacidade de realizar o fato jurídico tributário e a capacidade de ser sujeito passivo da obrigação tributária

Inicialmente, é importante destacar uma distinção que por vezes é relegada pela doutrina e legislação pátria, e que foi posta em evidência de forma precisa por Paulo de Barros Carvalho. Trata-se da distinção entre a capacidade de realizar o fato jurídico tributário e a capacidade para ser sujeito passivo da obrigação tributária, assim explicitada pelo referido autor:

> Por sem dúvida que *ser capaz* de realizar o fato jurídico-tributário não quer demonstrar capacidade jurídica para ser sujeito passivo de obrigações tributárias. Uma coisa é a aptidão para concretizar o êxito abstratamente descrito no texto normativo, outra é integrar o liame que se instaura no preciso instante em que adquire proporções concretas o fato previsto no suposto da regra tributária.[92]

Em sentido semelhante, mas com base numa perspectiva mais econômica do Direito, Héctor Villegas fala na distinção entre *capacidade jurídica tributária* e *capacidade contributiva*, em que a primeira é a aptidão jurídica para ser parte passiva da relação jurídica substancial, com prescindência da quantidade de riqueza que se possua e a segunda é "[...] a aptidão econômica do pagamento público, com prescindência da aptidão de ser juridicamente o integrante passivo da relação jurídica".[93]

Como observam os referidos doutrinadores, por mais que o legislador tenha definido a capacidade tributária passiva como aptidão para ser sujeito passivo de relações jurídicas de natureza tributária, verifica-se uma constante confusão entre o sujeito que

---

[92] CARVALHO, Paulo de Barros. *Direito Tributário:* fundamentos jurídicos da incidência. 10. ed. rev. e atual. São Paulo: Saraiva, 2015. p. 230.
[93] VILLEGAS, Héctor B. *Curso de Direito Tributário*. Tradução de Roque Antonio Carrazza. São Paulo: Revista dos Tribunais, 1980. p. 109.

realiza ou dá ensejo à realização do fato jurídico tributário, e "[...] a pessoa, titular de direitos fundamentais, posta na condição de devedora, no contexto de uma relação jurídico-tributária".[94] E tal confusão se inicia até mesmo por conta da própria legislação pátria, sendo reiterada e perpetuada, por vezes, pela doutrina.

1.2.2. A capacidade tributária passiva prevista no artigo 126 do Código Tributário Nacional

Assim está disposto no artigo 126 do Código Tributário Nacional:

> Art. 126. A capacidade tributária passiva independe:
> I - da capacidade civil das pessoas naturais;
> II - de achar-se a pessoa natural sujeita a medidas que importem privação ou limitação do exercício de atividades civis, comerciais ou profissionais, ou da administração direta de seus bens ou negócios;
> III - de estar a pessoa jurídica regularmente constituída, bastando que configure uma unidade econômica ou profissional.

Ao analisar o referido artigo, que supostamente se propõe a tratar da capacidade tributária passiva, Paulo de Barros Carvalho extrai que a única interpretação possível da regra veiculada seria no sentido de reconhecer que os entes nela elencados detêm a aptidão/possibilidade jurídica de "[...] promover aqueles acontecimentos hipoteticamente previstos na lei, reputando-os fatos válidos e eficazes para desencadear os efeitos jurídicos característicos".

Ou seja, os entes nela elencados são capazes de realizar o fato jurídico tributário que enseja a "[...] inauguração do *vinculum juris* que dá ao Estado o direito subjetivo público de exigir parcelas do patrimônio privado",[95] mas não necessariamente são capazes de figurar na condição de sujeitos passivos da obrigação tributária.

No mesmo sentido, Luis Eduardo Schoueri afirma que a matéria regulada pelo artigo 126 do Código Tributário Nacional é a capacidade de agir em matéria tributária, "[...] i.e., capacidade de

---
[94] CARVALHO, Paulo de Barros. *Direito Tributário:* fundamentos jurídicos da incidência. 10. ed. rev. e atual. São Paulo: Saraiva, 2015. p. 228.
[95] CARVALHO, Paulo de Barros. *Curso de Direito Tributário*. São Paulo: Saraiva, 2012. p. 324.

incorrer em situações que produzam efeitos tributários", o que, "[...] não se confunde, portanto, com a capacidade de direito, regulada pela legislação civil".[96]

Por sua vez, ao tratar da responsabilidade dos pais sobre o imposto devido pelo filho, Renato Lopes Becho entende que o Código Tributário Nacional reconhece a possibilidade de um menor compor o polo passivo da relação jurídica tributária, mas afirma que tal diploma normativo não tem aptidão para impor essa exigência:

> O CTN, de fato, reconhece a possibilidade de um menor compor o polo passivo da relação tributária ao declarar que a capacidade tributária independe da capacidade civil das pessoas naturais (art. 126, I). Entretanto, não teve força o suficiente, e nem teria condições fáticas para isso, de impor as *responsabilidades* inerentes aos fatos imponíveis àqueles a quem a legislação civil não reconhece como aptos a responder por todos os seus atos (a criança de três meses do exemplo).[97]

Fato é que existe uma distância significativa entre a capacidade de realizar o fato jurídico tributário e a capacidade para ser sujeito passivo da obrigação tributária, sendo tal distância intransponível pela lei tributária.

1.2.3. A ausência de necessária identidade entre o sujeito que realizou o fato jurídico tributário e o sujeito passivo da relação jurídica tributária correspondente

Enquanto o legislador tributário desfruta de ampla liberdade para atribuir personalidade tributária e capacidade para realizar o fato jurídico tributário, ou dele participar, a quem não as tenha por reconhecida no enredo das normas de Direito Civil,[98] desde

---

[96] SCHOUERI, Luis Eduardo. *Direito Tributário*. São Paulo: Saraiva, 2011. p. 475.
[97] BECHO, Renato Lopes. *Responsabilidade tributária de terceiros:* CTN, arts. 134 e 135. São Paulo: Saraiva, 2014. p. 58.
[98] A distinção fica mais clara e evidente quando o autor dá vários exemplos da incompatibilidade indicada: "Cravada a premissa, será amplamente apropriada para a caracterização de um contrato de venda e compra de mercadorias, como ensejador de efeitos tributários, a circunstância de ambas as partes serem absolutamente incapazes; a

que observe os limites da outorga constitucional de competência e o grau de relacionamento do sujeito com o evento fático, a mesma situação não se verifica quando da fixação dos termos da relação jurídica tributária, como demonstra Paulo de Barros Carvalho:

> Se focalizarmos, agora, o consequente normativo, isto é, a prescrição de direitos e deveres, no esquema da relação jurídica, haveremos de convir em que o rol das opções do legislador se restringe sensivelmente, não lhe sendo possível indicar para sujeito passivo alguém que não tenha personalidade jurídica, nos precisos termos em que definida pelo direito civil. Minguando o requisito da personalidade jurídica, tal qual concebida na plataforma das elaborações privadas, a pretensão tributária estará inibida, em função da inaplicabilidade de cadeias de dispositivos em direito processual, que dão significado e conteúdo às aspirações fazendárias. Falando pela via direta, só alguém que tenha personalidade jurídica pode ser sujeito passivo de obrigações tributárias, advertência que se estende para toda e qualquer relação jurídica.[99]

Diante disso, é certo que a simples existência de sujeitos que são capazes de realizar o fato jurídico tributário, mas não são capazes de serem sujeitos passivos tributários, já é o bastante para demonstrar que não há uma necessária correspondência entre o sujeito que realiza ou dá ensejo ao fato jurídico tributário e aquele que figura no polo passivo da obrigação tributária.

Ocorre que tal confusão não se deu exclusivamente no artigo 126 do Código Tributário Nacional, que elencou entidades que jamais poderão ser sujeitos passivos de obrigações tributárias

---

contingência de uma sociedade de fato (sem constituição jurídica válida) ou de sociedade irregular (cuja constituição foi reconhecida pelo direito, mas que, por razões diversas, deixou de manter a regularidade jurídica de sua existência) praticar operações tributáveis; a eventualidade de um agregado familiar ser alvo de pretensões fiscais por encontrar-se envolvido em situação tributada; a hipótese de um grupo de sociedades, não reconhecido em sua unidade pela ordem jurídica vigente, participar de sucesso estatuído em lei tributária; ou a conjuntura de um núcleo econômico ou profissional efetuar operações colhidas pela legislação de certo gravame.

Ora com exceção dos menores, absoluta ou relativamente incapazes, e da sociedade irregular, pessoas dotadas de personalidade jurídica, os demais *sujeitos* acima referidos pertencem à numerosa família das entidades a que o direito privado não aceita como centro de imputação de direitos e deveres. São utilizadas, a despeito disso, para compor a situação de fato que serve de pressuposto à inauguração do vínculo tributário, o que exibe a eloquência da afirmação, segundo a qual a capacidade de realizar o fato jurídico, ou dele participar, prescinde de qualquer atinência às construções do direito civil." CARVALHO, Paulo de Barros. *Curso de Direito Tributário*. São Paulo: Saraiva, 2012. p. 381-382.

[99] CARVALHO, Paulo de Barros. *Curso de Direito Tributário*. São Paulo: Saraiva, 2012. p. 382.

como sujeitos com capacidade tributária passiva. Tal imprecisão foi perpetuada ao longo do tempo, estando presente até hoje na doutrina tributária.

Neste sentido, merece referência a definição de sujeito passivo tributário ofertada por Renato Lopes Becho:

> Extraímos do critério pessoal os sujeitos passivos da obrigação tributária que, nos tributos discriminados na Constituição, serão necessariamente aquelas pessoas que realizarem, inquestionavelmente, a materialidade prevista na norma constitucional tributária. Nos tributos não discriminados, serão aquelas pessoas que realizarem as condutas descritas em dita materialidade. Os sujeitos passivos tributários estão, portanto, umbilicalmente relacionados com a materialidade descrita na norma.[100]

Em sentido semelhante, ainda que utilizando a expressão "em princípio", assim se manifestou Ruy Barbosa Nogueira:

> Sujeito passivo da obrigação tributária, em princípio, deve ser aquele que praticou a situação descrita como núcleo do fato gerador, aquele a quem pode ser imputada a autoria ou titularidade passiva do fato imponível. Como objetivamente a situação fática é de conteúdo econômico, o titular ou beneficiário de fato deve ser em princípio o contribuinte, mesmo porque é com o resultado da realização do fato tributado que ganha para pagar o tributo ou manifesta capacidade contributiva.[101]

Com base em tais entendimentos, vigorou por bastante tempo a definição de sujeição passiva de Rubens Gomes de Sousa, com base no critério econômico, em que teríamos a sujeição passiva direta, quando o tributo fosse cobrado da pessoa que mantenha relação econômica com o ato, fato ou negócio que dá origem à tributação, e a sujeição passiva indireta, nos casos em que o Estado tenha interesse ou necessidade de cobrar o tributo de pessoa diferente.[102]

Não obstante, como aponta Paulo de Barros Carvalho, não há, em termos propriamente jurídicos, a divisão dos sujeitos em diretos e indiretos. Isso porque o índice de relacionamento econômico da

---

[100] BECHO, Renato Lopes. *Sujeição passiva e responsabilidade tributária*. São Paulo: Dialética, 2000. p. 190.
[101] NOGUEIRA, Ruy Barbosa. *Curso de Direito Tributário*. 14. ed. São Paulo: Saraiva, 1995. p. 144.
[102] SOUSA, Rubens Gomes de. *Compêndio de legislação tributária*. Coordenação: IBET – Instituto Brasileiro de Estudos Tributários. Obra póstuma. São Paulo: Resenha Tributária, 1975. p. 92.

pessoa escolhida pelo legislador com a ocorrência que faz brotar o liame tributário escapa da cogitação do Direito, alojando-se no campo de indagação da Economia ou da Ciência das Finanças, sendo que, no ângulo jurídico-tributário, interessa-nos apenas quem integra o vínculo obrigacional.[103]

1.2.4. O conceito de sujeição passiva tributária e o "desapego" ao sujeito que realizou o fato jurídico tributário

Parece-nos que, na tentativa de limitar ou apresentar uma construção mais robusta daquilo que seria a sujeição passiva tributária, a doutrina foi além e acabou desvirtuando sua definição. Por isso, entendemos como mais adequada a definição de sujeito passivo tributário que se limita a declarar o óbvio. Na mesma linha das lições de Paulo de Barros Carvalho[104] e Maria Rita Ferragut,[105] e do previsto no artigo 121, *caput*, do Código Tributário Nacional,[106] entendemos que o sujeito passivo tributário é a pessoa física ou jurídica, privada ou pública, que consta no polo passivo de uma relação jurídica tributária, na qual se exige o cumprimento da prestação de pagar determinado tributo.

Ainda, merece especial destaque a afirmação de Maria Rita Ferragut de que o sujeito passivo deve ocupar obrigatoriamente o polo passivo da relação jurídica, uma vez que esta é a única forma

---

[103] CARVALHO, Paulo de Barros. *Direito Tributário:* fundamentos jurídicos da incidência. 10. ed. rev. e atual. São Paulo: Saraiva, 2015. p. 228.

[104] "Sujeito passivo da relação jurídica tributária é a pessoa – sujeito de direitos – física ou jurídica, privada ou pública, de quem se exige o cumprimento da prestação: pecuniária, nos nexos obrigacionais; e insuscetível de avaliação patrimonial, nas relações que veiculam meros deveres instrumentais ou formais. É no critério pessoal do consequente da regra-matriz de incidência que colhemos elementos informadores para a determinação do sujeito passivo." CARVALHO, Paulo de Barros. *Curso de Direito Tributário.* São Paulo: Saraiva, 2012. p. 372.

[105] "Para nós, é a pessoa física ou jurídica, privada ou pública, detentora de personalidade, e de quem juridicamente exige-se o cumprimento da prestação. Consta, obrigatoriamente, do polo passivo de uma relação jurídica, única forma que o direito reconhece para obrigar alguém a cumprir determinada conduta." FERRAGUT, Maria Rita. *Responsabilidade tributária e o Código Civil de 2002.* São Paulo: Noeses, 2013. p. 33.

[106] Art. 121. Sujeito passivo da obrigação principal é a pessoa obrigada ao pagamento de tributo ou penalidade pecuniária.

que o Direito reconhece para obrigar alguém a realizar determinada conduta. Por mais simples que pareça a afirmação, ela é precisa no sentido de demonstrar que, ainda que o sujeito tenha realizado o fato jurídico tributário ou tenha extraído proveito econômico dele, não poderá ser compelido a pagar o tributo se a lei não lhe inserir na condição de sujeito passivo da obrigação tributária.

De qualquer forma, não estamos a defender que o sujeito passivo da obrigação tributária deva suportar o ônus fiscal quando não tenha realizado ou dado ensejo a realização do fato jurídico tributário. Isso porque o sujeito passivo é tão somente aquele que figura no polo passivo da relação jurídica tributária, mas não necessariamente aquele que tem aptidão para suportar, em última instância, o ônus do tributo, este deverá ser sempre o destinatário constitucional tributário, que será tratado adiante.

1.2.5. O destinatário constitucional tributário

Exposta a distinção entre o sujeito que realiza ou dá ensejo ao fato jurídico tributário e aquele que figura no polo passivo da relação jurídica tributária, cumpre-nos questionar: se o segundo é o sujeito passivo da obrigação tributária, quem é o primeiro?

Ao verificar que o vocábulo contribuinte era utilizado generalizadamente para descrever todo sujeito que realiza ou desencadeia o fato jurídico tributário, Héctor Villegas observou que aquele só seria viável para denominar o sujeito que realiza o fato jurídico tributário e, cumulativamente, é colocado na condição de sujeito passivo da obrigação tributária, como bem elucidou Marçal Justen Filho:

> E é assim porque o sujeito que está em relação com a situação descrita na hipótese de incidência não é, por esse tão só fato, titular de qualquer dever... ainda. Poderá vir a ser, na medida em que o mandamento normativo, ao prever a relação jurídica tributária, atribua a condição de sujeito passivo àquela pessoa que se encontra em relação com o fato-signo presuntivo de riqueza descrito na hipótese de incidência.
> Daí Villegas observar que a destinação da regra tributária induz que, normal e usualmente, a condição de contribuinte recairá sobre a pessoa que está em relação com a riqueza evidenciada pela situação contida na materialidade da hipótese de incidência.

Portanto, essa pessoa seria a *destinatária* da condição de sujeito passivo tributário. E, nesses termos, aludiu a "destinatário legal tributário."[107]

Assim, Villegas denomina de destinatário legal tributário aquele sujeito que, quando colocado na condição de sujeito passivo da obrigação tributária, seria o "devedor a título próprio", ou seja, aquele cuja capacidade contributiva o legislador teve em conta ao criar o tributo; seria aquele que realizou o fato jurídico tributário e que, por conseguinte, poderia, *a priori*, sofrer, em seus bens, o detrimento econômico tributário.[108]

Em linha com o que afirmamos no tópico anterior, o destinatário legal tributário seria aquele que realizou ou deu ensejo à realização do fato jurídico tributário e que, caso detenha capacidade tributária passiva, poderá ser demandado a realizar o pagamento do tributo, ocasião em que será denominado de contribuinte.

De qualquer forma, é necessário apontar o acréscimo realizado por Marçal Justen Filho à definição dada por Villegas, uma vez que, no Brasil, devemos falar em destinatário constitucional tributário:

> É que a Constituição brasileira não apenas outorga e define o poder tributário, instituindo competências para as pessoas políticas criarem normas tributárias. Além disso, nossa Constituição estabelece como deverá ser o núcleo da hipótese de incidência a ser editada pela via legislativa ordinária. Ora, já vimos que a definição da materialidade da hipótese de incidência tributária significa uma opção acerca do destinatário da condição de sujeito passivo. Por decorrência, a Constituição brasileira está não apenas a definir previamente o aspecto material das hipóteses de incidência tributárias, como também os aspectos pessoais. Bem por isso, pode-se aludir à figura do destinatário constitucional tributário. É aquela categoria de pessoas que se encontram em relação com a situação prevista para inserir-se no núcleo da hipótese de incidência tributária e que são as pessoas sujeitáveis à condição de sujeito passivo tributário (ao menos, em princípio). O destinatário constitucional tributário é aquele que, em princípio, pode dizer-se como eleito constitucionalmente para vir sofrer a sujeição passiva tributária.[109]

---

[107] JUSTEN FILHO, Marçal. *Sujeição passiva tributária*. Belém: CEJUP, 1986, 1986. p. 261.
[108] VILLEGAS, Héctor B. *Curso de Direito Tributário*. Tradução de Roque Antonio Carrazza. São Paulo: Revista dos Tribunais, 1980. p. 109-110.
[109] JUSTEN FILHO, Marçal. *Sujeição passiva tributária*. Belém: CEJUP, 1986. p. 262.

Ainda que se refute a indicação constitucional do sujeito passivo tributário,[110] é inegável que a competência tributária e os arquétipos constitucionais dos tributos são delimitados com base no sujeito que realiza ou dá ensejo ao fato jurídico tributário, aqui denominado de destinatário constitucional tributário. Até porque, como bem analisa Maria Rita Ferragut, todas as materialidades referem-se a um comportamento de pessoas (um fazer, um dar, um ser) e, dessa forma, pressupõe a existência do realizador da conduta humana normativamente qualificada.[111]

1.2.6. O destinatário constitucional tributário e as espécies tributárias

Para estabelecer o destinatário constitucional tributário, o constituinte elencou princípios norteadores referentes a cada espécie tributária. Nos impostos, o princípio da capacidade contributiva denota dois momentos distintos: a eleição, pela autoridade legislativa competente, de fatos que ostentem signos de riqueza (capacidade contributiva absoluta) e a repartição da percussão tributária, no sentido de que os destinatários constitucionais tributários contribuam de acordo com o tamanho econômico do

---

[110] Nesse sentido, Paulo de Barros entende que: "A Constituição não designa, denotativamente, quem deva ser o sujeito passivo das exações cuja competência legislativa outorga às pessoas políticas. Deixa a cargo do legislador ordinário não só estabelecer o desenho estrutural da hipótese normativa, que deverá girar em torno daquela referência constitucional, mas, além disso, escolher o sujeito que arcará com o peso da incidência fiscal, fazendo as vezes de devedor da prestação tributária." CARVALHO, Paulo de Barros. *Direito Tributário*: fundamentos jurídicos da incidência. 10. ed. rev. e atual. São Paulo: Saraiva, 2015. p. 230.
No mesmo sentido, Maria Rita Ferragut também leciona que: "Desconhecemos a existência de qualquer norma constitucional que indique quem deva ser o sujeito passivo de uma relação jurídica tributária. Por isso, entendemos que a escolha é infraconstitucional. [...] São dois aspectos distintos. O primeiro diz respeito ao sujeito realizador do fato previsto no antecedente da regra-matriz de incidência tributária, fato esse que, como regra, encontra-se indicado na Constituição. Já o segundo refere-se ao sujeito obrigado a cumprir com a prestação objeto da relação jurídica, ou seja, aquela pessoa que integra o polo passivo da obrigação. Essa pessoa é a única obrigada ao pagamento do tributo, e pode ou não coincidir com o sujeito que realizou o fato jurídico revelador de capacidade contributiva: se realizou, será contribuinte; se não, responsável. Não identificamos qualquer inconstitucionalidade nessa regra." FERRAGUT, Maria Rita. *Responsabilidade Tributária e o Código Civil de 2002*. São Paulo: Noeses, 2013. p. 34-35.
[111] FERRAGUT, Maria Rita. *Responsabilidade tributária e o Código Civil de 2002*. São Paulo: Noeses, 2013. p. 35.

evento previsto no antecedente da norma (capacidade contributiva relativa).[112]

As taxas são regidas pelo princípio da equivalência ou retributividade, quanto à dimensão da base de cálculo, e pelo princípio da referibilidade direta, no que se refere à determinação do destinatário da carga tributária, ou seja, só quem utiliza, efetiva ou potencialmente, o serviço público (específico e divisível) ou recebe ou dá ensejo ao ato de polícia é que pode ser onerado pelo referido tributo. Quanto às contribuições de melhoria, vigora o princípio da compensação, em que somente podem ser onerados aqueles proprietários de bem imóvel que sofreu valorização em virtude de obra pública.[113]

Quanto às contribuições, também vigoram os princípios da retributividade e da equivalência, quanto à dimensão da base de cálculo, e da referibilidade para determinação do destinatário da carga tributária. Diferentemente das taxas, não se trata de referibilidade e retributividade individuais, mas em relação ao grupo ao qual é voltada a atuação estatal custeada pela contribuição,[114] ou em relação a toda a sociedade, nos casos de atuação da União na área social.

Destaca-se também que, em razão desta referibilidade/ retributividade coletiva e não individual, parte da doutrina elenca o princípio da solidariedade como vetor axiológico e finalidade mediata[115]

---

[112] CARVALHO, Paulo de Barros. *Curso de Direito Tributário*. São Paulo: Saraiva, 2012. p. 216.
[113] Neste sentido, Geraldo Ataliba leciona que "[...] a referibilidade entre a atuação – posta como aspecto material da h.i. da taxa – e o obrigado é essencial à configuração da taxa. Só quem utiliza o serviço (público, específico e divisível) ou recebe o ato 'de polícia' pode ser sujeito passivo de taxa." Quanto às contribuições de melhoria, assim dispõe o aludido autor, "é contribuição especial, porque só são obrigados a pagá-lo os proprietários que receberam o 'especial' benefício consistente na valorização de seus imóveis, causada por obra pública (Aires Barreto). A h.i. da contribuição de melhoria é a valorização imobiliária causada por obra pública. [...] Sua base imponível é a valorização;" ATALIBA, Geraldo. *Hipótese de incidência tributária*. São Paulo: Malheiros, 2014. p. 156-170.
[114] Como ensina Luís Eduardo Schoueri, "[d]iante da justificativa constitucionalmente prestigiada, é de se aceitar, para as contribuições especiais, o que já se disse acerca das contribuições de melhoria e das taxas: sua inspiração no princípio da equivalência implica seu limite. Noutras palavras: as contribuições especiais têm como limite o custo das atividades que as motivaram". SCHOUERI, Luis Eduardo. *Direito Tributário*. São Paulo: Saraiva, 2011. p. 214.
[115] "Finalidade mediata [das contribuições] é atender a um interesse da área ou grupo (social, econômico, profissional) que corresponde ao elemento "solidariedade" [...]." GRECO, Marco Aurélio. *Contribuições (Uma figura "Sui Generis")*. São Paulo: Dialética, 2000. p. 83.

das contribuições, o que permitiria, em alguns casos, a aplicação do princípio da capacidade contributiva.[116] Por fim, os empréstimos compulsórios estarão sujeitos aos critérios acima apontados para impostos, taxas ou contribuições, a depender da situação que dá ensejo à sua exigência, assim como da vinculação direta, indireta ou da ausência de vinculação entre o custeio e a finalidade.

1.2.7. O destinatário constitucional tributário como elemento de verificação da constitucionalidade da norma

Como regra deve haver a correspondência entre o sujeito que realiza, provoca ou desencadeia o evento que se torna fato jurídico-tributário e o titular da riqueza onerada. Nas lições de Geraldo Ataliba, inclusive, a modificação do sujeito passivo poderia, até mesmo, alterar a própria classificação de um imposto e implicar sua inconstitucionalidade.[117] E aqui reside mais um tópico de grande controvérsia.

Como bem avalia Marçal Justen Filho, a eleição de uma certa situação para compor a materialidade da hipótese de incidência importa automática seleção de sujeitos, sendo a regra que o indivíduo obrigado ao dever tributário seja exatamente aquele que é titular da riqueza que autoriza a tributação ou está com ela referido. Ocorre que, uma vez ou outra, o ordenamento elegerá sujeito passivo distinto do destinatário constitucional tributário e nem por isso haverá a desnaturação ou a invalidade da norma tributária.[118]

Nesses casos, que são objeto do presente estudo, o destinatário constitucional tributário se torna elemento imprescindível para

---

[116] "A aplicação do Princípio da Solidariedade às contribuições sociais se vê reforçada quando se lê, no caso das contribuições à seguridade social, o *caput* do art. 195 da Constituição Federal, o qual afirma que "a seguridade social será financiada por toda a sociedade". Se toda a sociedade financia a seguridade social, ressurge a ideia de cada qual pagará na medida de sua capacidade contributiva." SCHOUERI, Luis Eduardo. *Direito Tributário*. São Paulo: Saraiva, 2011. p. 204.

[117] ATALIBA, Geraldo. *Hipótese de incidência tributária*. São Paulo: Malheiros, 2014. p. 88.

[118] JUSTEN FILHO, Marçal. *Sujeição passiva tributária*. Belém: CEJUP, 1986. p. 264.

verificação da constitucionalidade da norma, uma vez que quem sempre deverá suportar o encargo da tributação é o destinatário constitucional tributário e a própria riqueza efetivamente prevista como de objeto da tributação, mesmo que o pagamento do tributo se dê por sujeito distinto.

Nessa toada, com base nos desígnios constitucionais, é inconstitucional admitir que quem suporte o encargo tributário seja alguém distinto daquele *sujeito passivo possível* da exação.[119] Isso porque, "[...] em todos os casos no Brasil, só pode ser onerado o destinatário constitucional tributário, porque esse juízo político-financeiro foi exaurido pelo constituinte".[120]

Dessa forma, o destinatário constitucional tributário permanecerá sempre como fonte de referência para o esclarecimento de aspectos concernentes ao nascimento, à vida e à extinção da obrigação tributária, bem como o regime jurídico aplicável será sempre o daquele, ou seja, exemplificativamente, se o destinatário constitucional tributário for imune ou isento, não há de se falar em imputação legal ou nascimento da obrigação tributária em face do sujeito passivo tributário.

1.3. Espécies de sujeição passiva tributária

1.3.1. Classificações no direito

Para apresentar uma distinção de categorias dentro do gênero sujeito passivo tributário, temos que assumir de antemão que há uma pluralidade. Como leciona Justen Filho, a "[...] pluralidade é condição de possibilidade de qualquer distinção, porque a pluralidade implica a ausência de identidade absoluta." Nesse sentido, "[...] por mais semelhantes que possam ser dois objetos, sempre haverá um ângulo sob o qual serão distinguíveis. Se fossem absolutamente idênticos, isso só poderia decorrer de sua unidade."[121]

---

[119] CARRAZZA, Roque Antônio. *Curso de Direito Constitucional Tributário*. 30. ed. rev. ampl. e atual. até a Emenda Constitucional n. 84/2014. São Paulo: Malheiros, 201515. p. 490.

[120] ATALIBA, Geraldo. *Hipótese de incidência tributária*. São Paulo: Malheiros, 2014. p. 86.

[121] JUSTEN FILHO, Marçal. *Sujeição passiva tributária*. Belém: CEJUP, 1986, 1986. p. 229.

Como explica Eurico Marcos Diniz de Santi, o gênero compreende a espécie e a espécie, por sua vez, deve conotar mais que o gênero, ou seja, "[...] deve conotar todos os atributos que o gênero conota: do contrário haveria homens que não fossem animais; e deve conotar algo mais do que conota 'animal': de outro modo todos os animais seriam homens".[122] O excesso de conotação, que a espécie acumula sobre o gênero, é a diferença. E esta diferença é justamente "[...] aquela parte da conotação do nome específico, ordinário, especial ou técnico, que distingue a espécie em questão de todas as outras espécies de dado gênero".[123]

Conscientes da crítica de Santi de que "[...] o critério da *utilidade* da classificação é, juridicamente, *inútil* para a Ciência do Direito em sentido estrito", sob o fundamento de que a classificação efetivada pelo cientista do Direito "[...] cuida de proposição descritiva, e por isso há de manter coerência e fidelidade aos critérios previstos no Direito positivo: sendo correta, é verdadeira; caso contrário, é falsa",[124] compreendemos que tal fundamento não afasta a possibilidade de uma classificação com base no critério da utilidade.

Isso porque, como proposição descritiva, é certo que a classificação efetivada pelo cientista do Direito deve corresponder, com coerência e fidelidade, ao objeto analisado, no caso o Direito positivo. Não obstante, nada impede que, entre as classificações possíveis dentro daquelas tidas como verdadeiras pela Ciência do Direito, o cientista do Direito opte por aquela que compreende ser mais útil para descrever o seu objeto de análise.

Assim, ressalvamos que nossa classificação, além de descrição correta do Direito positivo, será selecionada pelo seu valor operativo. Dessa forma, não buscamos uma classificação que pode ser tida como a única verdadeira ou exata da sujeição passiva tributária,

---

[122] SANTI, Eurico Marcos Diniz. As classificações no sistema tributário brasileiro. *In*: *Justiça Tributária*: direitos do fisco e garantias dos contribuintes nos atos da administração e no processo tributário. São Paulo: Max Limonad, 1998. p. 129.
[123] SANTI, Eurico Marcos Diniz. As classificações no sistema tributário brasileiro. *In*: *Justiça Tributária*: direitos do fisco e garantias dos contribuintes nos atos da administração e no processo tributário. São Paulo: Max Limonad, 1998. p. 129.
[124] SANTI, Eurico Marcos Diniz. As classificações no sistema tributário brasileiro. *In*: *Justiça Tributária*: direitos do fisco e garantias dos contribuintes nos atos da administração e no processo tributário. São Paulo: Max Limonad, 1998. p. 132-133.

mas, entre aquelas classificações possíveis, aquela que entendemos ser a mais útil e oportuna para compreensão do tema em estudo. Assim, nos alinhamos a Genaro R. Carrió no entendimento de que os juristas devem abandonar a pretensão de que as classificações constituam a única correta forma de agrupar as normas e os fenômenos jurídicos, e reconhecer que aqueles são simples instrumentos para compreensão destes.[125] De qualquer forma, em alinhamento parcial com a tese defendida por Santi, é certo que a classificação deve ser escolhida entre aquelas tidas como descrições verdadeiras do Direito positivo.

1.3.2. O critério de distinção na sujeição passiva tributária: classificações doutrinárias

Para justificar a distinção entre categorias, deve haver alguma utilidade que a fundamente. Na mesma linha de Paulo de Barros Carvalho, que afasta as categorias estranhas ao Direito, Marçal Justen Filho afirma que a utilidade da distinção se verifica na medida em que assegure, operacionalmente, a diferenciação jurídica de situações aparentemente assemelhadas.[126]

A relevância do critério distintivo decorre da demonstração de que as figuras distinguidas sujeitam-se a regimes jurídicos inconfundíveis. Não se trata de variação que distorça o regime de Direito tributário, mas de regras jurídicas diversas, dentro do limite mais amplo daquele regime.[127]

Diante disto, afasta-se a pioneira[128] distinção elaborada por Rubens Gomes de Sousa, uma vez que o critério distintivo utilizado por

---

[125] CARRIÓ, Genaro R. *Notas sobre derecho y linguaje*. 4. ed. Buenos Aires: Abeledo-Perrot, 1994. p. 99.
[126] "Questionar a utilidade de uma distinção pressupõe, evidentemente, tratar-se de uma distinção jurídica (porquanto as distinções não jurídicas são inúteis para o jurista). Já as distinções jurídicas poderão ser mais úteis ou menos úteis." JUSTEN FILHO, Marçal. *Sujeição passiva tributária*. Belém: CEJUP, 1986. p. 229-230.
[127] JUSTEN FILHO, Marçal. *Sujeição passiva tributária*. Belém: CEJUP, 1986. p. 230.
[128] Posteriormente, Rubens Gomes de Sousa alterou sua posição, definindo contribuinte como aquele que cumpre obrigação própria e responsável aquele que cumpre obrigação alheia. Em suas palavras: "Resumindo, na sistemática do CTN responsável tanto é o devedor solidário, como o sucessor do devedor, como o obrigado a suprir o inadimplemento do devedor, como, finalmente, aquele a quem a lei designa como devedor da obrigação ainda

ele se pautava no critério econômico, em que haveria a sujeição passiva direta, quando o tributo fosse cobrado de pessoa que mantivesse relação econômica com o ato, fato ou negócio que desse origem à tributação, e sujeição passiva indireta, quando o tributo fosse cobrado de pessoa diferente, sendo que esta última seria dividida em duas modalidades: *transferência* e *substituição*, e, por sua vez, a transferência comportaria três hipóteses: *solidariedade, sucessão* e *responsabilidade*.[129]

Sacha Calmon Navarro Coêlho aparentemente acolhe a distinção realizada por Rubens Gomes de Sousa, mas opera uma alteração no que se refere ao enquadramento da *substituição* na sujeição passiva indireta, por entender que, na substituição, há pagamento de dívida própria, embora decorrente de fato gerador alheio, e, portanto, tal modalidade também deve ser considerada como sujeição passiva direta, assim sintetizando o seu entendimento:

> Dá-se a sujeição passiva direta quando a pessoa que paga está indicada no mandamento da mesma norma cuja hipótese descreve o fato gerador. Assim, o contribuinte é quem pratica o fato gerador ou quem, mesmo não praticando o fato gerador, está pelo mandamento da norma obrigado ao pagamento do tributo. A este último tipo de contribuinte, as legislações chamam comumente de "responsável por substituição" ou "substituto legal tributário" (mas é preciso notar que não é "responsável" por obrigação alheia, mas por fato gerador de "terceiro"). Somente ele é o *obrigado jurídico*. [...]
> Na sujeição passiva indireta, ao revés, a obrigação de pagar é, originalmente, necessariamente, do sujeito passivo direto. Ocorre que a lei, a partir de certos pressupostos, transfere a terceiros o dever de pagar. Há, portanto, alteração no esquema dos obrigados (o que não ocorre na sujeição passiva direta dita "por substituição"). Todos os "responsáveis" – na sujeição passiva indireta – ficam obrigados a um dever de pagar tributo que, originariamente, por força de lei, era do sujeito passivo direto. A este tipo de sujeição passiva indireta a doutrina denomina sujeição passiva por transferência (por isso que se dá uma "transferência" de responsabilidade).[130]

'in fieri'". SOUSA, Rubens Gomes de. Sujeito passivo das taxas. *RDP*, v. 16, p. 340-365, 1949. p. 348.

[129] SOUSA, Rubens Gomes de. *Compêndio de legislação tributária*. Coordenação: IBET – Instituto Brasileiro de Estudos Tributários. Obra póstuma. São Paulo: Resenha Tributária, 1975. p. 92.

[130] CÔELHO, Sacha Calmon Navarro. *Obrigação Tributária – Art. 128, In:* Comentário ao Código Tributário Nacional: (Lei nº 5.172, de 25.10.1966), Carlos Valder do Nascimento (Coord.), Rio de Janeiro: Revista Forense, 1999. p. 302-303.

Apesar do acolhimento da distinção nominal de Rubens Gomes de Sousa, na classificação de Navarro Côelho, há inegável alteração do critério distintivo. Como se extrai da classificação supratranscrita, a sujeição passiva direta já não está mais ligada necessariamente à pessoa que esteja em relação econômica com o ato, fato ou negócio que dá origem à tributação, mas à pessoa que compõe inauguralmente o polo passivo da relação jurídica da mesma norma cuja hipótese descreve o fato jurídico tributário, independentemente de sua relação com ele. Por sua vez, a sujeição passiva indireta trata de terceiros obrigados, por força de lei, a um dever de pagar tributo que, originariamente, era do sujeito passivo direto.

Dessa forma, o critério de distinção deixa de ser o critério econômico – da relação econômica do sujeito passivo com o fato jurídico tributário–, e passa a ser um critério jurídico, que distingue os sujeitos passivos em relação ao momento em que são postos na condição de devedores do tributo, se diretamente, na mesma norma que inaugura a relação jurídica tributária, ou indiretamente, por força de lei que transfere a obrigação anteriormente imposta ao sujeito passivo direto, ao terceiro, que se torna, por conseguinte, o sujeito passivo indireto.

Considerando se tratar de tema amplamente debatido pela doutrina, encontramos das mais diversas classificações de sujeição passiva tributária, sendo impossível tratar de todas. Muitos, como Alfredo Augusto Becker,[131] Marçal Justen Filho[132] e Paulo de Barros Carvalho[133] entendem por distinguir os sujeitos passivos tributários em três modalidades: o contribuinte, o substituto e o responsável. Por outro lado, outros, como Geraldo Ataliba,[134] Alberto Xavier,[135]

---

[131] BECKER, Alfredo Augusto. *Teoria geral do Direito Tributário*. 5. ed. São Paulo: Noeses, 2010. p. 567-600.

[132] JUSTEN FILHO, Marçal. *Sujeição passiva tributária*. Belém: CEJUP, 1986. p. 260-300.

[133] CARVALHO, Paulo de Barros. *Direito Tributário*: fundamentos jurídicos da incidência. 10. ed. rev. e atual. São Paulo: Saraiva, 2015. p. 229-241.

[134] "Há 'responsabilidade tributária', sempre que, pela lei, ocorrido o fato imponível, não é posto no pólo passivo da obrigação conseqüente (na qualidade de obrigado tributário, portanto) o promovente ou idealizador do fato que suscitou a incidência (o contribuinte *stricto sensu* – art. 121, parágrafo único, I, do CTN, o sujeito passivo 'natural' ou 'direto' como usualmente designado), se não um terceiro, expressamente referido na lei." ATALIBA, Geraldo. *Hipótese de incidência tributária*. São Paulo: Malheiros, 2014. p. 91.

[135] XAVIER, Alberto. Contribuinte responsável no imposto de renda sobre juros pagos a residentes no exterior. *Revista de Direito Tributário*. São Paulo, v. 15, n. 55, p. 82-114, jan./mar. 1991. p. 98.

Betina Treiger Grupenmacher,[136] Maria Rita Ferragut,[137] Andréa M. Darzé,[138] distinguem os sujeitos passivos tributários em contribuinte e responsável, apresentando subdivisões das mais diversas quanto ao segundo.

1.3.3. Nosso critério de distinção: contribuinte e responsável tributário

Considerando que o objeto do presente trabalho é estabelecer os limites da responsabilização tributária de terceiros distintos do destinatário constitucional tributário, nos parece mais útil a classificação que distingue os sujeitos passivos tributários entre aquele que realiza ou dá ensejo ao fato jurídico tributário – o destinatário constitucional tributário – e aquele que, sem revestir tal condição, é colocado na condição de devedor da obrigação tributária. Trata-se de análise estritamente jurídica, como demonstra Andréa M. Darzé:

> Analisa-se apenas a compostura interna da norma geral e abstrata que impõe o dever de pagar tributos e, verificando-se que é apenas um o sujeito que realiza o verbo descrito tanto na hipótese como no consequente, o tomamos como contribuinte. Do contrário, o conceito apropriado é o de responsável.[139]

---

[136] "O contribuinte é, como ensina Marçal Justen Filho, o "destinatário constitucional tributário", ou como prefere Hector Villegas, o "destinatário legal tributário", aquele que deve suportar o ônus da tributação. Ocorre, no entanto, que hipóteses há em que não é o contribuinte que assume a condição de devedor do tributo, pois tal múnus é transferido para um terceiro por disposição expressa em lei. Trata-se das hipóteses de responsabilidade tributária [...]". GRUPENMACHER, Betina Treiger. Sujeição passiva e responsabilidade tributária. In: SABBAG, Eduardo (Org.). Estudos tributários. São Paulo: Saraiva, 2014. p. 318.

[137] "Contribuinte é a pessoa que realizou o fato jurídico tributário, e que cumulativamente encontra-se no polo passivo da relação obrigacional. Se uma das duas condições estiver ausente, ou o sujeito será o responsável, ou será o realizador do fato jurídico, mas não o contribuinte. Praticar o evento, portanto, é condição necessária para essa qualificação, mas insuficiente." FERRAGUT, Maria Rita. Responsabilidade tributária e o Código Civil de 2002. São Paulo: Noeses, 2013. p. 34.

[138] "Consideramos que a classificação mais acertada para as normas de sujeição passiva é a que as divide em contribuintes e responsáveis, utilizando como critério o grau de proximidade que a pessoa compelida ao pagamento do tributo mantém com o fato jurídico tributário. Sendo pessoal e direta, ter-se-á a figura do contribuinte. Acaso inexistente ou de outra natureza que não pessoal e direta, ter-se-á responsável." DARZÉ, Andréa M. Responsabilidade Tributária: solidariedade e subsidiariedade. São Paulo: Noeses, 2010. p. 138.

[139] DARZÉ, Andréa M. Responsabilidade tributária: solidariedade e subsidiariedade. São Paulo: Noeses, 2010. p. 71.

Portanto, utilizaremos o termo contribuinte para a pessoa que é, cumulativamente, o destinatário constitucional tributário e o sujeito passivo da relação jurídica tributária, e o termo responsável para o sujeito passivo da obrigação tributária que não realizou ou deu ensejo ao fato jurídico tributário, mas por algum fundamento legal foi posto na condição de sujeito passivo. E tal classificação encontramos no próprio Código Tributário Nacional, *in verbis*:

> Art. 121. Sujeito passivo da obrigação principal é a pessoa obrigada ao pagamento de tributo ou penalidade pecuniária.
> Parágrafo único. O sujeito passivo da obrigação principal diz-se:
> I - contribuinte, quando tenha relação pessoal e direta com a situação que constitua o respectivo fato gerador;
> II - responsável, quando, sem revestir a condição de contribuinte, sua obrigação decorra de disposição expressa de lei.

Em linha com o que defendemos ao longo do presente estudo, relevante frisar a lição de Maria Rita Ferragut no sentido de que só será contribuinte aquele que realizou o fato jurídico tributário e, cumulativamente, se encontra no polo passivo da relação obrigacional: "Se uma das duas condições estiver ausente, ou o sujeito será o responsável, ou será o realizador do fato jurídico, mas não o contribuinte. Praticar o evento, portanto, é condição necessária para essa qualificação, mas insuficiente".[140]

Portanto, devidamente esclarecida a distinção entre o sujeito que realiza ou dá ensejo ao fato jurídico tributário e aquele que é posto na condição de sujeito passivo da relação jurídica tributária, bem como identificado o sujeito passivo que se enquadra na espécie contribuinte, ou seja, aquele sujeito que, cumulativamente, realiza o fato jurídico tributário e é posto na condição de sujeito passivo da obrigação tributária, podemos adentrar no estudo daquele que será o objeto principal deste trabalho, o responsável.

---

[140] FERRAGUT, Maria Rita. *Responsabilidade tributária e o Código Civil de 2002*. São Paulo: Noeses, 2013. p. 34.

CAPÍTULO 2

OS FUNDAMENTOS DA RESPONSABILIDADE TRIBUTÁRIA E SUAS MODALIDADES

2.1. A responsabilidade tributária como exceção à regra constitucional

Com a atribuição da competência tributária às pessoas políticas de Direito público e a delimitação dos arquétipos dos tributos pela Constituição Federal, extraímos que, numa sociedade ideal, em que todos são conhecedores de seus deveres e os cumprem prontamente, não haveria de se falar em responsabilidade tributária, sendo que cada destinatário constitucional tributário seria o único responsável pelo adimplemento de seu débito.

Ocorre que, além de ser utópica tal situação, nos encontramos em face de dois interesses completamente antagônicos que permeiam nossa sociedade: a fúria arrecadatória do Estado e o anseio dos contribuintes em reduzir cada vez mais sua carga tributária. Quanto aos interesses antagônicos, cabe relembrar as lições de Aristóteles ao tratar da igualdade e seus limites em *A política*:

> Concorda-se facilmente sobre a igualdade das coisas. Sobre a das pessoas erguem-se protestos, porque mais uma vez os homens se tornam cegos sobre si mesmos e tendo, de uma e de outra parte, razão até certo ponto, querem dar a seu direito uma extensão ilimitada.[141]

---

[141] ARISTÓTELES. *A política*. Tradução de Roberto Leal Ferreira. 3. ed. São Paulo: Martins Fontes, 2006. p. 162.

Nesse cenário, para evitar a fraude e a sonegação fiscal, facilitar a ação fiscalizatória da autoridade fazendária, dando maior eficiência à arrecadação e, até mesmo, por razões de impossibilidade prática de atingir-se diretamente o destinatário constitucional tributário, a lei prevê hipóteses em que a arrecadação tributária é exercida em face de terceiros.

É certo que o instituto da responsabilidade tributária enfrenta restrição. Afinal, uma vez que a Constituição Federal sempre designa implicitamente quem é o destinatário da carga tributária e qual é a riqueza a ser alvo da tributação, não teria sentido o texto constitucional fazer menção a uma determinada figura e consentir desprezar as necessárias consequências jurídicas do reconhecimento da sua existência, em concreto.

Como bem asseverou Geraldo Ataliba, "[...] as exigências constitucionais rigidíssimas em matéria de sujeição passiva de tributos *obrigam* regime estrito e excepcional para as figuras (restritivamente admissíveis) da responsabilidade e da substituição tributária". Dessa forma, a "[...] ausência de respeito pela lei, *pelo menos*, aos requisitos *mínimos* [...], inutiliza a cláusula legal instituitória da substituição ou responsabilidade, inibindo sua aplicação e eficácia.[142]

Por mais que entenda que a Constituição não designa, denotativamente, quem deva ser o sujeito passivo das exações cuja competência legislativa outorga às pessoas políticas, Paulo de Barros Carvalho se posiciona em sentido semelhante quanto aos limites da eleição do responsável tributário pelo legislador ordinário e a respectiva constitucionalidade:

> [...] o legislador tributário não pode refugir dos limites constitucionais da sua competência, que é oferecida de maneira discreta, mediante a indicação de meros eventos ou de bens. Aproveitando-se dessas referências, a autoridade legislativa exerce suas funções, autolimitando-se ao compor a descrição normativa. Feito isso, não pode transpor as fronteiras do fato que ele mesmo (legislador ordinário) demarcou, a não ser que venha a refazer a regra-matriz, mexendo no arcabouço do tributo, o que também só é possível se mantiver o núcleo de referência que a Constituição lhe atribuiu.[143]

---

[142] ATALIBA, Geraldo. *Hipótese de incidência tributária*. São Paulo: Malheiros, 2014. p. 93.
[143] CARVALHO, Paulo de Barros. *Curso de Direito Tributário*. São Paulo: Saraiva, 2012. p. 392.

Ocorre que, apesar de sua clara natureza de exceção à regra constitucional, verifica-se, na prática, que a utilização, pelo legislador, do indivíduo humano como instrumento para atingir um objetivo que é estranho a este indivíduo humano é procedimento normal e frequente[144] em todos os ramos do Direito, não sendo diferente no Direito Tributário, o que implica utilização cada vez mais recorrente do instituto da responsabilidade tributária.

2.1.1. A responsabilidade como proposição prescritiva que compõe a norma geral de tributação

A constituição da relação jurídica entre Estado-credor e o responsável, além de pressupor, por óbvio, a existência do fato jurídico tributário, é autorizada pela ocorrência de um fato qualquer, lícito ou ilícito, e não tipificado como fato jurídico tributário. Nesse sentido, Maria Rita Ferragut observa que a expressão "responsabilidade tributária" detém mais de um significado, podendo tratar-se de proposição prescritiva, relação e fato.[145]

Como *proposição prescritiva*, responsabilidade tributária é norma jurídica deonticamente incompleta, de conduta, que, a partir de um fato não tributário, implica a inclusão do sujeito que o realizou no critério pessoal passivo de uma relação jurídica tributária. Por outro lado, configura também uma *relação*, por constituir um vínculo que se estabelece entre sujeito obrigado a adimplir com o objeto da obrigação tributária e o Estado-credor. E, por fim, como *fato*, responsabilidade é o consequente da proposição prescritiva que indica o sujeito que deverá ocupar o polo passivo da relação jurídica tributária, bem como os demais termos integrantes dessa relação (sujeito ativo e objeto prestacional).

Das três definições, a que merecerá maior atenção neste estudo é aquela que trata a responsabilidade tributária como proposição prescritiva. Isso porque ela permite a compreensão de que a norma

---

[144] BECKER, Alfredo Augusto. *Teoria geral do Direito Tributário*. 5. ed. São Paulo: Noeses, 2010. p. 591.
[145] FERRAGUT, Maria Rita. *Responsabilidade tributária e o Código Civil de 2002*. São Paulo: Noeses, 2013. p. 38-39.

geral e abstrata que impõe a tributação é construída pelo conjunto de enunciados que versam sobre a matéria – o que inclui os enunciados sobre a responsabilidade – e cujo produto é a autorização para constituir obrigação tributária em face de sujeito que não realizou o fato tributado. Como leciona Andréa M. Darzé, a norma de responsabilidade tributária é "[...] norma que colabora na fixação do critério subjetivo passivo do tributo, entrando em relação com os demais enunciados que integram a regra-matriz de incidência em sentido amplo, cujo resultado variará a depender da espécie ou das características da responsabilidade de que se trate".[146]

2.1.2. A responsabilidade tributária e suas modalidades

A partir dessa compreensão, podemos falar em duas modalidades de responsabilidade tributária: responsabilidade por substituição e responsabilidade por transferência, tendo como critério distintivo o momento em que o responsável é incluído no polo passivo da relação jurídica tributária.

2.1.2.1. Responsabilidade por substituição

Na responsabilidade por substituição, a norma que prevê a responsabilidade tributária é proposição que se inter-relaciona com a norma geral e abstrata que prevê a hipótese de incidência, construindo a norma jurídica completa, em que, desde o início, o responsável tributário é o sujeito passivo da relação jurídica tributária. Como afirma Navarro Coêlho, "[...] a lei prevê desde logo que, se 'A' pratica um fato jurígeno, 'B' deve pagar."[147]

---

[146] DARZÉ, Andréa M. *Responsabilidade tributária:* solidariedade e subsidiariedade. São Paulo: Noeses, 2010. p. 88.

[147] COÊLHO, Sacha Calmon Navarro. Sujeição passiva direta e indireta: substituição tributária *In:* ROCHA, Valdir de Oliveira (Coord.). *Grandes questões atuais do Direito Tributário.* São Paulo: Dialética, 2009. v. 13. p. 359.

No mesmo sentido, Schoueri é preciso ao afirmar que se fala em *substituição* quando o legislador, conquanto descrevendo uma conduta praticada por uma pessoa como hipótese tributária, "[...] determina que, verificada aquela conduta, outra pessoa (*substituto*) terá a obrigação de recolher o tributo".[148] Ou seja: o sujeito passivo não incorre, ele mesmo, no fato jurídico tributário, mas no momento em que o destinatário constitucional tributário ali incorre, surge contra o sujeito passivo a pretensão tributária.[149]

Analisando a referida modalidade, podemos extrair de forma clara a impropriedade da utilização do termo "substituição". Isso porque não há qualquer substituição no plano jurídico. Como bem demonstrou Becker, "[o] fenômeno da substituição opera-se no *momento político* em que o legislador cria a regra jurídica", sendo que a substituição consiste na "[...] escolha pelo legislador de *qualquer outro* indivíduo em substituição daquele determinado indivíduo de cuja renda ou capital a hipótese de incidência é fato-signo presuntivo".[150] De qualquer forma, por tratar-se de denominação já consolidada na doutrina e jurisprudência, adotá-la-emos em que pese a referida crítica.

Cumpre apontar que tal modalidade possui três subdivisões: substituição tributária progressiva, regressiva e concomitante, que têm como critério distintivo o momento da exigência de recolhimento do tributo em relação à ocorrência do fato jurídico tributário. Na primeira, a prestação tributária deve ser realizada previamente à ocorrência do fato jurídico tributário (*v.g.* ICMS-ST), na segunda, o pagamento do tributo deve ser realizado posteriormente à ocorrência do fato jurídico tributário (*v.g.* diferimento), e, por fim, na terceira, o dever de realizar a prestação tributária é imposto concomitantemente com a ocorrência do fato jurídico tributário (*v.g.* retenção e o recolhimento do IR pela fonte pagadora).

---

[148] SCHOUERI, Luis Eduardo. *Direito Tributário*. São Paulo: Saraiva, 2011. p. 479.
[149] SCHOUERI, Luis Eduardo. *Direito Tributário*. São Paulo: Saraiva, 2011. p. 479.
[150] BECKER, Alfredo Augusto. *Teoria geral do Direito Tributário*. 5. ed. São Paulo: Noeses, 2010. p. 592.

As referidas modalidades podem ser melhor compreendidas a partir do esquema abaixo:[151]

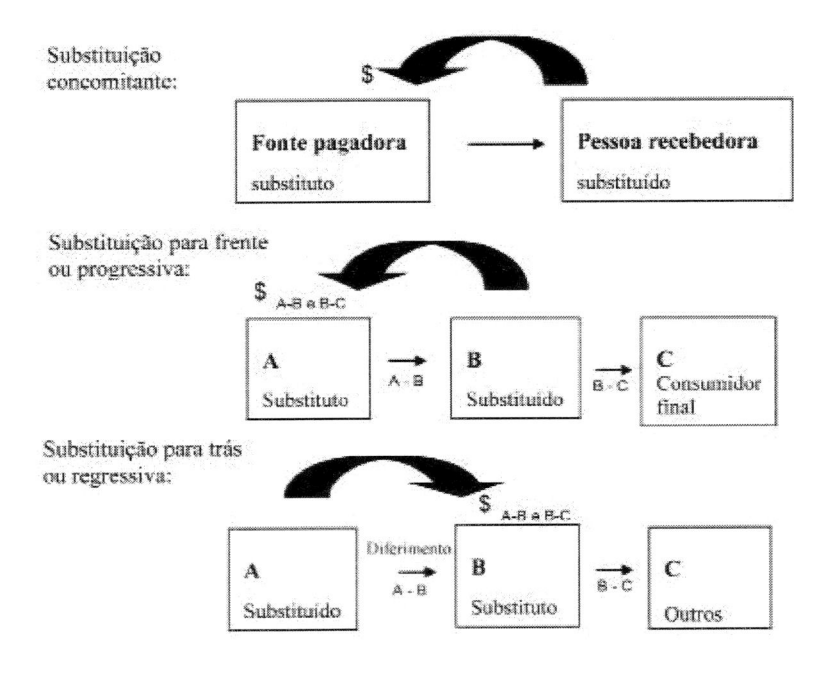

Substituição concomitante:

Fonte pagadora
substituto

Pessoa recebedora
substituído

Substituição para frente ou progressiva:

$ A-B a B-C

A
Substituto
→ A-B
B
Substituído
→ B-C
C
Consumidor final

Substituição para trás ou regressiva:

$ A-B a B-C

A
Substituído
Diferimento
→ A-B
B
Substituto
→ B-C
C
Outros

2.1.2.2. Responsabilidade por transferência

Na responsabilidade por transferência, em razão de fato diverso ao fato jurídico tributário, a norma que prevê a responsabilidade altera ou amplia o critério pessoal passivo da norma individual e concreta que constituiu o crédito tributário, que havia previsto inicialmente um outro indivíduo como sujeito passivo da relação jurídica tributária.

Nesse sentido, Betina Grupenmacher leciona que "[...] a responsabilidade por transferência se opera quando o contribuinte deixa de efetuar o pagamento do tributo transladando-se o dever do referido pagamento a terceiro, que mantém relação indireta com

---

[151] Esquema reproduzido pela Prof.ª Betina Treiger Grupenmacher nas aulas de graduação em direito da Universidade Federal do Paraná.

o acontecimento descrito no texto constitucional".¹⁵² É certo que o mero inadimplemento por parte do contribuinte não gera por si só a responsabilidade do terceiro, é necessário que se opere também o fato que autoriza a responsabilização daquele, o que, como veremos adiante, normalmente representa o cumprimento de um dever de colaboração com a Administração Pública ou uma sanção pelo seu descumprimento.

Assim, na responsabilidade por transferência, devem ser considerados dois fatos distintos (que podem ou não ser simultâneos): o fato jurídico tributário, que faz nascer a pretensão tributária em face de uma pessoa, e um outro fato jurídico, que desloca a obrigação para o responsável.¹⁵³ Ou seja, como bem analisa Schoueri, o surgimento da obrigação tributária para o último, conquanto dependa da concretização da hipótese tributária, não se esgota nela, sendo necessário, para tanto, "[...] além desta concretização (que dará surgimento à obrigação tributária), a concretização da hipótese de responsabilização."¹⁵⁴

Tal relacionamento entre normas foi bem elucidado por Sacha Calmon Navarro Coêlho no quadro abaixo reproduzido:¹⁵⁵

Norma A		Norma B	
Hipótese	Consequência	Hipótese	Consequência
"A" pratica o fato gerador	"A" é sujeito passivo	Em virtude de um fato previsto em lei, "A" fica desobrigado total ou parcialmente	"B" fica responsável pelo tributo de "A"

Nesses casos, a lei dispõe exatamente sob qual condição se dará a responsabilidade do responsável, podendo ser: solidária ou subsidiária com o sujeito passivo já previsto na relação jurídica tributária; ou pessoal, com a exclusão da responsabilidade do antigo sujeito passivo, o que será objeto de estudo posteriormente.

---

¹⁵² GRUPENMACHER, Betina Treiger. Sujeição passiva e responsabilidade tributária. In: SABBAG, Eduardo (Org.). Estudos tributários. São Paulo: Saraiva, 2014. p. 318.
¹⁵³ SCHOUERI, Luis Eduardo. Direito Tributário. São Paulo: Saraiva, 2011. p. 479.
¹⁵⁴ SCHOUERI, Luis Eduardo. Direito Tributário. São Paulo: Saraiva, 2011. p. 479.
¹⁵⁵ COÊLHO, Sacha Calmon Navarro. Sujeição passiva direta e indireta: substituição tributária In: ROCHA, Valdir de Oliveira (Coord.). Grandes questões atuais do Direito Tributário. São Paulo: Dialética, 2009. v. 13. p. 366.

Devidamente estabelecido o conceito de responsabilidade tributária, qual seja, imposição legal do recolhimento do tributo por sujeito que não realizou ou deu ensejo ao fato jurídico tributário, e suas modalidades, responsabilidade por substituição e por transferência, cumpre-nos verificar qual o critério que permite a escolha do responsável tributário.

2.2. A capacidade colaborativa como critério essencial de escolha do responsável tributário

2.2.1. Conceito jurídico de capacidade

Em sentido geral, entende-se capacidade como a aptidão ou qualidade de certa pessoa para satisfazer ou cumprir determinado objetivo, ou seja, detém capacidade aquela pessoa que está em condições para atender ao fim colimado.[156] Já no sentido jurídico, entende-se capacidade como "[...] aptidão legal que tem a pessoa, seja física ou jurídica, de adquirir e exercer direitos".[157] Por certo que, em harmonia com a definição geral de capacidade, no sentido jurídico, também devemos incluir a aptidão legal que determinada pessoa tem para lhe ser atribuída o cumprimento de deveres.

2.2.2. Capacidade colaborativa como requisito para instituição da responsabilidade tributária

Como já demonstramos anteriormente, há uma distinção entre o sujeito que detém capacidade de realizar o fato jurídico tributário e aquele que detém capacidade de figurar no polo passivo da relação jurídica tributária. Por sua vez, quando estamos a tratar da capacidade tributária passiva, diferentemente do destinatário constitucional tributário, que basta deter capacidade civil plena para poder ser eleito como sujeito passivo da obrigação tributária,

---

[156] SILVA, De Plácido e. *Vocabulário jurídico*. 7. ed. Rio de Janeiro: Forense, 1982. p. 365.
[157] SILVA, De Plácido e. *Vocabulário jurídico*. 7. ed. Rio de Janeiro: Forense, 1982. p. 365.

quando se trata do responsável tributário, tal exigência também é necessária, mas não é suficiente.

Como leciona Paulsen, para a instituição de determinada obrigação é imprescindível que se verifique se a pessoa colocada no polo passivo tem efetivamente a aptidão de cumprir o ônus ou encargo que lhe é imposto, e se esse cumprimento pode dar-se sem prejuízo das suas próprias atividades e interesses, ou seja, sem que comprometa desproporcionalmente seus direitos, sua liberdade e seu patrimônio.[158]

Desta forma, quando tratamos da imputação de determinada obrigação tributária em face de terceiro, este deverá necessariamente deter capacidade colaborativa. No âmbito tributário, capacidade colaborativa pode ser definida como a aptidão que determinado sujeito detém de, consideradas as circunstâncias das atividades que desenvolve, ou dos atos ou negócios que realiza, ou ainda da sua relação ou proximidade com o fato jurídico tributário ou com o sujeito que o realiza, estar em posição tal que lhe seja viável agir de modo a subsidiar, facilitar ou incrementar a fiscalização tributária ou a arrecadação dos tributos, colaborando, assim, para que a tributação alcance todos os fatos tributáveis de modo mais efetivo, isonômico, simples, completo, confortável, econômico, justo e eficaz, em benefício de toda a sociedade.[159]

2.2.3. O reconhecimento da capacidade de colaboração

A capacidade de colaboração decorre de determinadas circunstâncias, alheias ao Direito Tributário, que envolvem determinado sujeito e o colocam em situação de "[...] poder, efetivamente, agir para que a tributação vá a bom termo".[160] Trata-se daquilo que Marçal Justen Filho enunciou como uma situação-base em que um sujeito se encontra em relação de poder,

---

[158] PAULSEN, Leandro. *Capacidade colaborativa*: princípio de Direito Tributário para obrigações acessórias e de terceiros. Porto Alegre: Livraria do Advogado, 2014. p. 39.
[159] PAULSEN, Leandro. *Capacidade colaborativa*: princípio de Direito Tributário para obrigações acessórias e de terceiros. Porto Alegre: Livraria do Advogado, 2014. p. 40.
[160] PAULSEN, Leandro. *Capacidade colaborativa*: princípio de Direito Tributário para obrigações acessórias e de terceiros. Porto Alegre: Livraria do Advogado, 2014. p. 40.

seja com o gozo de determinada riqueza por parte de terceiros, seja com o cumprimento do dever tributário que recai sobre outrem.[161] Adaptando as lições do referido autor às hipóteses de responsabilidade tributária definidas no presente estudo,[162] na responsabilidade tributária por substituição, "[...] o poder do destinatário da substituição envolve o gozo da riqueza por parte do destinatário legal tributário".[163] E, na responsabilidade tributária por transferência, "[...] o poder do destinatário da responsabilidade envolve o adimplemento do dever tributário já existente por parte do sujeito passivo tributário".[164]

Destaque-se que é inviável que a própria norma de responsabilidade tributária crie a situação de poder sobre o cumprimento do dever tributário. Como aponta Marçal Justen Filho, "[o] máximo que a norma tributária pode é estabelecer que quem se encontrar na titularidade de uma situação de poder nesses moldes" – que decorre de outras normas ou circunstâncias – "[...] tem o dever jurídico (tributário) de exercitá-lo",[165] sendo que o "[...] fundamento jurídico que autoriza a transformação da situação de poder em dever tributário está, em última análise, na regra implícita de que a nenhum convivente em sociedade é dado furtar-se a colaborar com o Estado."[166]

E tal possibilidade de colaboração é evidenciada em inúmeras situações, como: na manutenção de registros e emissão de documentos fiscais e na prestação de informações sobre atividades próprias e alheias, que facilitam a fiscalização por parte das autoridades fazendárias, na imposição de que as pessoas físicas e os gestores das pessoas jurídicas ajam com diligência e zelo no cumprimento das obrigações tributárias, na realização de retenções por parte de sujeitos com ascendência sobre os destinatários constitucionais tributários etc.

---

[161] JUSTEN FILHO, Marçal. *Sujeição passiva tributária*. Belém: CEJUP, 1986. p. 294.
[162] Enquanto Marçal elenca três sujeitos passivos tributários distintos (destinatário constitucional tributário, responsável tributário e substituto tributário), no presente trabalho distinguimos os sujeitos passivos tributários em contribuinte e responsável, e este último em responsável por substituição e por transferência.
[163] JUSTEN FILHO, Marçal. *Sujeição passiva tributária*. Belém: CEJUP, 1986. p. 294.
[164] JUSTEN FILHO, Marçal. *Sujeição passiva tributária*. Belém: CEJUP, 1986. p. 294.
[165] JUSTEN FILHO, Marçal. *Sujeição passiva tributária*. Belém: CEJUP, 1986. p. 294.
[166] JUSTEN FILHO, Marçal. *Sujeição passiva tributária*. Belém: CEJUP, 1986. p. 295.

Quanto às retenções – instituto de grande utilidade nos sistemas tributários –, é importante ressaltar que elas implicam concentração de sujeitos, de modo que uma única pessoa (substituto) proceda à retenção de tributos devidos por inúmeros destinatários constitucionais tributários (substituídos), o que simplifica, provê economia e traz segurança para a tributação,[167] além de garantir uma maior efetividade na aplicação da lei e, por consequência, o atingimento da igualdade não apenas formal, mas material.

Entretanto, é de nítida clareza o fato já exposto por Geraldo Ataliba, em um exemplo mais exagerado, de que a lei não pode exigir de alguém que mora no primeiro andar de um prédio o imposto de renda devido por todos os demais moradores, simplesmente porque a cobrança, assim, torna-se mais fácil.[168] É imprescindível que se verifique a capacidade colaborativa do sujeito posto na condição de sujeito passivo, ou seja, que este se encontre na já mencionada situação de poder, seja com o gozo de determinada riqueza por parte de terceiros, seja com o cumprimento do dever tributário que recai sobre outrem, como no caso dos empregadores ao pagarem salários ou dos tomadores de serviço ao remunerarem os prestadores.

Dessa forma, a capacidade colaborativa surge como critério prévio e indispensável para instituição da responsabilidade tributária, sendo imprescindível que tal capacidade seja reconhecida pela lei tributária, e não criada por ela, para impor a responsabilização.

Sendo reconhecida a capacidade colaborativa do terceiro, qual o fundamento que embasa a sua responsabilização tributária?

2.3. O dever de colaborar com a Administração Pública como fundamento da responsabilidade tributária

A responsabilidade tributária é um instrumento legal de que se vale a administração fazendária para evitar a fraude e a sonegação

---

[167] PAULSEN, Leandro. *Capacidade colaborativa*: princípio de Direito Tributário para obrigações acessórias e de terceiros. Porto Alegre: Livraria do Advogado, 2014. p. 44.

[168] ATALIBA, Geraldo. *Hipótese de incidência tributária*. São Paulo: Malheiros, 2014. p. 90.

fiscal, facilitar a ação fiscalizatória da autoridade fazendária, dando maior eficiência à arrecadação e, até mesmo, por razões de impossibilidade prática de atingir-se diretamente o destinatário constitucional tributário.

Ocorre que tais fatores só justificam a responsabilização do ponto de vista da arrecadação e, apesar de necessários, não são suficientes para exigir a responsabilização tributária de um terceiro. É imprescindível encontrarmos o fundamento que embasa o dever desse terceiro.

2.3.1. O dever fundamental de pagar tributos

No período do pós-guerra, os juristas concentraram-se na consolidação da teoria e da dogmática dos direitos fundamentais, sendo que as Constituições focaram em estabelecer o rol desses direitos, a fim de lhes dar a máxima efetividade. Por sua vez, os deveres fundamentais, de cujo cumprimento depende a manutenção do Estado e a própria promoção dos direitos assegurados, foram tratados com menor destaque ou sequer foram enunciados, o que acabou gerando uma menor consciência social da existência deles.

Com isso em vista, Leandro Paulsen aponta a necessidade de construção de uma teoria e de uma dogmática dos deveres fundamentais, de modo a trabalharmos a ideia de cidadania como uma via de mão dupla, que envolve direitos e obrigações:

> É importante que possamos resgatar a ideia de dever fundamental, elaborar o rol desses deveres e desdobrá-los, apontando seus diversos conteúdos normativos. Tal permitirá que tenhamos maior consciência dos deveres inerentes à vida em sociedade num Estado de Direito Democrático e Social destinado a assegurar o exercício dos direitos sociais e individuais, a liberdade, a segurança, o bem-estar, o desenvolvimento, a igualdade e a justiça.[169]

A Constituição Federal estabelece diversos deveres a serem cumpridos pelo Estado, como: "proporcionar os meios de acesso à

---

[169] PAULSEN, Leandro. *Capacidade colaborativa*: princípio de Direito Tributário para obrigações acessórias e de terceiros. Porto Alegre: Livraria do Advogado, 2014. p. 18-19.

cultura, à educação, à ciência, à tecnologia, à pesquisa e à inovação", "proteger o meio ambiente e combater a poluição em qualquer de suas formas", "combater as causas da pobreza e os fatores de marginalização, promovendo a integração social dos setores desfavorecidos", bem como proporcionar aos cidadãos os direitos sociais expressamente garantidos pelo artigo 6º, como: "a educação, a saúde, a alimentação, o trabalho, a moradia, o transporte, o lazer, a segurança"[170] etc.

Para cumprir com os objetivos estabelecidos na Constituição Federal, o Estado necessita do financiamento de suas atividades, que ocorre a partir da captação de receitas originárias e derivadas. Entre as receitas derivadas, que se distinguem das primeiras por serem obtidas mediante coação legal e não pela atuação do Estado pelo regime de direito privado, temos como principal fonte a arrecadação tributária, o que justifica a denominação de "Estado do Imposto".[171]

Portanto, como contrapartida do caráter democrático e social do Estado, que se apresenta como instrumento da sociedade para atingir seus próprios fins e que assegura aos cidadãos os direitos fundamentais, surge o dever fundamental de pagar tributos,[172] uma vez que os cidadãos são responsáveis diretos por viabilizar a existência e o funcionamento das instituições públicas em consonância com os desígnios constitucionais.

Quanto ao dever fundamental de pagar tributos, Klaus Tipke e Douglas Yamashita apontam que o "[...] imposto não é meramente um sacrifício, mas sim uma contribuição necessária para que o Estado possa cumprir suas tarefas no interesse do proveitoso convívio de todos os cidadãos".[173] Na mesma linha, José Casalta Nabais é enfático: "[...] o imposto não pode ser encarado nem como

---

[170] BRASIL. *Constituição da República Federativa do Brasil*. Disponível em: http://www.planalto. gov.br/ccivil_03/constituicao/constituicaocompilado.htm. Acesso em: 17 de agosto de 2016.
[171] Joseph Schumpeter, *Die Krise des Steuerstaats*. Graz/Leipzig, Leuschner & Lubensky, 1918 apud Luís Eduardo SCHOUERI, Luís Eduardo. *Normas tributárias indutoras e intervenção econômica*. Rio de Janeiro: Forense, 2005, 2005. p. 2.
[172] NABAIS, José Casalta. *O dever fundamental de pagar impostos*. Coimbra: Livraria Almedina, 1998.
[173] TIPKE, Klaus; YAMASHITA, Douglas. *Justiça fiscal e princípio da capacidade contributiva*. São Paulo: Malheiros, 2002. p. 13.

um mero poder para o Estado, nem como um mero sacrifício para os cidadãos, constituindo antes o contributo indispensável a uma vida em comunidade organizada em estado fiscal."[174]

Nesse sentido, Leandro Paulsen afirma que "[...] o dever de contribuir não é simples consequência do que estabelece a lei, senão seu fundamento."[175] E, Alessandro Mendes Cardoso afasta a suposta dualidade entre direito e dever, demonstrando que, no presente caso, o dever de contribuir de cada um corresponde a um direito dos demais:

> Trata-se de uma verdadeira responsabilidade social e não mais de simples dever em face do aparato estatal. Ao sonegar tributos devidos, o contribuinte não está apenas descumprindo uma exigência legal exigível pelas autoridades fazendárias, mas também, e principalmente, quebrando o seu vínculo de responsabilidade com a sociedade.[176]

2.3.2. O dever de colaboração com a Administração Tributária

Nesse cenário, é necessário observar que as obrigações tributárias não se limitam à contribuição de cada um conforme a sua capacidade contributiva. Envolvem, também, a colaboração das pessoas em um sentido mais amplo de cooperação, requerendo que concorram para a efetividade da tributação. E, para tanto, como leciona Paulsen, faz-se necessário que "[...] as pessoas coordenem esforços, participando conforme as suas possibilidades para que a tributação ocorra e cumpra sua finalidade."[177]

Dessa forma, considerando ser o dever fundamental de pagar tributos insuficiente por si só para garantir uma tributação justa e eficaz, vem a lume o dever de colaboração com a Administração

---

[174] NABAIS, José Casalta. *O dever fundamental de pagar impostos.* Coimbra: Livraria Almedina, 1998. p. 679.

[175] PAULSEN, Leandro. *Capacidade colaborativa*: princípio de Direito Tributário para obrigações acessórias e de terceiros. Porto Alegre: Livraria do Advogado, 2014. p. 24.

[176] CARDOSO, Alessandro Mendes. *O dever fundamental de recolher tributos no Estado democrático de direito.* Porto Alegre: Livraria do Advogado, 2014. p. 147.

[177] PAULSEN, Leandro. *Capacidade colaborativa*: princípio de Direito Tributário para obrigações acessórias e de terceiros. Porto Alegre: Livraria do Advogado, 2014. p. 28.

Tributária, que é imposto a todos, em observância ao princípio da solidariedade social.[178] Enquanto o primeiro tem como base a capacidade contributiva das pessoas, o segundo leva em consideração a capacidade de colaboração.

Todas as pessoas naturais e jurídicas, integrantes da sociedade, têm o dever de contribuir e colaborar para que a atividade arrecadatória cumpra sua função,[179] e tal colaboração pode ser concretizada tanto com o cumprimento de deveres instrumentais ou formais,[180] ou até mesmo – o que é foco do presente estudo –, com o recolhimento de tributo por terceiro distinto do destinatário constitucional tributário.

Como bem avalia Paulsen, não se trata de impor às pessoas que assumam toda a responsabilidade pela tributação, porquanto o fisco, enquanto credor, tem o direito, o dever e as prerrogativas para realizar as atividades de fiscalização e de cobrança dos tributos. O que se impõe é a colaboração das pessoas na medida das suas possibilidades, atuando em prol da tributação, para que ela cumpra sua finalidade arrecadatória, fazendo com que sejam efetivamente vertidos aos cofres públicos os tributos instituídos por lei.[181]

---

[178] Como leciona Maria Celina Bodin de Moraes, a lógica individualista ("cada um por si e Deus por todos") foi "substituída pela perspectiva solidarista, em que a cooperação, a igualdade substancial e a justiça social se tornam valores precípuos do ordenamento." MORAES, Maria Celina Bodin de. O princípio da solidariedade. In: MATOS, Ana Carla Harmatiuk (Org.). Novos direitos e constituição. Porto Alegre: Nuria Fabris, 2008.

[179] PAULSEN, Leandro. Capacidade colaborativa: princípio de Direito Tributário para obrigações acessórias e de terceiros. Porto Alegre: Livraria do Advogado, 2014. p. 31.

[180] Paulo de Barros Carvalho afasta o uso da expressão "obrigações acessórias", apontando sua preferência por "deveres instrumentais ou formais", pelos seguintes fundamentos: "Acontece que as relações jurídicas veiculadoras de tais condutas obrigatórias não têm índole patrimonial, já que seu objeto não é passível de avaliação em signos econômicos, tornando-se impraticável a conversão em pecúnia. Não serão, dessa maneira, obrigações [...] Por outro lado, também, nem sempre se apresentam como acessórias. Múltiplas são as situações em que se manifestam como devidos certos comportamentos, sem que se possa detectar uma prestação pecuniária que satisfaça o caráter jurídico de tributo, por eles envolvidos. [...] Daí nossa preferência recair sobre "deveres instrumentais ou formais". "Instrumentais" porque o plexo de deveres estabelecidos pela lei funciona como meio, instrumento de apuração, investigação e conhecimento das circunstâncias em que se deu o evento previsto normativamente. E "formais" porque dizem respeito à formalização em linguagem do acontecimento tributado." CARVALHO, Paulo de Barros. Direito Tributário: fundamentos jurídicos da incidência. 10. ed. rev. e atual. São Paulo: Saraiva, 2015. p. 244-245.

[181] PAULSEN, Leandro. Capacidade colaborativa: princípio de Direito Tributário para obrigações acessórias e de terceiros. Porto Alegre: Livraria do Advogado, 2014. p. 41-43.

Tal colaboração, em prol da tributação eficiente, é reconhecida há tempos pela doutrina, como se extrai, exemplificativamente, da lição de Aliomar Baleeiro:

> A manifestação da existência, quantidade e valor das coisas e atos sujeitos à tributação é cometida por lei, em muitos casos, a terceiros, que, sob pena ou sob a cominação de responsabilidade solidária, devem prestar informação, fiscalizar e, não raro, arrecadar o tributo.[182]

Nesse sentido, percebemos, vezes com mais nitidez vezes com menos, que as normas de responsabilidade tributária sempre têm como fundamento algum dever que pode ser enquadrado no conceito de colaboração com a Administração Tributária, como se extrai, por exemplo, das definições de responsabilidade por transferência e por substituição estabelecidas por Betina Treiger Grupenmacher:

> Quanto à responsabilidade por transferência, trata-se de mecanismo estabelecido legalmente, em que se atribuiu a terceiro o papel de fiscalizar o recolhimento do tributo pelo contribuinte; já na responsabilidade por substituição, a lei incumbe a terceiro o dever de recolher o tributo, previamente à ocorrência do fato gerador, na substituição tributária progressiva, ou posteriormente à ocorrência do fato gerador, na substituição tributária regressiva.[183]

O Supremo Tribunal Federal também já reconheceu a existência do dever de colaboração como fundamento da responsabilidade tributária. No Recurso Extraordinário nº 603.191, o Tribunal Pleno exarou o entendimento de que a norma de substituição tributária estabelece uma "[...] relação de colaboração entre outra pessoa e o fisco, atribuindo-lhe o dever de recolher o tributo em lugar do contribuinte".[184]

Ainda, no julgamento do Recurso Extraordinário nº 562.276, o Tribunal Pleno destacou também que "[o] 'terceiro' só pode

---

[182] BALEEIRO, Aliomar. *Uma introdução à ciência das finanças*. 14. ed. rev. e atual. por Flávio Bauer Novelli. Rio de Janeiro: Forense, 1990. p. 200-201.
[183] GRUPENMACHER, Betina Treiger. Sujeição passiva e responsabilidade tributária. In: SABBAG, Eduardo (Org.). *Estudos tributários*. São Paulo: Saraiva, 2014. p. 318.
[184] RE 603191, Relator(a): Min. ELLEN GRACIE, Tribunal Pleno, julgado em 01/08/2011, REPERCUSSÃO GERAL - MÉRITO DJe-170 DIVULG 02-09-2011 PUBLIC 05-09-2011 EMENT VOL-02580-02 PP-00185.

ser chamado responsabilizado na hipótese de descumprimento de deveres próprios de colaboração para com a Administração Tributária, estabelecidos, ainda que *a contrario sensu*, na regra-matriz de responsabilidade tributária, e desde que tenha contribuído para a situação de inadimplemento pelo contribuinte".[185]

Assim, em sentido semelhante ao utilizado por Paulsen para tratar do dever de contribuir, temos que a responsabilidade tributária não é simples consequência do que estabelece a lei, trata-se, por sua vez, de obrigação que tem como fundamento o dever fundamental de colaborar com a Administração Tributária.

2.4. A classificação da norma de responsabilidade tributária quanto ao seu fundamento: dever de colaborar com a Administração Tributária ou sanção

Ao longo do presente estudo, realizamos a distinção entre o sujeito que realiza ou dá ensejo ao fato jurídico tributário e aquele que é posto na condição de sujeito passivo da relação jurídica tributária. Indo adiante, estabelecemos nossa classificação de sujeição passiva tributária, distinguindo suas duas espécies possíveis: contribuinte e responsável. Quanto à responsabilidade tributária, demonstramos que tal instituto possui duas modalidades distintas: substituição e transferência, que tem como requisito indispensável a existência de capacidade colaborativa por parte do terceiro posto no polo passivo da obrigação tributária e surge com base no dever fundamental de colaborar com a Administração Tributária.

Com base em tais premissas, analisando nosso ordenamento jurídico, podemos elencar três espécies distintas de responsabilidade tributária: (i) responsabilidade como concretização do dever de colaborar com a Administração Tributária, (ii) responsabilidade

---

[185] RE 562276, Relator(a): ELLEN GRACIE, Tribunal Pleno, julgado em 03/11/2010, REPERCUSSÃO GERAL - MÉRITO DJe-027 DIVULG 09-02-2011 PUBLIC 10-02-2011 EMENT VOL-02461-02 PP-00419 RTJ VOL-00223-01 PP-00527 RDDT n. 187, 2011. p. 186-193 RT v. 100, n. 907, 2011. p. 428-442.

como sanção em razão do descumprimento do dever de colaborar com a Administração Tributária e (iii) responsabilidade como sanção por ato doloso.

2.4.1. A responsabilidade como concretização do dever de colaborar com a Administração Tributária

A interação entre a responsabilidade tributária e o dever de colaboração pode se dar de duas formas distintas. Na primeira, temos a responsabilidade tributária como concretização do dever de colaborar com a Administração Tributária, tendo, como exemplo, a obrigação de retenção e recolhimento do imposto pela fonte pagadora da renda ou dos proventos tributáveis, conforme autorizado pelo art. 45, Parágrafo Único, do Código Tributário Nacional.[186] Com base no dever de colaboração, impõe-se a responsabilização da fonte pagadora para recolher aos cofres públicos o tributo devido pelo destinatário constitucional tributário, ou seja, aquele quem auferiu efetivamente a renda tributável.

Por mais singelo que pareça, encontramos também a responsabilidade tributária como concretização do dever de colaborar com a Administração Tributária, nos casos de sucessão *causa mortis* (artigo 131, inciso II e III,[187] do CTN) e de sucessão empresarial e aquisição de fundo de comércio (artigos 132[188] e

---

[186] Art. 45. Contribuinte do imposto é o titular da disponibilidade a que se refere o artigo 43, sem prejuízo de atribuir a lei essa condição ao possuidor, a qualquer título, dos bens produtores de renda ou dos proventos tributáveis.
Parágrafo único. A lei pode atribuir à fonte pagadora da renda ou dos proventos tributáveis a condição de responsável pelo imposto cuja retenção e recolhimento lhe caibam

[187] Art. 131. São pessoalmente responsáveis: [...] II - o sucessor a qualquer título e o cônjuge meeiro, pelos tributos devidos pelo de cujus até a data da partilha ou adjudicação, limitada esta responsabilidade ao montante do quinhão do legado ou da meação; III - o espólio, pelos tributos devidos pelo de cujus até a data da abertura da sucessão.

[188] Art. 132. A pessoa jurídica de direito privado que resultar de fusão, transformação ou incorporação de outra ou em outra é responsável pelos tributos devidos até à data do ato pelas pessoas jurídicas de direito privado fusionadas, transformadas ou incorporadas.
Parágrafo único. O disposto neste artigo aplica-se aos casos de extinção de pessoas jurídicas de direito privado, quando a exploração da respectiva atividade seja continuada por qualquer sócio remanescente, ou seu espólio, sob a mesma ou outra razão social, ou sob firma individual.

133, incisos I e II,[189] do CTN). Isso porque, diante do falecimento do contribuinte ou da extinção da pessoa jurídica, o legislador tributário precisou encontrar alguém que, primeiramente, detivesse capacidade de colaborar com a Administração Tributária, e, por conseguinte, pudesse realizar o recolhimento do tributo não adimplido pelo contribuinte não mais existente.

A título de exemplo, no caso do artigo 131, inciso II, do CTN, o responsável só é obrigado a realizar o recolhimento dos tributos devidos pelo *de cujus*, nos limites do quinhão do legado ou da meação recebida. Ou seja, por receber parte do patrimônio do antigo sujeito passivo tributário – o que cumpre com o requisito da existência de capacidade colaborativa –, o terceiro é compelido a cumprir com o dever de colaborar com a Administração Tributária, no caso, recolher o tributo que não havia sido recolhido pelo antigo devedor, mas tão somente nos limites do patrimônio recebido.

Na situação prevista no artigo 132 do CTN, o dever surge como consequência da própria sucessão empresarial, uma vez que aquela pessoa que resulta da fusão, transformação ou incorporação de outra ou em outra, por dispor dos bens e direitos daquela, pode ser colocada na condição de responsável pelo recolhimento dos tributos devidos pelas pessoas jurídicas de Direito privado fusionadas, transformadas ou incorporadas. Trata-se de decorrência natural da sucessão empresarial, mas que toma ares de concretude em matéria tributária com a responsabilização da empresa sucessora.

Nesse sentido, Sacha Calmon Navarro Coêlho chega a afirmar que, na hipótese da sucessão empresarial (fusão, cisão, incorporação), assim como nos casos de aquisição de fundo de comércio ou estabelecimento comercial e, principalmente, nas configurações de sucessão por transformação do tipo societário, "[...] *inexiste sucessão real*, mas apenas *legal*. O sujeito passivo é a pessoa jurídica que continua total ou parcialmente a existir juridicamente

---

[189] Art. 133. A pessoa natural ou jurídica de direito privado que adquirir de outra, por qualquer título, fundo de comércio ou estabelecimento comercial, industrial ou profissional, e continuar a respectiva exploração, sob a mesma ou outra razão social ou sob firma ou nome individual, responde pelos tributos, relativos ao fundo ou estabelecimento adquirido, devidos até à data do ato: I - integralmente, se o alienante cessar a exploração do comércio, indústria ou atividade; II - subsidiariamente com o alienante, se este prosseguir na exploração ou iniciar dentro de seis meses a contar da data da alienação, nova atividade no mesmo ou em outro ramo de comércio, indústria ou profissão.

sobre outra 'roupagem institucional'".[190] E, desta forma, não há como se afastar a responsabilização tributária da empresa sucessora.

2.4.2. A responsabilidade como sanção em razão do descumprimento do dever de colaborar com a Administração Tributária

Na segunda forma, temos que a responsabilidade tributária tem como fundamento aplicar uma sanção ao responsável tributário, em razão do descumprimento do dever de colaboração que lhe foi imposto, ainda que implicitamente, antes de ser posto na condição de sujeito passivo da obrigação tributária. Assim, por ter descumprido com o dever de colaboração, a lei inclui aquele determinado sujeito na condição de sujeito passivo da relação jurídica tributária.

É certo que o cumprimento do referido dever de colaboração teria assegurado o recolhimento do tributo ao Fisco e a não responsabilização do terceiro. Ocorre que, em razão do não cumprimento do dever de colaboração, o Fisco foi lesado por um ato de terceiro e, por isso, surge o direito de cobrar o tributo não recolhido daquele sujeito responsabilizado pela lei.

Como exemplo, podemos indicar o artigo 130 do Código Tributário Nacional,[191] que impõe a responsabilidade do adquirente de bens imóveis em realizar o pagamento dos tributos relacionados ao referido bem e inadimplidos pelo antigo proprietário. No presente caso, o dever de colaboração impunha ao adquirente o dever de fiscalizar se o antigo proprietário havia cumprido suas obrigações tributárias referentes ao referido bem. Por descumprir tal dever, lhe é imposta a responsabilidade pelo pagamento dos referidos tributos.

Conscientes da crítica de Maria Rita Ferragut, de que a alegação de que o responsável não diligenciou de forma adequada,

---

[190] COÊLHO, Sacha Calmon Navarro. Sujeição passiva direta e indireta: substituição tributária In: ROCHA, Valdir de Oliveira (Coord.). *Grandes questões atuais do Direito Tributário*. São Paulo: Dialética, 2009. v. 13. p. 370.

[191] Art. 130. Os créditos tributários relativos a impostos cujo fato gerador seja a propriedade, o domínio útil ou a posse de bens imóveis, e bem assim os relativos a taxas pela prestação de serviços referentes a tais bens, ou a contribuições de melhoria, subrogam-se na pessoa dos respectivos adquirentes, salvo quando conste do título a prova de sua quitação.

na medida em que não exigiu o adimplemento do imposto pelo ex-proprietário, seria mera especulação,[192] cremos que esta não subsiste a uma leitura integral do disposto no artigo 130 do Código Tributário Nacional. Isso porque a expressão "salvo quando conste do título a prova de sua quitação" demonstra de forma clara que, caso o terceiro demonstre ter diligenciado no sentido de fiscalizar o cumprimento das referidas obrigações tributárias pelo antigo proprietário, não poderia ser responsabilizado tributariamente. Portanto, a hipótese de responsabilidade só se aplica nos casos em que houve o descumprimento do referido dever, o que confirma, a nosso ver, a relação entre a responsabilidade e sanção por descumprimento do dever de colaborar com a Administração Tributária.

Como outro exemplo de tal espécie de responsabilidade tributária, podemos citar aquela prevista no artigo 134[193] do Código Tributário Nacional, que, de forma expressa, demonstra o seu caráter sancionatório, ao imputar a responsabilidade a terceiros "pelos atos em que intervierem ou pelas omissões de que forem responsáveis". Analisando o referido dispositivo, Maria Rita Ferragut leciona que o nascimento da relação jurídica entre o responsável tributário e o Fisco condiciona-se à "[...] constatação da intervenção ou da omissão do agente a um dever legal que deveria ter sido observado", em

---

[192] "Sustenta-se, para essa situação, que a responsabilidade tem natureza punitiva, tendo em vista ter nascido somente porque o adquirente não obrigou o vendedor a quitar o imposto em aberto quando da aquisição do imóvel. Por isso, deve pagar uma sanção correspondente ao valor da dívida tributária (tributo+multa+juros). Não compartilhamos desse entendimento, na medida em que o antecedente da norma de responsabilidade é a aquisição de imóvel que possui IPTU em atraso. Ora, adquirir imóvel não é ato contrário à lei, e nem adquirir um imóvel com dívidas pendentes. O negócio jurídico é lícito, e a alegação de que o responsável não diligenciou de forma adequada, na medida em que não exigiu o adimplemento do imposto pelo ex-proprietário, parece-nos mera especulação." FERRAGUT, Maria Rita. *Responsabilidade tributária e o Código Civil de 2002*. São Paulo: Noeses, 2013. p. 56.

[193] Art. 134. Nos casos de impossibilidade de exigência do cumprimento da obrigação principal pelo contribuinte, respondem solidariamente com este nos atos em que intervierem ou pelas omissões de que forem responsáveis: I - os pais, pelos tributos devidos por seus filhos menores; II - os tutores e curadores, pelos tributos devidos por seus tutelados ou curatelados; III - os administradores de bens de terceiros, pelos tributos devidos por estes; IV - o inventariante, pelos tributos devidos pelo espólio; V - o síndico e o comissário, pelos tributos devidos pela massa falida ou pelo concordatário; VI - os tabeliães, escrivães e demais serventuários de ofício, pelos tributos devidos sobre os atos praticados por eles, ou perante eles, em razão do seu ofício; VII - os sócios, no caso de liquidação de sociedade de pessoas. Parágrafo único. O disposto neste artigo só se aplica, em matéria de penalidades, às de caráter moratório.

que o "[...] terceiro necessariamente deverá ter *concorrido para o descumprimento da obrigação tributária"*.[194]

Na mesma linha, Paulo de Barros Carvalho encontra no referido dispositivo a existência de um indisfarçável ilícito e um *animus puniendi* do legislador, em que, para evitar o comprometimento, as pessoas arroladas hão de intervir com zelo e não praticar omissões: "[...] tal é o dever que lhes compete. A inobservância acarreta a punição".[195]

Ainda sobre a espécie de responsabilidade como sanção por descumprimento do dever de colaborar com a Administração Tributária, cumpre informar que Paulo de Barros Carvalho também reconhece tal caráter de sanção às normas de responsabilidade tributária. Ocorre que lhes concede natureza de sanção administrativa, em que a responsabilidade tributária configuraria uma relação jurídica, de cunho obrigacional, mas de índole sancionadora e não tributária, sendo que a estipulação da sanção no exato valor da dívida tributária e a virtude do pagamento dela de extinguir a relação jurídica tributária seriam meras decisões políticas do legislador.[196] Com a devida vênia, não compreendemos dessa forma.

Entendemos que a responsabilidade tributária pode ter como fundamento a sanção por descumprimento de um dever de colaboração, mas a sanção se manifesta no próprio campo tributário. Considerando que as normas de responsabilidade tributária têm o condão de alterar, inauguralmente ou posteriormente, o critério pessoal passivo da norma geral e abstrata que prevê a incidência ou da norma individual e concreta que constitui o crédito tributário, no caso da responsabilidade tributária como sanção, a sanção aplicada ao sujeito será justamente colocá-lo na condição de sujeito passivo da obrigação tributária.

Dessa forma, nos alinhamos a Marçal Justen Filho quando afirma que há efetivamente um ato ilícito tributário e que a sanção consiste, justamente, em alguém tornar-se sujeito passivo de uma

---

[194] FERRAGUT, Maria Rita. *Responsabilidade tributária e o Código Civil de 2002*. São Paulo: Noeses, 2013. p. 128.
[195] CARVALHO, Paulo de Barros. *Curso de Direito Tributário*. São Paulo: Saraiva, 2012. p. 395.
[196] CARVALHO, Paulo de Barros. *Curso de Direito Tributário*. São Paulo: Saraiva, 2012. p. 396.

relação jurídica tributária já existente.¹⁹⁷ Discordamos tão somente do seu entendimento de que seria uma relação jurídica tributária nova, que surgiria como um espelho da anterior, apenas com um sujeito passivo novo.¹⁹⁸ Como afirmamos, entendemos que a norma de responsabilidade tributária altera a relação jurídica tributária existente, modificando o sujeito passivo tributário ou adicionando um novo (nos casos de responsabilidade subsidiária ou solidária).

De qualquer forma, ressaltamos que, em ambas as espécies tratadas, vinculadas a um dever de colaboração com a Administração Tributária, a causa de existência da responsabilidade tributária é a arrecadação tributária, seja por razões de conveniência, por ser mais eficaz e menos oneroso ao Fisco, seja por razões de necessidade, como nos casos em que o sujeito passivo originário desaparece (*v.g.* sociedade incorporada ou pessoa física que falece).¹⁹⁹

Assim, mesmo nos casos de sanção por descumprimento do dever de colaborar com a Administração Tributária, deve ser constatada a existência de capacidade colaborativa por parte do terceiro eleito responsável tributário, no sentido de estar em situação de poder exigir ou fiscalizar que o destinatário constitucional realize o pagamento do tributo ou encontrar-se em situação de poder em relação à própria riqueza onerada, podendo verter o tributo devido aos cofres públicos, sem afetar o seu próprio patrimônio.

Isso porque, frise-se, a norma de responsabilidade tem como objetivo única e exclusivamente facilitar ou garantir a arrecadação tributária, mas não alterar o sujeito que deve arcar em última instância com o encargo da exação, devendo ser esse, sempre, o destinatário constitucional tributário.

---

¹⁹⁷ JUSTEN FILHO, Marçal. *Sujeição passiva tributária*. Belém: CEJUP, 1986. p. 293.
¹⁹⁸ Assim se manifestou Justen Filho: "De qualquer modo, o mandamento, a nosso ver, cria uma nova e diversa relação jurídica tributária, inconfundível com aquela já existente, mas a ela anexa (se houver a instituição da solidariedade ou da subsidiariedade do débito) ou extintiva dela. Todos os dados objetivos acerca da relação jurídica nascida são aqueles da relação jurídica tributária já existente. Ela surge como um espelho daquela. Apenas, há um sujeito passivo novo." JUSTEN FILHO, Marçal. *Sujeição passiva tributária*. Belém: CEJUP, 1986. p. 296.
¹⁹⁹ FERRAGUT, Maria Rita. *Responsabilidade tributária e o Código Civil de 2002*. São Paulo: Noeses, 2013. p. 128.

2.4.3. A responsabilidade como sanção por ato doloso

Situação diversa ocorre quando tratamos da responsabilidade como sanção por ato doloso. Trata-se de hipótese de responsabilidade *sui generis*, uma vez que não corresponde a natureza e razão de ser do instituto da responsabilidade tributária. De qualquer forma, por estar previsto no nosso ordenamento jurídico, será analisada *en passant* no presente tópico.

Nesse caso, a lei determina que terceiro seja responsável pelo pagamento do tributo, como forma de sanção pelo ato praticado com dolo, e que prejudicou os interesses do contribuinte. É a hipótese do artigo 135 do CTN, que responsabiliza aqueles que praticaram atos com excesso de poderes ou contrários à lei, ao estatuto ou ao contrato social, com a seguinte redação:

> Art. 135. São pessoalmente responsáveis pelos créditos correspondentes a obrigações tributárias resultantes de atos praticados com excesso de poderes ou infração de lei, contrato social ou estatutos:
> I - as pessoas referidas no artigo anterior;
> II - os mandatários, prepostos e empregados;
> III - os diretores, gerentes ou representantes de pessoas jurídicas de direito privado.

O referido dispositivo vem sendo objeto de grande debate pela doutrina. O entendimento normalmente adotado pelas autoridades fazendárias consiste na autorização, pelo dispositivo, do "[...] 'redirecionamento' do débito tributário para a pessoa do sócio e do administrador, sempre que é atestada a inexistência de acervo patrimonial da pessoa jurídica, apto a satisfazer a pretensão do fisco",[200] ou no sentido de que a responsabilidade do administrador seria *subsidiária*. Assim, em regra, constitui-se o crédito tributário em face da pessoa jurídica, postergando para a ação executiva a inclusão dos responsáveis na relação.[201]

Não obstante, acreditamos que a hipótese de responsabilidade tributária aqui em análise tem, na verdade, um âmbito de aplicação

---

[200] GRUPENMACHER, Betina Treiger. Sujeição passiva e responsabilidade tributária. *In*: SABBAG, Eduardo (Org.). *Estudos tributários*. São Paulo: Saraiva, 2014. p. 337.
[201] FERRAGUT, Maria Rita. *Responsabilidade tributária e o Código Civil de 2002*. São Paulo: Noeses, 2013. p. 138.

bem mais restrito e suas consequências jurídicas delimitadas de forma bem distinta.

Analisando o artigo 135 do Código Tributário Nacional, Misabel Derzi extrai que sua aplicação supõe:

> (1) A prática de ato ilícito, dolosamente, pelas pessoas mencionadas no dispositivo;
> (2) Ato ilícito, como infração de lei, contrato social ou estatuto, normas que regem as relações entre contribuinte e terceiro-responsável, externamente à norma tributária básica ou matriz, da qual se origina o tributo;
> (3) A atuação tanto da norma básica (que disciplina a obrigação tributária em sentido restrito) quanto da norma secundária (constante do art. 135 e que determina a responsabilidade do terceiro, pela prática do ilícito).[202]

A peculiaridade do referido dispositivo está justamente no fato de os atos ilícitos ali mencionados, que geram a responsabilidade do terceiro que os pratica, serem causa (embora externa) do nascimento da obrigação tributária, "[...] contraída em nome do contribuinte, mas contrariamente a seus interesses". Ou seja, trata-se de atos prévios ou concomitantes ao acontecimento do fato jurídico que dá origem à tributação, razão pela qual o dispositivo menciona "[...] obrigações tributárias resultantes de atos praticados com excesso de poderes ou infração de lei, contrato social ou estatutos".[203]

Nesse sentido, Maria Rita Ferragut frisa que, como o dispositivo determina que o fato ilícito *resulte* na obrigação tributária, "[...] ele deverá ser, necessariamente, anterior a ela, para poder implicá-la", o que afasta, por exemplo, a aplicação do artigo 135 aos casos de mera inadimplência, tendo em vista que "[a] inadimplência não implica a obrigação, e sim é decorrência do descumprimento de seu objeto".[204]

Após empreender uma interpretação histórico-evolutiva e confrontar o artigo 135 do CTN com a legislação comercial, Renato Lopes Becho compreende que o referido dispositivo deve

---

[202] DERZI, Misabel, Nota de Atualização. *In*: BALEEIRO, Aliomar. *Direito Tributário brasileiro*. 12. ed. Rio de Janeiro: Forense, 2013. p. 1155.

[203] DERZI, Misabel, Nota de Atualização. *In*: BALEEIRO, Aliomar. *Direito Tributário brasileiro*. 12. ed. Rio de Janeiro: Forense, 2013. p. 1155.

[204] FERRAGUT, Maria Rita. *Responsabilidade tributária e o Código Civil de 2002*. São Paulo: Noeses, 2013. p. 142-143.

ser considerado correlato ao artigo 158²⁰⁵ da Lei nº 6.404/1976 (Lei das Sociedades Anônimas), no sentido de que, "[...] quando os responsáveis tributários realizaram atos *ilícitos contra* o interesse do contribuinte e que signifiquem descumprimento da legislação que liga um e outro (contribuinte e responsável), esses responderão pessoalmente pelos créditos tributários decorrentes de seus atos". Isso porque, "[n]os termos como positivado pelo legislador, como o responsável terá agido *contra os interesses do contribuinte*, este será excluído da ação de cobrança (responsabilidade *pessoal* do terceiro).²⁰⁶

Como também pontua Maria Rita Ferragut, "[o] terceiro responsável assume individualmente as consequências advindas do ato ilícito por ele praticado, ou em relação ao qual seja partícipe ou mandante, eximindo a pessoa jurídica, realizadora do fato tributário, de qualquer obrigação".²⁰⁷ E aqui está a principal razão pela qual a referida hipótese de responsabilidade se diferencia das duas anteriormente tratadas.

A responsabilização do terceiro, nesse caso, é desvinculada de qualquer dever de colaboração com a Administração Tributária ou necessidade arrecadatória do Fisco. Trata-se de hipótese de responsabilidade que visa punir o terceiro por realizar atos dolosos contra o interesse do contribuinte e, nesse cenário, não há de se falar em qualquer débito ou capacidade contributiva do sujeito passivo originário, este deve ser considerado completamente alheio a referida obrigação tributária.

A intenção da norma é clara em punir o responsável com a sua diminuição patrimonial, bem como defender o patrimônio daquele contribuinte que teve contra si lançado crédito tributário em razão de ato ilícito praticado por terceiro. Nesse sentido, cumpre reiterar a lição de Misabel Derzi de que "[a] lei que se infringe é a lei comercial ou civil, não a lei tributária, agindo o terceiro contra

---

²⁰⁵ Art. 158. O administrador não é pessoalmente responsável pelas obrigações que contrair em nome da sociedade e em virtude de ato regular de gestão; responde, porém, civilmente, pelos prejuízos que causar, quando proceder: I - dentro de suas atribuições ou poderes, com culpa ou dolo; II - com violação da lei ou do estatuto.

²⁰⁶ BECHO, Renato Lopes. *Responsabilidade tributária de terceiros:* CTN, arts. 134 e 135. São Paulo: Saraiva, 2014. p. 102.

²⁰⁷ FERRAGUT, Maria Rita. *Responsabilidade tributária e o Código Civil de 2002.* São Paulo: Noeses, 2013. p. 137.

os interesses do contribuinte", razão pela qual se justifica que "[...] no polo passivo, se mantenha apenas a figura do responsável, não mais a do contribuinte, que viu, em seu nome, surgir dívida não autorizada, quer pela lei, quer pelo contrato social ou estatuto".[208]

2.4.4. Síntese conclusiva e explicativa

Diante disso, para fins de desenvolvimento do presente estudo, levemos sempre em consideração que a responsabilidade pode ser imposta em uma das três espécies aqui elencadas: (i) responsabilidade como concretização do dever de colaborar com a Administração Tributária, (ii) responsabilidade como sanção em razão do descumprimento do dever de colaborar com a Administração Tributária e (iii) responsabilidade como sanção por ato doloso. Aquelas que serão objeto do presente estudo serão somente as duas primeiras, vez que esta última se fundamenta em conceitos alheios à responsabilidade tributária propriamente dita.

---

[208] DERZI, Misabel, Nota de Atualização. In: BALEEIRO, Aliomar. Direito Tributário brasileiro. 12. ed. Rio de Janeiro: Forense, 2013. p. 1154.

CAPÍTULO 3

OS LIMITES CONSTITUCIONAIS AO INSTITUTO DA RESPONSABILIDADE TRIBUTÁRIA

Após a devida exposição e delimitação do tema nos dois tópicos preliminares, passamos a analisar os limites da responsabilização de terceiros em matéria tributária. Por certo que a própria definição do tema já impõe uma limitação prévia, mas carece ainda do exame que se dá justamente no ordenamento jurídico pátrio e na forma como a responsabilidade tributária é disciplinada por este.

Diante disso, além da importância da análise dos pressupostos formais para introdução de novas modalidades de sujeição passiva no ordenamento jurídico pátrio, de inegável relevância se faz o estudo abrangente das normas já existentes que limitam materialmente o referido instituto, com o intuito de extrair a interpretação constitucional que lhes é devida, delimitando o âmbito de atuação do legislador para criar hipóteses em que terceiros distintos do destinatário constitucional tributário são postos na condição de sujeitos passivos da obrigação tributária, bem como o âmbito de atuação do próprio operador do Direito na aplicação das hipóteses já existentes.

Dessa forma, nesta parte do nosso estudo, examinaremos as limitações de ordem formal e material impostas pelo legislador constituinte para a eleição de terceiros, distintos do destinatário constitucional tributário, para figurarem como sujeitos passivos da obrigação tributária.

3.1. O princípio da legalidade tributária e a disciplina por lei complementar

3.1.1. O princípio da legalidade e da vinculabilidade da tributação

A Constituição Federal estabelece, em seu artigo 5º, inciso II,[209] que ninguém será obrigado a fazer ou deixar de fazer alguma coisa senão em virtude de lei, o que impõe que o nascimento de todo e qualquer dever imprescinde de manifestação de vontade do povo, concretizada por comandos legais. Como bem assevera Roque Carrazza, no Estado de Direito, o Poder Legislativo detém a exclusividade de editar normas jurídicas que fazem nascer, para todas as pessoas, deveres e obrigações, que lhes restringem ou condicionam a liberdade.[210]

Em seu artigo, 150, inciso I, a Constituição Federal reforçou a intensidade desse princípio, no campo tributário, estabelecendo expressamente que é vedado aos entes da federação "exigir ou aumentar tributo sem lei que o estabeleça".

Ao realizar estudo histórico sobre o princípio da legalidade tributária, Victor Uckmar aponta que, apesar de termos alguns exemplos anteriores, atribui-se à *Magna Charta* a primeira afirmação do princípio de que nenhuma prestação pecuniária pode ser imposta a não ser por deliberação dos órgãos legislativos.[211] E tal destaque é assim justificado por José Roberto Vieira:

> Insistem, contudo, os autores, em destacar a Magna Carta, muito provavelmente pelas suas características de generalidade e abstração, que a tornavam potencialmente aplicável a todas as situações que envolviam tributos, no que se distinguia nitidamente dos documentos

---

[209] Art. 5º Todos são iguais perante a lei, sem distinção de qualquer natureza, garantindo-se aos brasileiros e aos estrangeiros residentes no País a inviolabilidade do direito à vida, à liberdade, à igualdade, à segurança e à propriedade, nos termos seguintes: [...] II – ninguém será obrigado a fazer ou deixar de fazer alguma coisa senão em virtude de lei;

[210] CARRAZZA, Roque Antônio. *Curso de Direito Constitucional Tributário*. 30. ed. rev. ampl. e atual. até a Emenda Constitucional n. 84/2014. São Paulo: Malheiros, 2015. p. 279.

[211] UCKMAR, Victor. Princípio da legalidade: aprovação das prestações pecuniárias coativas pelos órgãos representativos – origem histórica. In: *Princípios comuns de Direito Constitucional Tributário*. 2. ed. Tradução de Marco Aurélio Greco. São Paulo: Malheiros, 1999. p. 21.

medievais típicos, voltados para situações específicas e concretas, às quais eram aplicáveis em caráter exclusivo. À "natureza contratual" destes contrapôs-se a "natureza legal" daquela.[212]

Analisando a evolução do princípio da legalidade tributária, percebemos que ele tem como principal fundamento a ideia de "autotributação", consubstanciada pelo célebre adágio da Revolução Americana: *"no taxation without representation"* [nenhuma tributação sem representação]. E com o seu desenvolvimento ao longo do tempo, à luz dos demais princípios consagrados no nosso sistema constitucional, verificamos que a concretização do princípio da legalidade tributária pressupõe e carece de mecanismos democráticos, que realmente assegurem a ideia de "autogoverno", o que culmina na consagração da ideia de Legalidade Tributária Democrática.[213]

Nesse sentido, Roque Carrazza defende a ideia de que a lei que cria ou aumenta tributos deve ser entendida em seu sentido orgânico-formal, ou seja, não basta tão somente ter a forma de lei, deve ser compreendida na acepção técnico-específica de ato do Poder Legislativo, decretado em obediência aos trâmites e formalidades exigidos pela Constituição Federal.

Indo adiante, Carrazza encontra no princípio da legalidade o conceito de liberdade expresso da forma mais ampla possível, no sentido de que a atividade dos indivíduos não pode encontrar outro óbice além do contido na lei, nos termos do clássico brocardo: *cuique facere licet nisi quid iure prohibitur* [ao indivíduo é reconhecido o direito de fazer tudo quanto a lei não tenha proibido].[214] Por outro lado, a Administração só pode fazer o que a lei lhe determina [*princípio da conformidade* com as normas legais]:

> Do contrário, as autoridades administrativas reduziriam a destroços o parágrafo constitucional em exame, porque, independentemente de

---

[212] VIEIRA, José Roberto. Legalidade e norma de incidência: influxos democráticos no direito tributário. *In:* GRUPENMACHER, Betina T. (Coord.). *Tributação*: democracia e liberdade – em homenagem à Ministra Denise Martins Arruda. São Paulo: Noeses, 2014. p. 946.

[213] VIEIRA, José Roberto. Legalidade e norma de incidência: influxos democráticos no direito tributário. *In:* GRUPENMACHER, Betina T. (Coord.). *Tributação*: democracia e liberdade – em homenagem à Ministra Denise Martins Arruda. São Paulo: Noeses, 2014.

[214] CARRAZZA, Roque Antônio. *Curso de Direito Constitucional Tributário*. 30. ed. rev. ampl. e atual. até a Emenda Constitucional n. 84/2014. São Paulo: Malheiros, 2015. p. 281-300.

lei, imporiam deveres e estabeleceriam proibições aos indivíduos. O princípio da conformidade, como bem ressalta Eisenman, exige que a Administração atue só "depois de uma intervenção do legislador que haja traçado o modelo prefigurativo de suas ações futuras".[215]

Na seara tributária, tal princípio é tratado por Paulo de Barros Carvalho como princípio da vinculabilidade da tributação, assim descrito:

> [...] o princípio da vinculabilidade da tributação, recortado do Texto Supremo e inserido no art. 142 do Código Tributário Nacional, traduz uma conquista no campo da segurança dos administrados, em face dos poderes do Estado Moderno, de tal forma que o exercício da administração tributária encontra-se tolhido, em qualquer de seus movimentos, pela necessidade de aderência total aos termos inequívocos da lei, não podendo abrigar qualquer resíduo de subjetividade própria dos atos de competência discricionária.[216]

Assim, para que surja a obrigação tributária é condição inafastável que ocorra a plena correspondência entre o fato jurídico tributário e a hipótese de incidência prevista em lei. Especificamente para o nosso tema de estudo, enfatizamos que a lei tributária deve trazer todos os elementos descritores do fato jurídico e os dados prescritores da relação obrigacional, entre eles o sujeito passivo, sendo este o primeiro limite constitucional formal no que se refere à competência para introduzir uma norma de responsabilidade tributária.

3.1.2. As normas gerais de Direito Tributário e a reserva de lei complementar

Apesar de a regra ser o exercício direto das competências tributárias pelas pessoas políticas portadoras de autonomia, no

---

[215] CARRAZZA, Roque Antônio. *Curso de Direito Constitucional Tributário*. 30. ed. rev. ampl. e atual. até a Emenda Constitucional n. 84/2014. São Paulo: Malheiros, 2015. p. 281, nota de rodapé 12.

[216] CARVALHO, Paulo de Barros. Grupos econômicos e responsabilidade tributária. *In*: VALLE, Mauricio Dalri Timm do; VALADÃO, Alexsander Roberto Alves; DALLAZEM, Dalton Luiz. (Coord.). *Ensaios em homenagem ao professor José Roberto Vieira*: ao mestre e amigo, com carinho. 1. ed. São Paulo: Noeses, 2017. p. 861.

artigo 146 da Constituição Federal, o legislador constituinte exigiu um instrumento intermediário para a regulamentação e o estabelecimento de normas gerais acerca de temas tributários específicos, sendo este instrumento a lei complementar.

Como bem explica Paulo de Barros Carvalho, trata-se de veículo instituído pelo constituinte com a finalidade de regular as várias outorgas de competência atribuídas às pessoas políticas, compatibilizando os interesses locais, regionais e federais, debaixo de disciplina unitária, para fins de assegurar o cumprimento dos valores constitucionalmente consagrados.[217] No mesmo sentido, assim leciona Andréa M. Darzé:

> [...] o que se percebe é que o constituinte, antecipando problemas de interpretação e aplicação de seus próprios comandos, delegou ao legislador complementar a permissão para desdobrar seus enunciados sobre outorga de competência, reescrevendo em termos mais complexos o que foi tratado de forma simplificada, o que, em última instância, robustece a regulação da atividade legislativa ordinária.[218]

Quanto às atribuições do legislador complementar, duas correntes se consolidaram na doutrina, a primeira denominada de *dicotômica*, "[...] que entendeu ser apenas uma[219] a função do mencionado legislador, qual seja, veicular normas gerais de Direito Tributário as quais, por sua vez, disporiam sobre conflitos de competência e regulariam as limitações constitucionais ao poder de tributar",[220] e a outra, denominada de *tricotômica*, que acompanha

---

[217] CARVALHO, Paulo de Barros. Limitações constitucionais ao poder de tributar. *Revista de Direito Tributário*, São Paulo, n. 62, p. 111-132, out./dez. 1993.

[218] DARZÉ, Andréa M. *Responsabilidade tributária*: solidariedade e subsidiariedade. São Paulo: Noeses, 2010. p. 62-63.

[219] Aqui cumpre destacar a adequação realizada por José Roberto Vieira, ao tratar da referida corrente doutrinária, batizando à de "unifuncional", com base na seguinte análise: "É procedente, porém, o reclamo de Maria do Rosário Esteves, para quem esta última tendência interpretativa é '... impropriamente conhecida por dicotômica...', desde que, para ela, a lei complementar tributária exerce uma única função, estabelecer normas gerais, que, por sua vez, têm duas finalidades, dispor sobre conflitos e regular limitações. Afigura-se-nos, pois, adequado, batizá-la de 'unifuncional'". VIEIRA, José Roberto. Normas gerais de Direito Tributário: um velho tema sob novíssima perspectiva. *In: 50 anos do código tributário nacional*. São Paulo: Noeses; IBET, 2016.

[220] GRUPENMACHER, Betina Treiger. A regra-matriz de incidência do imposto sobre serviços. *In: O Direito Tributário*: entre a forma e o conteúdo. São Paulo: Noeses, 2014. p. 81.

com grande fidelidade a literalidade do artigo 146[221] da Constituição Federal, e entende serem três as funções da lei complementar: dispor sobre conflitos de competência, em matéria tributária, entre os entes da federação; regular as limitações constitucionais ao poder de tributar; e estabelecer normas gerais em matéria de legislação tributária.

A corrente doutrinária que efetivamente prosperou foi a dicotômica. Como avalia Betina Treiger Grupenmacher, "[...] a tricotômica, por não estabelecer limites ao conteúdo das normas gerais, possibilitaria que a União invadisse as competências reservadas aos Estados e Municípios", ou, como afirma Heleno Taveira Torres, a prevalecer o entendimento da corrente tricotômica, "[...] tudo estaria permitido ao legislador complementar, o que de certo não se compatibilizaria com toda a estrutura do sistema implantado pela própria Constituição".[222]

Não obstante, entendemos que a corrente dicotômica também é alvo de críticas doutrinárias válidas. Segundo o próprio Heleno Taveira Torres, ainda que se reconheça maior legitimidade argumentativa na corrente dicotômica, trata-se de corrente "[...] redutora demais em suas propostas", sendo certo que, "[n]a medida em que a Constituição Federal exige tais normas gerais no sistema, a estas temos que reservar algum papel, porque como é de uso corrente dizer, para fins hermenêuticos, a Constituição não usa palavras inúteis".[223]

Em sentido semelhante, Humberto Ávila adota a corrente tricotômica, dispondo ser "[...] exagerado não atribuir um mínimo de sentido ao dispositivo constitucional que prevê as três funções para a lei complementar", sendo que "[u]ma decisão a favor da interpretação gramatical e contra uma interpretação sistemática é

---

[221] Art. 146. Cabe à lei complementar: I - dispor sobre conflitos de competência, em matéria tributária, entre a União, os Estados, o Distrito Federal e os Municípios; II - regular as limitações constitucionais ao poder de tributar; III - estabelecer normas gerais em matéria de legislação tributária, especialmente sobre: [...]

[222] TÔRRES, Heleno Taveira. Código Tributário Nacional: teoria da codificação, funções das leis complementares e posição hierárquica no sistema. *Revista Dialética de Direito Tributário* São Paulo, n. 71, p. 84-103, ago. 2001. p. 96.

[223] TÔRRES, Heleno Taveira. Código Tributário Nacional: teoria da codificação, funções das leis complementares e posição hierárquica no sistema. *Revista Dialética de Direito Tributário* São Paulo, n. 71, p. 84-103, ago. 2001. p. 96.

devida quando o ordenamento não se posicionou claramente", e, no seu entendimento, "[...] a Constituição Brasileira instituiu um modelo federativo centralizado que pressupõe normas gerais com eficácia limitadora e especificadora".[224]

Assim, em linha com aqueles que entendem que a função da lei complementar em matéria tributária não se limita a dispor sobre conflitos de competência ou a regular limitações constitucionais ao poder de tributar, destacamos a constatação de Frederico Seabra Moura de que há uma função primária nas normas insertas por lei complementar em matéria tributária, consistente na harmonização e delimitação da produção normativa pelas pessoas políticas de Direito público interno.[225]

No mesmo sentido, Danilo Monteiro Peixoto aponta como função precípua da lei complementar a harmonização da matéria tributária no território nacional, mediante: "[...] (a) pré-delimitação de certos conteúdos normativos a serem produzidos pelas pessoas políticas, em matéria de tributação; (b) estabelecimento de parâmetros para o exercício da competência administrativa tributária, no tocante à constituição e cobrança do crédito tributário".[226]

De qualquer forma, para afastar eventuais argumentos de que a disciplina de determinadas matérias por lei complementar violaria o princípio federativo, relembramos as lições de Roque Antonio Carrazza, citando autores como Hans Kelsen[227] e Georg Jellinek,[228]

---

[224] ÁVILA, Humberto. *Sistema constitucional tributário*. São Paulo: Saraiva, 2006. p. 137-138.
[225] MOURA, Frederico Seabra de. *Lei complementar tributária*. São Paulo: Quartier Latin, 2009. p. 174.
[226] PEIXOTO, Daniel Monteiro. *Responsabilidade tributária e os atos de formação, administração, reorganização e dissolução de sociedades*. São Paulo: Saraiva, 2012. p. 243.
[227] Hans Kelsen define a existência de ordens jurídicas distintas: "a ordem jurídica global (a Federação) e as ordens jurídicas parciais, a central (a União) e as periféricas (Estados-Membros, devendo os limites determinados pelo texto constitucional serem respeitados e adicionados a elas os Municípios (no caso brasileiro). O Estado Federal seria, portanto, a união de todas as ordens jurídicas parciais". KELSEN, Hans. *Teoria geral do Direito e do Estado*. São Paulo: Martins Fontes, 2005. p. 333-334.
[228] Georg Jellinek conceitua o Estado federal como uma união de Direito Público entre os Estados, que estabelece uma soberania sobre os que se unem. Define ainda a situação dos Estados-Membros, ao afirmar que em conjunto são soberanos, ou co-soberanos e, ao serem tomados individualmente estão submetidos a certas obrigações. Os Estados-Membros do Estado Federal não são por si próprios soberanos, pois a Constituição atribui aos órgãos superiores de poder destes Estados e, consequentemente, a eles mesmos, uma participação maior ou menor na soberania, garantindo assim as suas autonomias. JELLINEK, Georg. *Teoría general del estado*. Granada: Comares, 2000. p. 622-623.

de que "[...] cada Federação tem uma fisionomia própria: a que lhe imprime o ordenamento jurídico local".[229] No mesmo sentido, já asseverava Hans Kelsen,[230] seguido por Karl Loewenstein,[231] que a forma federativa de estado decorre da própria Constituição.[232]

Assim, não há que se falar de uma Federação pura ou de uma autonomia total dos entes, mas sim, numa Federação e numa autonomia delimitada pelo texto constitucional. O federalismo brasileiro possui características próprias, decorrentes das opções do legislador constituinte. Relembrando a lição de Carlos Maximiliano de que "[o] todo deve ser examinado com o intuito de obter o verdadeiro sentido de cada uma das partes",[233] Carrazza é preciso ao anunciar a harmonia entre o artigo 146 da Constituição Federal e os dispositivos constitucionais que atribuem competências privativas aos entes da federação:

> [...] o art. 146 da Lei Maior deve ser entendido em perfeita harmonia com os dispositivos constitucionais que conferem competências tributárias privativas à União, aos Estados, aos Municípios e ao Distrito Federal, pois a autonomia jurídica destas pessoas políticas envolve princípios constitucionais incontornáveis.[234]

No mesmo sentido, Humberto Ávila é claro ao dispor que "[...] as normas previstas no artigo 146 estão dispostas na mesma Constituição que institui o princípio federativo", sendo que "[n]ão há, pois, um princípio federativo, de um lado, e regras de competência, de outro, como se fossem entidades separadas e pudessem ser interpretadas em momentos distintos". Há um "[...] princípio

---

[229] CARRAZZA, Roque Antônio. *Curso de Direito Constitucional Tributário*. 30. ed. rev. ampl. e atual. até a Emenda Constitucional n. 84/2014. São Paulo: Malheiros, 2015. p. 115-116.
[230] KELSEN, Hans. *Teoria geral do Direito e do Estado*. São Paulo: Martins Fontes, 2005. p. 334.
[231] LOEWENSTEIN, Karl. *Teoría de la Constitución*. Barcelona: Ariel, 198383. p. 356.
[232] LACOMBE, Américo Masset. *Princípios constitucionais tributários*. São Paulo: Malheiros, 1996. p. 102.
[233] "A Constituição não destrói a si própria. Em outros termos, o poder que ela confere com a mão direita não retira, em seguida com a esquerda. Conclui-se deste postulado não poder a garantia individual, a competência, a faculdade ou a proibição, encerrada num dispositivo, ser anulada praticamente por outro; não procede a exegese incompatível com o espírito do estatuto, nem com a índole do regime". MAXIMILIANO, Carlos. *Comentários à Constituição Brasileira de 1946*. 5. ed. Rio de Janeiro: Freitas Bastos, 1954. v. I. p. 133-134.
[234] CARRAZZA, Roque Antônio. *Curso de Direito Constitucional Tributário*. 30. ed. rev. ampl. e atual. até a Emenda Constitucional n. 84/2014. São Paulo: Malheiros, 2015. p. 1093.

federativo resultante da conexão com as regras de competência, e regras de competência devidamente interpretadas de acordo com o princípio federativo" e, a partir de tais considerações, "[...] pode-se afirmar que o modelo federativo adotado pela Constituição de 1988 é normativamente centralizado".[235]

3.1.3. A reserva de lei complementar e a responsabilidade tributária

Ao examinarmos a Constituição Federal, verificamos que o legislador constituinte prescreveu a necessidade de lei complementar para estabelecer normas gerais em matéria de legislação tributária, especialmente sobre contribuintes e obrigação tributária (art. 146, inciso III, alíneas "a" e "b", CF), estando em tais dispositivos o segundo limite constitucional formal no que se refere à competência para introduzir uma norma de responsabilidade tributária.

A responsabilidade tributária deve ser regulada e ter suas normas gerais estabelecidas em lei complementar, por se tratar de elemento integrante da obrigação tributária e por ser matéria inclusa dentro daquilo que o constituinte pretendeu alcançar com o termo contribuinte. Ainda, inegável se tratar de manifesta matéria que carece de uma harmonização entre os entes federados no território nacional, como bem explicitou Daniel Monteiro Peixoto:

> Imagine-se, por exemplo, determinada pessoa, sócia de empresas localizadas em pontos diferentes do território nacional. Levando a sério o argumento da plena autonomia para a criação de novas hipóteses por lei ordinária, esta mesma poderia ser, com relação a um mesmo tributo (ISS, por exemplo): responsável solidária e ilimitadamente, com relação aos débitos no município X; responsável pelo mero não pagamento do tributo pela empresa no município Y, porém de modo limitado à participação societária etc., retirando qualquer segurança jurídica das empresas e das pessoas quando forem definir o espaço para alocar seus investimentos, ferindo, por via transversa, a própria livre-iniciativa. Poderia acontecer também o fenômeno inverso, qual seja, a ocorrência, por mecanismos variados, de um movimento de irresponsabilização (ou responsabilização parcial) pelos entes federativos como técnica de

---

[235] ÁVILA, Humberto. *Sistema constitucional tributário*. São Paulo: Saraiva, 2006. p. 137.

burla aos preceitos constitucionais que visam impedir fenômenos como a guerra fiscal.[236]

Quanto ao termo "contribuinte" empregado pelo constituinte, merece destaque a análise de Andréa M. Darzé:

> Apesar de o constituinte ter empregado nesse dispositivo o termo *contribuinte*, entendemos que, nesta oportunidade o fez na acepção de sujeito passivo (gênero). Afinal, qual seria o motivo para restringir a atuação do legislador ordinário na definição do sujeito que realiza o fato tributado e, em contrapartida, outorgar-lhe liberdade ampla para indicar o responsável? Como aceitar conclusão em sentido diverso sem que isto implique distorções nas finalidades perseguidas pelo constituinte: manutenção da competência tributária, respeito à capacidade contributiva, dentre outras? Resta lembrar ainda, que, mesmo que ultrapassados estes argumentos, não se pode olvidar que sujeito passivo é elemento que integra a obrigação tributária, conceito cuja definição foi delegada expressamente à lei complementar, nos termos do art. 146, III, "b", da CF.[237]

No mesmo sentido, relembramos que, diante das deficiências da nossa produção legislativa desordenada, proveniente do sistema democrático de governo, cabe ao jurista o labor de construir o conteúdo, sentido e alcance da matéria legislada. Dessa forma, por mais que se admita a possibilidade de existência de erros, impropriedades, atecnias, deficiências e ambiguidades nos textos legais, cabe aos operadores do Direito readequarem tais dispositivos legais à leitura sistemática exigida pelo ordenamento jurídico pátrio, como bem leciona Paulo de Barros Carvalho:

> Mas, enquanto é lícito afirmar-se que o legislador se exprime numa linguagem livre, natural, pontilhada, aqui e ali, de símbolos científicos, o mesmo já não passa com o discurso do cientista do Direito. Sua linguagem, sobre ser técnica, é científica, na medida em que as proposições descritivas que emite vêm carregadas da harmonia dos sistemas presididos pela lógica clássica, com as unidades do conjunto arrumadas e escalonadas segundo critérios que observam, estritamente,

---

[236] PEIXOTO, Daniel Monteiro. *Responsabilidade tributária e os atos de formação, administração, reorganização e dissolução de sociedades.* São Paulo: Saraiva, 2012. p. 244-245.
[237] DARZÉ, Andréa M. *Responsabilidade tributária:* solidariedade e subsidiariedade. São Paulo: Noeses, 2010. p. 64.

os princípios da identidade, da não contradição e do meio excluído, que são três imposições formais do pensamento, no que concerne às proposições apofânticas.[238]

Diante de tais fundamentos, temos por certo que o constituinte incluiu a responsabilidade tributária entre as matérias que considerou merecedoras de maior vigilância, demandando disciplina geral mais minuciosa, a ser introduzida no ordenamento por lei complementar. E, como bem analisou Daniel Monteiro Peixoto, o tratamento da matéria por norma geral de Direito Tributário cumpre dois parâmetros de harmonização do sistema tributário brasileiro:

[...] um positivo, consistente no oferecimento de regras de responsabilização aplicáveis de imediato por quaisquer dos entes federativos, independentemente de possuírem lei ordinária específica (ex.: arts. 129 a 135 do CTN); outro, de cunho negativo, ao impedir que sejam criadas as hipóteses de responsabilização de modo desencontrado entre os diversos entes políticos que compõe [sic] a Federação brasileira.[239]

Assim, com base no texto constitucional e no Código Tributário Nacional – que será objeto de estudo no próximo capítulo, podemos extrair de forma clara a necessidade de a hipótese de responsabilidade tributária estar prevista em lei complementar, caso em que será autoaplicável, ou seja, não necessita de disciplina por lei ordinária para sua aplicação, ou ser introduzida por lei ordinária subordinada hierarquicamente em seu aspecto material[240] a uma lei complementar.

---

[238] CARVALHO, Paulo de Barros. *Curso de Direito Tributário*. São Paulo: Saraiva, 2012. p. 38.
[239] PEIXOTO, Daniel Monteiro. *Responsabilidade tributária e os atos de formação, administração, reorganização e dissolução de sociedades*. São Paulo: Saraiva, 2012. p. 244.
[240] Como leciona Paulo de Barros Carvalho, o enfoque semântico da hierarquia pode dar-se no aspecto formal e no aspecto material: "A primeira, quando a norma superior dita apenas os pressupostos de forma que a norma subordinada há de respeitar; a segunda, sempre que a regra subordinante preceituar os conteúdos de significação da norma inferior. O modo como as leis são produzidas, seus requisitos procedimentais, desde a propositura até a sanção (quando houver); os esquemas de alteração ou modificação de umas pelas outras; como também os meios de revogação parcial ou total (ab-rogação), tudo isso concerne ao segmento de indagações da hierarquia formal entre regras jurídicas. No domínio material, porém, a hierarquia se manifesta diversamente, indo a norma subordinada colher na compostura semiológica da norma subordinante o núcleo do assunto sobre o qual pretende dispor." CARVALHO, Paulo de Barros. *Curso de Direito Tributário*. São Paulo: Saraiva, 2012. p. 263-264.

3.1.4. Síntese conclusiva

Em breve síntese, o princípio da legalidade configura o primeiro limite constitucional formal para introduzir uma norma de responsabilidade tributária, uma vez que, com base nos desígnios constitucionais, a lei tributária deve trazer todos os elementos descritores do fato jurídico e os dados prescritores da relação obrigacional, entre eles o sujeito passivo.

Ainda, por expressa exigência constitucional, a responsabilidade tributária deve ser regulada e ter suas normas gerais estabelecidas em lei complementar, por tratar-se de elemento integrante da obrigação tributária e por ser matéria inclusa dentro daquilo que o constituinte pretendeu alcançar com o termo contribuinte, assim como por tratar-se de matéria que carece de uma harmonização entre os entes federados no território nacional.

3.2. O princípio da capacidade contributiva

O princípio da capacidade contributiva é o critério básico fundamental a partir do qual, "[...] no Direito Tributário, as pessoas podem compor uma mesma categoria essencial e merecer o mesmo tratamento".[241] Trata-se, nas palavras de Klaus Tipke e Joachim Lang, do princípio fundamental da imposição justa[242] e, na precisa lição de Paulo de Barros Carvalho, do "[...] padrão de referência básico para aferir-se o impacto da carga tributária e o critério comum dos juízos de valor sobre o cabimento e a proporção do expediente impositivo".[243]

Como leciona Andréa M. Darzé, trata-se de limitador da atuação impositiva do Estado, que exige o estabelecimento de parâmetros para a lícita apropriação de parcela do patrimônio dos administrados, seja no que respeita ao próprio cabimento da imposição, seja no que se refere à mensuração do gravame.[244]

---

[241] DERZI, Misabel, Nota de Atualização. In: BALEEIRO, Aliomar. Limitações constitucionais ao poder de tributar. 8. ed. Rio de Janeiro: Forense, 2010. p. 697.

[242] TIPKE, Klaus; LANG, Joachim. Direito Tributário (Steuerrecht). 18. ed. Tradução de Luiz Doria Furquim. Porto Alegre: Sergio Antonio Fabris, 2008. v. 1. p. 200.

[243] CARVALHO, Paulo de Barros. Curso de Direito Tributário. São Paulo: Saraiva, 2012. p. 215.

[244] DARZÉ, Andréa M. Responsabilidade tributária: solidariedade e subsidiariedade. São Paulo: Noeses, 2010. p. 40.

3.2.1. A capacidade contributiva absoluta ou objetiva e a capacidade contributiva relativa ou subjetiva

Paulo de Barros aponta que a expressão capacidade contributiva denota dois momentos distintos no Direito Tributário. O primeiro seria aquele, previsto no §1º do artigo 145 da CF, que realiza o princípio pré-jurídico da *capacidade contributiva absoluta ou* objetiva, que retrata a eleição, pela autoridade legislativa competente, de fatos que ostentem signos de riqueza.[245]

Quanto a este momento, mister rememorar a lição do autor de que "[...] de uma ocorrência insusceptível de avaliação patrimonial, jamais se conseguirá extrair cifras monetárias que traduzam, de alguma forma, valor em dinheiro".[246] Como bem avaliou Marçal Justen Filho, "[...] a vontade constitucional foi distinguir perfeitamente a figura tributária de outras, de molde que toda e qualquer hipótese de incidência haverá de envolver a descrição de situações economicamente avaliáveis."[247]

No segundo momento, a *capacidade contributiva* é empregada em acepção *relativa ou subjetiva*, e retrata a "[...] repartição da percussão tributária, de tal modo que os participantes do acontecimento contribuam de acordo com o tamanho econômico do evento",[248] sendo sua existência intimamente relacionada à realização do princípio da igualdade, previsto no artigo 5º, *caput*, da Constituição Federal.

De qualquer forma, com base nas lições de Francesco Moschetti, alertamos quanto à impropriedade de se reduzir o princípio da capacidade contributiva a mera especificação do princípio geral de igualdade. Isso porque aquele representa escolha "querida e focada" do constituinte, que cumpre com as funções de (i) individualizar o fundamento do concurso dos indivíduos para com as despesas públicas, (ii) fixar um critério de

---

[245] CARVALHO, Paulo de Barros. *Curso de Direito Tributário*. São Paulo: Saraiva, 2012. p. 216.
[246] CARVALHO, Paulo de Barros. *Curso de Direito Tributário*. São Paulo: Saraiva, 2012. p. 215.
[247] JUSTEN FILHO, Marçal. *Sujeição passiva tributária*. Belém: CEJUP, 1986. p. 257.
[248] JUSTEN FILHO, Marçal. *Sujeição passiva tributária*. Belém: CEJUP, 1986. p. 216.

justiça tributária e (iii) estabelecer para o legislador, em um setor vital para o ente público e delicadíssimo para os sujeitos passivos, limites *ulteriores* a respeito daqueles geralmente impostos a cada norma legal.[249]

3.2.2. A capacidade contributiva e a responsabilidade tributária

Adentrando na específica limitação imposta pelo princípio da capacidade contributiva ao instituto da responsabilidade tributária, Roque Antonio Carrazza evidencia que o princípio aludido na Constituição Federal não se refere "[...] às condições reais de cada contribuinte, individualmente considerado, mas às suas manifestações objetivas de riqueza".[250] A partir disso, Maria Rita Ferragut conclui que a real capacidade de se diminuir o patrimônio do realizador do fato jurídico não considera a riqueza pessoal daquele, mas a riqueza manifestada pelo próprio fato.[251]

Nesse cenário, o princípio da capacidade contributiva restringe os possíveis destinatários da carga tributária, "[...] de forma que a princípio só terá aptidão para suportar economicamente o ônus fiscal aquele que realizou o fato",[252] mas não regula a sujeição passiva, ou seja, a circunstância de um sujeito figurar no polo passivo de uma relação jurídica. Como bem explica Ferragut, "[...] o sujeito passivo pode ser qualquer pessoa eleita pela lei, desde que o tributo que estiver sendo pago seja subtraído da parcela da riqueza manifestada no fato jurídico."[253]

---

[249] MOSCHETTI, Francesco. O princípio da capacidade contributiva. *In:* FERRAZ, Roberto (Coord.). *Princípios e limites da tributação 2:* os princípios da ordem econômica e a tributação. São Paulo: Quartier Latin, 2009. p. 288.

[250] CARRAZZA, Roque Antônio. *Curso de Direito Constitucional tributário.* 3. ed. São Paulo: Revista dos Tribunais, 1991. p. 66-67.

[251] "Não fosse assim, a Constituição teria previsto apenas um critério material – ter patrimônio – e todos os tributos incidiriam independentemente dos fatos passíveis de tributação. Apenas a capacidade econômica da pessoa seria relevante." FERRAGUT, Maria Rita. *Responsabilidade tributária e o Código Civil de 2002.* São Paulo: Noeses, 2013. p. 45.

[252] FERRAGUT, Maria Rita. *Responsabilidade tributária e o Código Civil de 2002.* São Paulo: Noeses, 2013. p. 46.

[253] FERRAGUT, Maria Rita. *Responsabilidade tributária e o Código Civil de 2002.* São Paulo: Noeses, 2013. p. 46.

Por outro lado, Geraldo Ataliba e Cleber Giardino visualizam, em princípio, uma necessária correspondência entre o destinatário da carga tributária e o sujeito passivo da obrigação tributária:

> Em princípio, só pode ser posta, pelo legislador, como sujeito das relações obrigacionais tributárias, a pessoa que – explícita ou implicitamente – é referida pelo texto constitucional como "destinatário da carga tributária" (ou destinatário legal tributário, na feliz construção de Hector Villegas, cf. artigo in *RDP* 30/242).
>
> Será sujeito passivo, no sistema tributário brasileiro, a *pessoa que provoca, desencadeia ou produz* a materialidade da hipótese de incidência de um tributo (como inferida da constituição) ou "quem tenha relação pessoal e direta" – como diz o art. 121, parágrafo único, I do CTN – com essa materialidade. Efetivamente, por simples comodidade ou por qualquer outra razão, não pode o Estado deixar de colher uma pessoa, como sujeito passivo, para, discricionária e arbitrariamente, colher outra.[254]

Conforme adiantamos anteriormente, por mais que seja legítima a exigência de uma necessária correspondência entre o destinatário da carga tributária e o sujeito passivo da obrigação tributária, não há como se negar a existência daquele sujeito previsto no artigo 121, parágrafo único, inciso II, do Código Tributário Nacional,[255] o responsável, que figura como sujeito passivo da obrigação principal, mesmo sem revestir a condição de destinatário constitucional tributário.

Portanto, uma vez que nosso ordenamento jurídico prevê tal hipótese de sujeição passiva,[256] e sendo reconhecida a importância

---

[254] ATALIBA, Geraldo. *Hipótese de incidência tributária*. São Paulo: Malheiros, 2014. p. 87.

[255] Art. 121. Sujeito passivo da obrigação principal é a pessoa obrigada ao pagamento de tributo ou penalidade pecuniária. Parágrafo único. O sujeito passivo da obrigação principal diz-se: I - contribuinte, quando tenha relação pessoal e direta com a situação que constitua o respectivo fato gerador; II - responsável, quando, sem revestir a condição de contribuinte, sua obrigação decorra de disposição expressa de lei.

[256] No mesmo sentido, Valterlei Costa afirma que "[...] à primeira vista, não há nada que impeça ser a norma confeccionada de modo diverso desse suposto modo natural de ser, pois *dura lex, sed lex*" (COSTA, Valterlei Aparecido da. *Ensaio para uma teoria trilógica do tributo:* um estudo normativo sobre tributação, competência e lançamento. 2019. 248 p. Dissertação (Mestrado em Direito do Estado) – Universidade Federal do Paraná, Curitiba, 2019. Disponível em: https://acervodigital.ufpr.br/bitstream/handle/1884/66389/R%20-%20D%20-%20VALTERLEI%20APARECIDO%20DA%20COSTA.pdf?sequence=1&isAllowed=y. p. 148), ou seja, "[...] a lei é dura, mas é a lei que esclarece que o império da lei deve prevalecer, partindo da premissa de que o objetivo está no bem-estar social, no bem de todos." PEDROTTI, Irineu Antonio; PEDROTTI, William Antonio; CARLETTI, Amilcare. *Máximas latinas no Direito*: anotadas. Campinas, SP: Servanda, 2010. p. 330.

do referido instituto para a efetivação da arrecadação tributária, bem como sua utilização cada vez mais comum e presente em matéria tributária, é importante avaliar como tal sujeição passiva é limitada pelo princípio da capacidade contributiva.

Dessa forma, destacamos que o princípio da capacidade contributiva impõe limitações tanto no critério material do antecedente quanto no critério pessoal do consequente da regra-matriz de incidência tributária. O princípio da capacidade contributiva exige que a regra-matriz de incidência tributária descreva, no critério material de seu antecedente, um comportamento pessoal que denote sinal de riqueza e que prescreva, em seu consequente, uma relação jurídica em que o sujeito passivo seja ou o titular dessa riqueza ou um sujeito que esteja numa situação que lhe dá condições de transferi-la ou exigir que seja transferida ao Estado. Como leciona Maria Rita Ferragut, "[o] sujeito passivo será obrigado a entregar ao sujeito ativo parcela desse montante, a título de tributo".[257]

Leandro Paulsen avalia que, em relação à responsabilidade tributária, a capacidade contributiva normalmente sequer entra em questão, na medida em que estes terceiros não são obrigados como contribuintes, mas como colaboradores da Fazenda, "[...] que não devem suportar o pagamento do tributo com seus próprios recursos, tanto que, quando isto acontece, têm a possibilidade de buscar o regresso contra o contribuinte".[258]

De qualquer forma, para o referido autor, o princípio da capacidade contributiva pode ser invocado caso haja vício na lei, de modo que, a título de responsabilidade tributária, seja transferido "[...] o próprio encargo econômico da tributação ao terceiro, sem que, todavia, seja sua a capacidade contributiva apontada na norma principal que tenha imposto a obrigação de pagar tributo."[259]

Diante disto, para Paulsen, o princípio da capacidade contributiva tem importante papel na análise da legitimidade das normas de responsabilidade tributária, uma vez que, no seu entendimento,

---

[257] FERRAGUT, Maria Rita. *Responsabilidade tributária e o Código Civil de 2002*. São Paulo: Noeses, 2013. p. 46-47.
[258] PAULSEN, Leandro. *Responsabilidade e substituição tributárias*. Porto Alegre: Livraria do Advogado, 2012. p. 182.
[259] PAULSEN, Leandro. *Responsabilidade e substituição tributárias*. Porto Alegre: Livraria do Advogado, 2012. p. 182.

"[...] sempre teremos duas normas, uma que estabelece a relação contributiva e outra que estabelece a relação de substituição ou de responsabilidade", sendo que esta última não pode desvirtuar a primeira.[260]

Dessa forma, o princípio da capacidade contributiva impõe que só podem ser postos na condição de sujeitos passivos da obrigação tributária aqueles que detêm a possibilidade de verter ou exigir que seja vertido aos cofres públicos a riqueza manifestada pela realização do fato signo presuntivo de riqueza, previsto no antecedente da norma de incidência tributária.[261] Trata-se dos sujeitos que se encontram em situação de poder sobre o destinatário constitucional tributário, "[...] de molde a ser-lhe dado exigir ou verificar o cumprimento da prestação devida".[262]

3.2.3. Síntese conclusiva

Em breve síntese, no que se refere ao instituto da responsabilidade tributária, o princípio da capacidade contributiva impõe que o sujeito passivo da obrigação tributária deve – se na condição de responsável por transferência – encontrar-se em situação de poder em relação ao destinatário constitucional tributário, no sentido de poder exigir ou fiscalizar que ele realize o pagamento do tributo devido, ou – se na condição de responsável por substituição – encontrar-se em situação de poder em relação à própria riqueza onerada, podendo verter o tributo devido aos cofres públicos, sem afetar o seu próprio patrimônio.

3.3. O princípio da vedação à tributação com efeitos de confisco

O princípio insculpido no artigo 150, inciso IV, da Constituição Federal, veda às pessoas políticas de Direito público

---

[260] PAULSEN, Leandro. *Responsabilidade e substituição tributárias*. Porto Alegre: Livraria do Advogado, 2012. p. 182.
[261] UHDRE, Dayana de Carvalho. *Competência tributária*: incidência e limites de novas hipóteses de responsabilidade tributária. Curitiba: Juruá, 2017. p. 175-176.
[262] JUSTEN FILHO, Marçal. *Sujeição passiva tributária*. Belém: CEJUP, 1986. p. 295.

"utilizar tributo com efeito de confisco". Trata-se de importante limitação ao exercício da competência tributária, uma vez que, por mais que a tributação configure uma expropriação de parcela da propriedade das pessoas, necessariamente consentida por elas, "[...] em qualquer Estado que tenha como princípio estabelecido o da propriedade privada, não pode existir o confisco, por constituírem noções incompatíveis".[263]

3.3.1. A indeterminação da expressão "efeito de confisco" e a construção doutrinária e jurisprudencial

Como nos ensina Estevão Horvath, a expressão "efeito de confisco" está entre aquelas consideradas conceitos indeterminados,[264] relembrando que, nas lições de Karl Engisch, conceito indeterminado seria "[...] um conceito cujo âmbito e cujo conteúdo são incertos".[265] O problema não está nas situações de claro confisco (*v.g.* tributar em 100% a pessoa física, pelo imposto sobre a renda) ou de evidente não confisco (*v.g.*, no mesmo caso do imposto sobre a renda, a incidência de uma alíquota de 2% sobre a renda líquida da pessoa física), mas nas chamadas "zonas de penumbra" e "zonas cinzentas".

Nesse sentido, Paulo de Barros Carvalho aponta que não é difícil compreender a ideia de confisco, o problema reside na definição do conceito e na delimitação da ideia, como limite a partir do qual incide a vedação constitucional, para concluir que:

> Intrincado e embaraçoso, o objeto da regulação do referido art. 150, IV, da CF, acaba por oferecer unicamente um rumo axiológico, tênue e confuso, cuja nota principal repousa na simples advertência ao legislador dos tributos, no sentido de comunicar-lhes que existe limite para a carga tributária. Somente isso.[266]

---

[263] HORVATH, Estevão. Não-confisco e limites à tributação. *In*: PARISI, Fernanda Drummond; TORRES, Heleno Taveira; MELO, José Eduardo Soares de (Coord.). *Estudos de Direito Tributário em homenagem ao professor Roque Antonio Carrazza*. São Paulo: Malheiros, 2014. p. 70.
[264] HORVATH, Estevão. *O princípio do não-confisco no direito tributário*. São Paulo: Dialética, 2002. p. 34.
[265] ENGISCH, Karl. *Introduzione al pensiero giuridico*. Milão: Giuffrè, 1970. p. 170.
[266] CARVALHO, Paulo de Barros. *Curso de Direito Tributário*. São Paulo: Saraiva, 2012. p. 214.

Tamanha é a indeterminação do aludido conceito que Ricardo Lobo Torres entende inexistir possibilidade prévia de fixação dos limites quantitativos para a cobrança tributária, além dos quais se caracterizaria o confisco, deixando tal aferição a ser realizada caso a caso pelo juiz, que deverá se pautar pela razoabilidade.[267] Em sentido semelhante, assim se manifestou a Segunda Turma do STF, no julgamento do RE nº 448.432:

> A caracterização do efeito confiscatório pressupõe a análise de dados concretos e de peculiaridades de cada operação ou situação, tomando-se em conta custos, carga tributária global, margens de lucro e condições pontuais do mercado e de conjuntura social e econômica (art. 150, IV da Constituição).[268]

De qualquer forma, tanto a doutrina quanto a jurisprudência buscaram fixar certos limites prévios impostos pela referida vedação constitucional. Aliomar Baleeiro definiu tributo confiscatório como aquele "[...] que absorve parte considerável do valor da propriedade, aniquila a empresa ou impede o exercício da atividade lícita e moral".[269] Na mesma linha, Roque Carrazza afirma que o aludido princípio impõe que os impostos sejam "[...] graduados de modo a não incidir sobre as fontes produtoras de riqueza dos contribuintes e, portanto, a não atacar a consistência originária das suas fontes de ganho."[270]

Na Ação Declaratória de Inconstitucionalidade – ADI nº 2.010, julgada pelo plenário do STF, o Relator Min. Celso de Mello assim asseverou:

> A proibição constitucional do confisco em matéria tributária nada mais representa senão a interdição, pela Carta Política, de qualquer pretensão governamental que possa conduzir, no campo da fiscalidade,

---

[267] TORRES, Ricardo Lobo. *Curso de Direito Financeiro e Tributário*. 6. ed. Rio de Janeiro: Renovar, 1999. p. 56.

[268] RE 448432 AgR, Relator(a): Min. JOAQUIM BARBOSA, Segunda Turma, julgado em 20/04/2010, DJe-096 DIVULG 27-05-2010 PUBLIC 28-05-2010 EMENT VOL-02403-05 PP-01374 RDDT n. 180, 2010. p. 192-194.

[269] BALEEIRO, Aliomar. *Limitações constitucionais ao poder de tributar*. 8. ed. Rio de Janeiro: Forense, 2010. p. 564.

[270] CARRAZZA, Roque Antônio. *Curso de Direito Constitucional Tributário*. 30. ed. rev. ampl. e atual. até a Emenda Constitucional n. 84/2014. São Paulo: Malheiros, 2015. p. 115.

à injusta apropriação estatal, no todo ou em parte, do patrimônio ou dos rendimentos dos contribuintes, comprometendo-lhes, pela insuportabilidade da carga tributária, o exercício do direito a uma existência digna, ou a prática de atividade profissional lícita ou, ainda, a regular satisfação de suas necessidades vitais (educação, saúde e habitação, por exemplo).[271]

Nesse cenário, relevante a lição de Jorge de Oliveira Vargas de que "[...] os efeitos confiscatórios podem estar presentes em qualquer situação, havendo um limite tanto ao tributo isolado, quanto à carga tributária municipal, estadual ou federal, e ainda à carga tributária em sua totalidade".[272]

Ademais, cumpre apontar que a doutrina encontra uma atuação conjunta dos princípios da capacidade contributiva e do princípio da vedação à instituição de tributo com efeito de confisco, interpretando-os como princípios complementares que, "[...] simultaneamente, limitam a atividade estatal de criação e majoração de tributos, imprimindo maior efetividade ao princípio da isonomia tributária e ao próprio direito de propriedade".[273]

Estevão Horvath vai além afirmando que um não existiria sem o outro, considerando-os ainda princípios superpostos. Isso porque, embora não constitua todo o conteúdo do princípio que veda o confisco, a capacidade contributiva é elemento inarredável à hora de se aferir se o legislador portou-se dentro dos limites constitucionalmente permitidos ao configurar um tributo, sendo que o confisco seria justamente a violação, por excesso, da capacidade contributiva.

Como bem analisa o referido autor, ao reforçar a ideia de um sistema tributário justo, o princípio da vedação de tributação com efeito de confisco "[i]mpede o excesso de tributo ou que se alcance alguém que não praticou o fato ou não demonstrou capacidade contributiva."[274]

---

[271] ADI 2010 MC, Relator(a): Min. CELSO DE MELLO, Tribunal Pleno, julgado em 30/09/1999, DJ 12-04-2002 PP-00051 EMENT VOL-02064-01 PP-00086.
[272] VARGAS, Jorge de Oliveira. *Princípio do não-confisco como garantia constitucional da tributação justa*. Curitiba: Juruá, 2003. p. 177.
[273] DARZÉ, Andréa M. *Responsabilidade tributária*: solidariedade e subsidiariedade. São Paulo: Noeses, 2010. p. 53.
[274] HORVATH, Estevão. *O princípio do não-confisco no direito tributário*. São Paulo: Dialética, 2002. p. 67.

3.3.2. O princípio da vedação à tributação com efeitos de confisco e a responsabilidade tributária

Adentrando nos limites impostos pelo princípio da vedação à tributação com efeitos de confisco à sujeição passiva tributária, Horvath afirma que, caso o legislador infraconstitucional institua tributo, atribuindo o dever de recolhê-lo a alguém que não seja o destinatário constitucional da carga tributária, "[...] estará criando tributo confiscatório, porquanto a Lei Maior não o autoriza a fazê-lo, a menos que esse alguém não arque com o ônus financeiro de tal recolhimento".[275] E "[...] obrigar alguém que não seja destinatário constitucional da carga tributária a pagar tributo – sem ressarcimento imediato, ao menos – é confiscar (ou utilizar tributação com fim de confisco)".[276]

Ao tratar especificamente sobre a responsabilidade tributária, Maria Rita Ferragut afirma que os princípios da vedação à cobrança do tributo com efeito de confisco e da capacidade contributiva exigem que o responsável tributário pertença ao conjunto de indivíduos que estejam indiretamente vinculados ao fato jurídico tributário ou direta ou indiretamente vinculados ao sujeito que o praticou, sob o fundamento de que:

> [...] se qualquer pessoa pudesse ser obrigada a pagar tributos por conta de fatos praticados por outras, com quem não detivessem qualquer espécie de vínculo (com a pessoa ou com o fato), o tributo teria grandes chances de se tornar confiscatório, já que poderia incidir sobre o patrimônio do obrigado e não sobre a manifestação de riqueza ínsita ao fato constitucionalmente previsto. Se o vínculo existir, torna-se possível a preservação do direito de propriedade e do não-confisco.[277]

Portanto, evidenciamos que, no que se refere à responsabilidade tributária, o princípio da vedação da cobrança de tributo com efeito

---

[275] HORVATH, Estevão. *O princípio do não-confisco no direito tributário*. São Paulo: Dialética, 2002. p. 67.
[276] HORVATH, Estevão. *O princípio do não-confisco no direito tributário*. São Paulo: Dialética, 2002. p. 100.
[277] FERRAGUT, Maria Rita. *Responsabilidade tributária e o Código Civil de 2002*. São Paulo: Noeses, 2013. p. 43-44.

de confisco vem reforçar o princípio da capacidade contributiva, no sentido de assegurar que a tributação incida sobre a riqueza efetivamente manifestada pelo destinatário constitucional tributário, no sentido de que, ainda que não seja este que figure na condição de sujeito passivo da obrigação tributária, seja somente ele que arque com o ônus da carga tributária.

E, dessa forma, é impossível admitir que o responsável tributário seja alguém desvinculado do fato jurídico tributário ou do destinatário constitucional tributário. E não só isso, que aquele não detenha condições de realizar o pagamento do tributo devido aos cofres públicos, sem afetar o seu próprio patrimônio, ou de exigir ou fiscalizar antecipadamente que seja realizado o pagamento do tributo devido pelo efetivo destinatário da carga tributária.

3.3.3. Síntese conclusiva

Em breve síntese, o princípio da vedação da cobrança de tributo com efeito de confisco impede a cobrança de tributo em excesso – limitando o *quantum* da riqueza manifestada pelo fato jurídico tributário que pode ser apreendido pelo Estado – e assegura que só sejam colocados na condição de sujeito passivo da obrigação tributária aqueles que detêm condições de verter ou exigir que seja vertido aos cofres públicos a riqueza manifestada pelo fato constitucionalmente previsto.

3.4. Os princípios da razoabilidade e da proporcionalidade

Conforme ponderamos, a capacidade de colaboração do responsável tributário pressupõe a sua possibilidade em auxiliar a tributação, mas não só isso. Além dos limites anteriormente invocados, devemos analisar também a razoabilidade e a proporcionalidade daquilo que é imposto a terceiro, com base no seu dever de colaboração. Como exarado pelo Plenário do STF, no julgamento do RE nº 603.191, "[...] a colaboração dele exigida deve guardar respeito aos princípios da razoabilidade e da proporcionalidade, não se lhe podendo impor deveres inviáveis, excessivamente onerosos, desnecessários ou ineficazes."[278] Tais limites expressam aquilo que Ingo Wolfgang Sarlet trata como princípio da concordância prática ou da harmonização, que "[...] impõe uma necessária e saudável coordenação e harmonização dos bens jurídicos constitucionais em conflito, evitando-se o perecimento de uns para satisfazer outros", buscando "[...] atender – no contexto da unidade da constituição e da ordem jurídica – às exigências de coerência e racionalidade do sistema constitucional."[279]

Como adverte Marco Aurélio Greco, em matéria tributária, o grande desafio é justamente encontrar o ponto de equilíbrio entre os valores constitucionalmente consagrados. E, dessa forma, a Constituição não pode ser lida pela metade, ou seja, só pensando em solidariedade social ou, por outro lado, só pensando em liberdade individual, "[...] temos de ler o conjunto, porque é pela conjugação dos valores protetivos da liberdade e modificadores da solidariedade que iremos construir uma tributação efetivamente justa."[280]

3.4.1. Os princípios da razoabilidade e da proporcionalidade e a responsabilidade tributária

Humberto Ávila destaca que a razoabilidade constitui diretriz que exige uma vinculação das normas jurídicas com o mundo ao qual elas fazem referência, "[...] seja reclamando a existência de um suporte empírico e adequado a qualquer ato jurídico, seja demandando uma relação congruente entre a medida adotada e o fim que ela pretende atingir".[281]

---

[278] RE 603191, Relator(a): Min. ELLEN GRACIE, Tribunal Pleno, julgado em 01/08/2011, REPERCUSSÃO GERAL - MÉRITO DJe-170 DIVULG 02-09-2011 PUBLIC 05-09-2011 EMENT VOL-02580-02 PP-00185.

[279] SARLET, Ingo Wolgang; MARINONI, Luiz Guilherme; MITIDIERO, Daniel. *Curso de Direito Constitucional*. 2. ed. Rio de Janeiro: Revista dos Tribunais, 2013. p. 221-222.

[280] GRECO, Marco Aurélio; GODOI, Marciano Seabra de (Coords.). *Solidariedade social e tributação*. São Paulo: Dialética, 2005. p. 189.

[281] ÁVILA, Humberto. *Teoria dos princípios*: da definição à aplicação dos princípios jurídicos. São Paulo: Malheiros, 2003. p. 121.

Quanto ao princípio da proporcionalidade, J. J. Gomes Canotilho destaca que tal princípio, também conhecido como *princípio da proibição de excesso*, foi erigido à dignidade de preceito constitucional e configura um superconceito que se desdobra em três exigências principais: (i) exigência de conformidade ou adequação de meios: que impõe que a medida adotada para a realização do interesse público deve ser apropriada para a prossecução do fim ou fins a ele subjacentes; (ii) requisito da exigibilidade ou da necessidade: também conhecido como princípio da necessidade ou da menor ingerência possível, fundado na ideia de que o cidadão tem direito à menor desvantagem possível; e (iii) o princípio da proporcionalidade em sentido restrito: trata-se da exigência de que o resultado obtido com a intervenção seja proporcional à sua carga coativa. "Trata-se, pois, de uma questão de medida ou desmedida para se alcançar um fim: pesar as desvantagens dos meios em relação às vantagens do fim."[282]

Em matéria tributária, Humberto Ávila trata do postulado da proporcionalidade, que se subdivide nos mesmos três requisitos, assim enunciados pelo autor:

> [...] a medida adotada deverá ser *adequada* à consecução do fim justificativo da tributação; *necessária*, pois deve ser a menos restritiva dentre as igualmente adequadas para atingir o fim; e *proporcional* se as vantagens forem proporcionais às desvantagens advindas da adoção da medida.[283]

Em sentido semelhante, Hugo de Brito Machado adverte que "[...] caso o meio seja adequado e necessário, tem-se ainda de ponderar se o valor por ele prestigiado não está sendo demasiadamente sobreposto a outros, igualmente nobres."[284] Por sua vez, Maria Rita Ferragut reconhece que "[...] deve haver

---

[282] CANOTILHO, Jose Joaquim Gomes Canotilho. *Direito Constitucional*. 5. ed. Coimbra: Livraria Almedina, 1991. p. 386.

[283] ÁVILA, Humberto. O princípio da isonomia em matéria tributária. In: TORRES, Heleno Taveira (Coord.). *Teoria geral da obrigação tributária*: estudos em homenagem ao professor José Souto Major Borges. São Paulo: Malheiros, 2005. p. 745.

[284] MACHADO, Hugo de Brito; MACHADO SEGUNDO, Hugo de Brito. Os postulados da proporcionalidade e da razoabilidade: algumas notas sobre sua aplicação no âmbito tributário. *Revista de Direito Tributário da APET*, São Paulo, Ano III, 9. ed., p. 55-78, 2006. p. 63.

proporcionalidade entre a necessidade do fisco e a onerosidade imposta ao contribuinte."[285]

Assim também se manifesta Leandro Paulsen:

> [...] por maior que seja a capacidade de colaboração da pessoa, isso não justifica que dela se exija colaboração exagerada consubstanciada em obrigações múltiplas, complexas e sobrepostas, que pressuponham recursos materiais e humanos demasiadamente onerosos e sob risco de penalizações graves, desviando exageradamente a pessoa das suas atividades principais, o que esbarra na vedação do excesso. Isso porque a coordenação dos interesses do fisco com as liberdades das pessoas se impõe para a preservação dos diversos valores consagrados constitucionalmente.[286]

Especificamente sobre o instituto da responsabilidade tributária, Paulsen avalia que não teria razoabilidade a imposição de responsabilidade tributária a quem não tivesse relação com o fato jurídico tributário ou com o destinatário constitucional tributário, de modo a poder influir de algum modo para que o destinatário constitucional realizasse o pagamento do tributo ou para facilitar a fiscalização.[287]

No mesmo sentido, no julgamento do RE nº 603.191, o STF atribuiu aos princípios da razoabilidade e da proporcionalidade o fato de o artigo 128 do Código Tributário Nacional condicionar a atribuição de responsabilidade à presença de vínculo do terceiro com o fato gerador da respectiva obrigação, assim se manifestando mais especificamente sobre o substituto tributário:

> Só aquele que está próximo, que tem contato com o fato gerador ou com o contribuinte e que, por isso, tem a possibilidade de colaborar mediante o cumprimento de deveres que guardem relação com as suas atividades é que pode ser colocado na condição de substituto.[288]

---

[285] FERRAGUT, Maria Rita. Substituição tributária: antecipação, valor agregado e ressarcimento. *Revista de Direito Tributário*, São Paulo, n. 107/108, p. 119-124, 2010.

[286] PAULSEN, Leandro. *Capacidade colaborativa*: princípio de Direito Tributário para obrigações acessórias e de terceiros. Porto Alegre: Livraria do Advogado, 2014. p. 61.

[287] PAULSEN, Leandro. *Capacidade colaborativa*: princípio de Direito Tributário para obrigações acessórias e de terceiros. Porto Alegre: Livraria do Advogado, 2014. p. 18-19.

[288] RE 603191, Relator(a): Min. ELLEN GRACIE, Tribunal Pleno, julgado em 01/08/2011, REPERCUSSÃO GERAL - MÉRITO DJe-170 DIVULG 02-09-2011 PUBLIC 05-09-2011 EMENT VOL-02580-02 PP-00185.

Em sequência, o Supremo Tribunal Federal reforçou ainda que, justamente pelo fato de o substituto não ser obrigado a contribuir, mas a colaborar com a Administração Tributária, "[...] é essencial para a validade de tal instituto jurídico que ao substituto seja assegurada a possibilidade de retenção ou de ressarcimento quanto aos valores que está obrigado a recolher aos cofres públicos."[289] De fácil percepção é que tal exigência, além de ter como base o princípio da capacidade contributiva, tem como fundamento justamente o princípio da razoabilidade e da proporcionalidade. Não se pode admitir que a pessoa colocada na condição de substituto não tenha condições de reter ou se reembolsar dos tributos recolhidos.

Nesse sentido, o simples direito de reembolso não é suficiente para a responsabilização de terceiro, é necessário que tal reembolso se dê de forma prática e pouco onerosa. Caso contrário, desde que concedido o direito ao reembolso, poderia se atribuir responsabilidade tributária a todo e qualquer cidadão, o que, muito provavelmente, resultaria na mera substituição de credores (uma vez que o responsável se sub-rogaria na posição de credor, antes detida pelo Estado), devendo aquele socorrer-se do Poder Judiciário para garantir o seu reembolso, o que inegavelmente se mostra desarrazoado.

Ainda, para análise da razoabilidade e da proporcionalidade da responsabilização tributária, devem ser levados em consideração também os deveres instrumentais e formais decorrentes da referida responsabilização. Como bem aponta Maria Rita Ferragut, não há que se falar em inexistência de valor econômico envolvido no dever instrumental.[290] Isso porque a responsabilização impõe não só o acompanhamento da legislação tributária que dispõe sobre a matéria, mas a necessidade de contratação de pessoal preparado para operar e implementar as devidas regras, bem como realizar o cumprimento de vários deveres de informação e fiscalização delas decorrentes.

Nesse sentido, não se pode negar o fato de que ser eleito responsável tributário traz adjacentes ônus financeiros e operacionais,

---

[289] RE 603191, Relator(a): Min. ELLEN GRACIE, Tribunal Pleno, julgado em 01/08/2011, REPERCUSSÃO GERAL - MÉRITO DJe-170 DIVULG 02-09-2011 PUBLIC 05-09-2011 EMENT VOL-02580-02 PP-00185.

[290] FERRAGUT, Maria Rita. Substituição tributária: antecipação, valor agregado e ressarcimento. *Revista de Direito Tributário*, São Paulo, n. 107/108, p. 119-124, 2010.

necessários para o cumprimento das obrigações decorrentes da responsabilização, o que pode, por si só, resultar em ofensa à razoabilidade e proporcionalidade.

Nesse cenário, como bem avalia Alessandro Mendes Cardoso, apesar de, em tese, a substituição tributária ser um instituto válido que leva à praticidade da arrecadação, deve ser reconhecido que, "[...] em determinados casos, a sua aplicação se torna desproporcional e leva ao agravamento indevido do ônus da atividade imposta ao substituto tributário",[291] o que pode implicar sua inconstitucionalidade.

3.4.2. Síntese conclusiva

Em breve síntese, os princípios da razoabilidade e da proporcionalidade impõem uma análise global do instituto da responsabilidade tributária, para o fim de garantir que o dever imposto a terceiro seja o mais adequado, o menos oneroso, o mais proporcional e o mais razoável diante das circunstâncias que englobam a instituição, fiscalização e arrecadação de determinado tributo.

---

[291] CARDOSO, Alessandro Mendes. A responsabilidade do substituto tributário e os limites à praticidade. *Revista Tributária e de Finanças Públicas*, São Paulo, n. 68, p. 141-178, jul. 2006. p. 157.

CAPÍTULO 4

OS LIMITES PREVISTOS NO CÓDIGO TRIBUTÁRIO NACIONAL AO INSTITUTO DA RESPONSABILIDADE TRIBUTÁRIA

O constituinte incluiu a responsabilidade tributária entre as matérias que considerou merecedoras de maior vigilância, demandando disciplina geral mais minuciosa, a ser introduzida no ordenamento por lei complementar. A cautela se origina da sua importância como elemento integrante da obrigação tributária e por ser matéria inclusa dentro daquilo que o constituinte pretendeu alcançar com o termo contribuinte. Ainda, inegável se tratar de tema que carece de uma harmonização entre os entes federados no território nacional.

O Código Tributário Nacional foi recepcionado pela Constituição Federal de 1988 com eficácia[292] de lei complementar

---

[292] Quanto ao tema, cumpre reproduzir a lição de José Roberto Vieira: "Certa doutrina já advogou a tese de que, com tal norma, o CTN foi "convertido" ou "transformado" de lei ordinária, que era, em lei complementar, que passou a ser. Não procede o raciocínio, que despreza o magistério clássico de Hans Kelsen: "É verdade que aquilo que já aconteceu não pode ser transformado em não acontecido; porém, o significado normativo daquilo que há um longo tempo aconteceu pode ser posteriormente modificado através de normas que são postas em vigor após o evento que se trata de interpretar" (*Teoria Pura do Direito*. Tradução de João Baptista Machado. 2. ed. Lisboa: Calouste Gulbenkian, 1989. p. 14). Em outras palavras, o surgimento e a existência do ato legal como lei ordinária – o acontecido – não tolera modificação, mas o alcance da sua eficácia – o seu significado normativo – esse sim, admite alteração. [...] Não há dúvida de que, embora com natureza de lei ordinária, o CTN detém hoje a eficácia de lei complementar, pelo fato de suas regras, quando tratam dos assuntos que a Constituição colocou sob reserva de lei complementar, só podem ser modificadas por essa espécie legislativa. Formalmente lei ordinária, tem o conteúdo material de lei complementar ao versar aqueles temas." VIEIRA, José Roberto. Normas

e, dessa forma, cumpre com a previsão do artigo 146 da CF de estabelecer normas gerais em matéria de legislação tributária. Nesse sentido, além de lei complementar, o Código Tributário Nacional configura lei nacional, ou seja, por mais que se trate de lei editada pela União, seu âmbito material e pessoal[293] é distinto daquele da lei federal, uma vez que alcança não só a União, mas também os Estados, o Distrito Federal e os Municípios.

E tal caráter nacional se justifica essencialmente pela existência de diversas matérias que carecem de um tratamento jurídico uniforme, bem como para fins de coibir ou reduzir conflitos tributários entre os entes da federação, como bem analisou Ruy Barbosa Nogueira:

> A ideia que inspirou a criação da lei complementar no campo tributário foi exatamente a de obter um ato representativo, não apenas dos interesses da União, como fisco federal, mas do interesse de toda a Nação para resolver conflitos tributários entre os vários fiscos, que há muito vêm ocorrendo na federação brasileira.[294]

Assim, o Código Tributário Nacional contém normas que se direcionam tão somente a determinado ente da federação, como aquelas que tratam dos impostos de competência privativa, e outras que se direcionam a todos os entes da federação, que se enquadram

---

gerais de Direito Tributário: um velho tema sob novíssima perspectiva. *In: 50 anos do código tributário nacional*. São Paulo: Noeses; IBET, 2016. p. 690-691.

[293] Como leciona Souto Maior Borges, "[...] o âmbito *material* de validade corresponde ao que pode ser feito, na conformidade da norma, pelos seus destinatários; o âmbito *pessoal* é constituído pelos destinatários da norma; o âmbito *espacial*, pelo lugar do espaço em que uma norma tem validade e finalmente o âmbito *temporal*, pelo lapso de tempo em que a norma pode aplicar-se [...] São idênticos os âmbitos *espaciais* de validade da lei federal e da lei nacional, porque ambas vigoram em todo o território do país. Tampouco existe diferença no tocante aos respectivos âmbitos *temporais* de validade, porque não vigora nenhum critério específico de predeterminação de vigência da lei federal e da lei nacional. [...] A lei federal distingue-se da lei nacional porque esta, embora editada pelo Congresso Nacional, tem como destinatários não apenas a União, mas os Estados e Municípios; ou só os Estados; ou só os Municípios etc. Se tiver como destinatário apenas a União, de lei nacional não se tratará. Finalmente, no tocante ao âmbito *material* de validade, a projeção da matéria regulada até aos Estados e ou Municípios dá a conotação básica da lei nacional. A lei nacional colhe em conjunto ou separadamente essas pessoas constitucionais. A matéria regulada em leis nacionais é aplicável pela União, Estados-membros, Distrito Federal e Municípios, ao contrário do que sucede com as leis simplesmente federais que se limitam, consoante exposto, a vincular os jurisdicionados e administrados da União." BORGES, José Souto Maior. *Lei complementar tributária*. São Paulo: Revista dos Tribunais; EDUC, 1975. p. 64-68.

[294] NOGUEIRA, Ruy Barbosa. *Direito Financeiro* (Curso de Direito Tributário). 2. ed. São Paulo: José Bushatsky, 1969. p. 49.

dentro do conceito de normas gerais de Direito Tributário, entre elas as normas que tratam genericamente do instituto da responsabilidade tributária.

O legislador do Código Tributário Nacional optou por estabelecer, de antemão, algumas hipóteses de responsabilidade tributária que são autoaplicáveis, ou seja, que podem ser aplicadas pelas autoridades fazendárias independentemente de legislação própria das respectivas pessoas políticas de Direito público, estando elas dispostas nos artigos 129 a 133 (Responsabilidade dos Sucessores), 134 e 135 (Responsabilidade de Terceiros) e, ainda, 136 e 137 (Responsabilidade por infrações).[295] Por sua vez, estabeleceu no seu artigo 128 norma geral para criação de novas hipóteses de responsabilidade tributária, desde que atendidos os requisitos que estabelece.

Nesse cenário, cumpre analisarmos os principais dispositivos legais do Código Tributário Nacional que tratam da responsabilidade tributária e que delimitam a matéria em questão.

4.1. O artigo 121 do Código Tributário Nacional: sujeito passivo e responsabilidade tributária

Analisando as normas que compõem o sistema constitucional tributário, percebemos que, anteriormente à edição da Emenda Constitucional nº 03/93, que incluiu o §7º no artigo 150 da CF,[296] não havia na Constituição Federal qualquer referência à figura do responsável. Como evidenciado por Andréa M. Darzé, "[...] em todas as oportunidades que o constituinte originário se propôs regular a obrigação tributária, ele o fez associando-a ao signo contribuinte".[297] Portanto, é possível afirmar que a definição legal

---

[295] Considerando que o objeto do presente trabalho se restringe às hipóteses de responsabilidade tributária relativas ao pagamento do tributo, não abordaremos as responsabilidades por infrações.

[296] Art. 150. Sem prejuízo de outras garantias asseguradas ao contribuinte, é vedado à União, aos Estados, ao Distrito Federal e aos Municípios: [...] §7º A lei poderá atribuir a sujeito passivo de obrigação tributária a condição de responsável pelo pagamento de imposto ou contribuição, cujo fato gerador deva ocorrer posteriormente, assegurada a imediata e preferencial restituição da quantia paga, caso não se realize o fato gerador presumido.

[297] DARZÉ, Andréa M. *Responsabilidade tributária:* solidariedade e subsidiariedade. São Paulo: Noeses, 2010. p. 76.

de responsável tributário nos é dada pelo artigo 121 do Código Tributário Nacional, *ex vi*:

> Art. 121. Sujeito passivo da obrigação principal é a pessoa obrigada ao pagamento de tributo ou penalidade pecuniária.
> Parágrafo único. O sujeito passivo da obrigação principal diz-se:
> I - contribuinte, quando tenha relação pessoal e direta com a situação que constitua o respectivo fato gerador;
> II - responsável, quando, sem revestir a condição de contribuinte, sua obrigação decorra de disposição expressa de lei.

E, conforme já pontuado anteriormente, tal dispositivo legal traz três delimitações ao instituto da responsabilidade tributária.

4.1.1. Responsável como espécie do gênero sujeito passivo da obrigação principal

Primeiramente, cumpre rememorar que temos a sujeição passiva tributária em sentido amplo e em sentido estrito. Em sentido amplo, a classe alcança toda e qualquer pessoa que se encontre obrigada ao cumprimento de deveres relacionados à fiscalização ou arrecadação de tributos, o que inclui tanto os deveres instrumentais quanto as obrigações pecuniárias.[298] Dessa forma, em linha com o disposto no Código Tributário Nacional, tal classe inclui tanto os sujeitos passivos da obrigação principal (art. 121) quanto os sujeitos passivos da obrigação acessória (art. 122[299]).

Por sua vez, em sentido estrito, a sujeição passiva tributária abrange tão somente aqueles sujeitos obrigados a realizar o pagamento do tributo.

Portanto, a primeira delimitação que podemos extrair do referido dispositivo legal é o enquadramento da figura do responsável no gênero sujeito passivo da obrigação principal. Dessa forma, quando falamos de responsabilidade tributária, nos referimos à sujeição passiva tributária em sentido estrito, não envolvendo, portanto,

---

[298] DARZÉ, Andréa M. *Responsabilidade tributária:* solidariedade e subsidiariedade. São Paulo: Noeses, 2010. p. 67.

[299] Art. 122. Sujeito passivo da obrigação acessória é a pessoa obrigada às prestações que constituam o seu objeto.

os sujeitos passivos da obrigação acessória, ou seja, aqueles sujeitos dos quais a legislação tributária exige prestações, positivas ou negativas, previstas no interesse da arrecadação ou da fiscalização dos tributos.[300]

4.1.2. O critério residual para classificação do sujeito passivo

A segunda delimitação é de caráter residual. O sujeito passivo da obrigação tributária será o responsável quando não revestir a condição de contribuinte, ou seja, quando não tiver relação pessoal e direta com a situação que constitua o respectivo fato gerador. Dessa forma, a partir de tal distinção, o legislador complementar reconhece que a obrigação tributária pode ser instituída em face de sujeito distinto do destinatário constitucional tributário.

Como avalia Daniel Monteiro Peixoto, a partir de uma classe universal, o legislador elege um único *fundamentum divisionis* para elaborar a divisão em subconjuntos, criando duas classes coordenadas que se excluem mutuamente. Partindo do conceito de "sujeito passivo da obrigação tributária principal" (classe universal) e, com base no critério "relação pessoal e direta com o fato gerador", o legislador segrega "[...] a) aqueles que possuem relação pessoal e direta com o fato gerador – contribuintes (classe K) e b) aqueles que *não* possuem relação pessoal e direta com o fato gerador – responsáveis tributários (classe complementar K')".[301]

4.1.3. A exigência de disposição expressa de lei

Por fim, a terceira delimitação, pautada na limitação constitucional formal do princípio da legalidade, impõe que a responsabilidade tributária decorra de disposição expressa de lei. Como bem analisou

---

[300] Código Tributário Nacional. Art. 113. A obrigação tributária é principal ou acessória. [...] §2º A obrigação acessória decorre da legislação tributária e tem por objeto as prestações, positivas ou negativas, nela previstas no interesse da arrecadação ou da fiscalização dos tributos.
[301] PEIXOTO, Daniel Monteiro. *Responsabilidade tributária e os atos de formação, administração, reorganização e dissolução de sociedades*. São Paulo: Saraiva, 2012. p. 131.

Andréa M. Darzé, tanto a obrigação do responsável quanto a do contribuinte decorrem de lei, ocorre que o emprego da expressão "decorra de disposição expressa de lei" se justifica, uma vez que, enquanto a obrigação do contribuinte pode vir na implicitude do texto legal, como desdobramento do próprio critério material da regra-matriz de incidência tributária – já que coincide com o sujeito oculto do verbo da hipótese normativa, "[...] a indicação do responsável tributário exige sempre enunciado expresso, atribuindo-lhe esta condição".[302]

De qualquer forma, é importante apontar que a liberdade na escolha do responsável tributário não tem a amplitude que a leitura isolada do artigo 121 do Código Tributário Nacional parece sugerir. Como mencionamos anteriormente e iremos aprofundar adiante, as hipóteses de responsabilidade tributária estão limitadas àquelas autoaplicáveis e previstas em lei complementar e àquelas instituídas autonomamente pelas pessoas políticas de Direito público, desde que em observância aos limites previstos no artigo 128 do Código Tributário Nacional e aos princípios constitucionais antes elencados.

4.2. O artigo 124 do Código Tributário Nacional: solidariedade passiva tributária

Primeiramente, informamos que os efeitos da solidariedade tributária serão tratados em tópico específico, quando discorreremos também sobre a questão da subsidiariedade e da pessoalidade no âmbito das regras de responsabilidade tributária. O presente tópico buscará identificar apenas os limites de aplicação do artigo 124 do Código Tributário Nacional[303] no que se refere ao instituto da responsabilidade tributária, tendo em vista que há muita discussão quanto ao objeto e âmbito de aplicação desse dispositivo.

Adentrando na presente análise, é preciso destacar, de antemão, que o artigo 124 pretendeu disciplinar a solidariedade

---

[302] DARZÉ, Andréa M. *Responsabilidade tributária:* solidariedade e subsidiariedade. São Paulo: Noeses, 2010. p. 68.

[303] Art. 124. São solidariamente obrigadas: I - as pessoas que tenham interesse comum na situação que constitua o fato gerador da obrigação principal; II - as pessoas expressamente designadas por lei. Parágrafo único. A solidariedade referida neste artigo não comporta benefício de ordem.

passiva em matéria tributária, uma vez que, além de se tratar de dispositivo pertencente à seção específica do capítulo "Sujeito passivo" do Código Tributário Nacional, no Sistema Tributário Nacional, não encontramos situações de solidariedade ativa.

A respeito do instituto da solidariedade, o Código Civil assim dispõe em seu artigo 264: "[h]á solidariedade, quando na mesma obrigação concorre mais de um credor, ou mais de um devedor, cada um com direito, ou obrigado, à dívida toda". Considerando que, no Direito Tributário, só encontramos a solidariedade na sujeição passiva, nas obrigações em que concorrem mais de um sujeito passivo tributário, eles são obrigados solidariamente pela dívida, ou seja, cada devedor responde pela totalidade do tributo devido.

Nesse ponto, já encontramos uma primeira discussão doutrinária que envolve o instituto da responsabilidade tributária.

4.2.1. Solidariedade como graduação da responsabilidade dos sujeitos que compõem conjuntamente o polo passivo da mesma obrigação tributária

Com base no artigo 124 do CTN, parte da doutrina considera a solidariedade como uma hipótese de responsabilidade. Como se extrai, por exemplo, das lições de Maria Rita Ferragut, "[...] os devedores solidários são contribuintes no que diz respeito às suas parcelas individualizadas da obrigação divisível (parcela do tributo que corresponde à sua quota de interesse na situação), se existirem, e responsáveis quanto às demais".[304]

No mesmo sentido, Luciano Amaro entende que o CTN prevê a solidariedade de ambos como devedores da obrigação inteira, sendo que "[...] a condição de sujeito passivo assumiria forma híbrida em que cada devedor seria contribuinte na parte que lhe toca e responsável pela porção que caiba ao outro".[305]

---

[304] FERRAGUT, Maria Rita. *Responsabilidade tributária e o Código Civil de 2002*. São Paulo: Noeses, 2013. p. 80.
[305] AMARO, Luciano. *Direito Tributário brasileiro*. 19. ed. São Paulo: Saraiva, 2013. p. 342.

Tais entendimentos partem do pressuposto de que o tributo sempre é uma obrigação divisível e se baseiam no raciocínio de que cada codevedor seria devedor tão somente de sua parte, e seria responsável pelo adimplemento da parte devida pelos demais.

Com o devido acatamento à doutrina supracitada, no nosso entendimento, admitir tal interpretação significa desvirtuar a noção de contribuinte. Isso porque, excetuados os casos de responsabilidade solidária imposta por lei, todos os sujeitos passivos solidários detêm relação pessoal e direta com a situação que constitui o respectivo fato gerador e, dessa forma, não podem ser considerados responsáveis pelo referido tributo, sendo todos contribuintes do mesmo fato jurídico tributário.

Nesse sentido, merecem transcrição as lições de Aires Barreto:

> Relativamente a empresas que se consorciam para prestar serviços, sujeitos ao ISS, não se há de falar em responsável pelo imposto, senão de contribuinte, é dizer, pessoa obrigada ao seu pagamento, por serem, elas mesmas, agentes do fato imponível [...] ambas realizam o fato econômico prestar serviços, seguindo-se daí que ambas figuram no polo passivo da relação tributária tendo por objeto o ISS. E já se adianta que a sujeição passiva, aqui, é direta: ambas as empresas relacionam-se, pessoal e diretamente, com o fato jurídico, de conteúdo econômico, "prestar serviços de construção civil", correspondente à hipótese de incidência do imposto municipal; daí que elas próprias, como agente do fato imponível, são os contribuintes do imposto.[306]

Assim, compreendemos, como Misabel Abreu Machado Derzi, que a solidariedade prevista no inciso I do artigo 124 não é forma de transformação do contribuinte em responsável ou de inclusão de um terceiro no polo passivo da obrigação tributária. Trata-se apenas da maneira eleita pelo legislador complementar para "[...] graduar a responsabilidade daqueles sujeitos que já compõem o polo passivo".[307] E o termo *responsabilidade* aqui utilizado deve ser entendido não como hipótese de sujeição passiva distinta do

---

[306] BARRETO, Aires F. ISS – Consórcio para execução de obras de construção civil: solidariedade passiva das empresas consorciadas. *Revista Dialética de Direito Tributário*, São Paulo, n. 43, p. 164-184, abr. 1999.

[307] DERZI, Misabel, Nota de Atualização. *In*: BALEEIRO, Aliomar. *Direito Tributário brasileiro*. 12. ed. Rio de Janeiro: Forense, 2013. p. 1119.

contribuinte, mas no seu significado mais puro, como obrigação de responder pelas ações próprias ou dos outros.[308] Na mesma linha, também se manifestou Renato Lopes Becho:

> Assim, podemos afirmar que a solidariedade é um efeito da tributação nas hipóteses em que existam mais de um sujeito passivo direto (contribuinte) ou indireto (em uma de suas modalidades). Não se trata de *transferência* nem tampouco de *sujeição passiva indireta*. Pode haver, na solidariedade, *sujeição passiva direta*.
>
> Acreditamos que a solidariedade é uma das três possibilidades de efeitos diante da multiplicidade de sujeitos passivos (solidariedade, subsidiariedade e pessoalidade), que são aplicáveis tanto frente à sujeição passiva direta quanto à indireta, sozinhas (por exemplo: diversos contribuintes) ou compostas (i.e., contribuintes e não contribuintes).[309]

Nesse sentido, Paulo de Barros Carvalho leciona que, para efeitos jurídicos-tributários, as obrigações solidárias "[...] são indivisíveis, de modo que, havendo solidariedade passiva, cada um dos devedores solidários, em princípio, é obrigado pelo total da dívida e o pagamento feito por qualquer deles aproveita aos demais.[310]

Isso porque a Constituição Federal definiu os fatos signo-presuntivos de riqueza e estabeleceu os arquétipos dos tributos, porém silenciou quanto às situações em que os fatos jurídicos tributários são realizados por mais de um sujeito. No mesmo sentido, ao estabelecerem as regras matrizes de incidência tributária dos tributos, os legisladores ordinários criam tão somente uma hipótese de incidência com o seu correspondente consequente, ou seja, estabelecem que, com a realização de determinado fato, será devido determinado tributo, silenciando também sobre as situações em que tal fato é realizado por mais de uma pessoa, o que veio a ser disciplinado pelo artigo 124 do Código Tributário Nacional, em observância ao previsto no artigo 146, inciso III, alíneas *a* e *b*, da CF.

---

[308] HOUAISS, Antônio; VILLAR, Mauro de Salles. *Dicionário Houaiss da Língua Portuguesa*, elaborado no Instituto Antônio Houaiss de Lexicografia e Banco de Dados da Língua Portuguesa. Rio de Janeiro: Objetiva, 2001. p. 2440.

[309] BECHO, Renato Lopes. *Responsabilidade tributária de terceiros*: CTN, arts. 134 e 135. São Paulo: Saraiva, 2014. p. 35.

[310] CARVALHO, Paulo de Barros. *Curso de Direito Tributário*. São Paulo: Saraiva, 2012. p. 387.

Entendemos que, diante do silêncio constitucional, o legislador complementar poderia ter optado por definir que, nas situações em que há mais de um participante na realização do fato jurídico tributário, o tributo seria devido considerando o percentual de participação de cada sujeito passivo. Por exemplo, no caso de duas pessoas que detêm a propriedade de um imóvel, na proporção de 60% uma e 40% a outra, o IPTU seria devido na proporção de 60% pela primeira e 40% pela segunda, o que privilegiaria o princípio da capacidade contributiva e, ao que nos parece, seria a opção mais adequada.

No entanto, o legislador complementar decidiu manter a orientação da legislação civil quanto às obrigações solidárias, no sentido de que, nos casos em que há mais de um participante na realização do fato jurídico tributário, todos os sujeitos passivos são solidariamente obrigados pela integralidade do tributo, ou seja, todos os participantes na realização do fato jurídico tributário podem ser demandados pela Fazenda Pública para realizar o seu pagamento, independentemente do grau de participação no referido evento, relegando às normas de Direito Civil, o encontro de contas entre eles.[311]

Dessa forma, o principal efeito da solidariedade passiva é, justamente, vincular os codevedores, de modo que todos se obriguem ao pagamento integral da dívida, o que inegavelmente amplia a probabilidade de arrecadação do tributo, uma vez que o Estado-credor só deixará de receber a prestação inteira se todos os devedores solidários restarem insolventes. Como bem analisa Andréa M. Darzé, "[...] trata-se de prerrogativa importante que resguarda os interesses arrecadatórios do Estado, tutelando com mais vigor os créditos fiscais".[312]

Por outro lado, é inegável que se trata de opção legislativa de constitucionalidade questionável, uma vez que claramente privilegia a arrecadação tributária em detrimento dos princípios da capacidade contributiva e da vedação da cobrança de tributo com efeito de confisco.

---

[311] Código Civil. Art. 283. O devedor que satisfez a dívida por inteiro tem direito a exigir de cada um dos co-devedores a sua quota, dividindo-se igualmente por todos a do insolvente, se o houver, presumindo-se iguais, no débito, as partes de todos os co-devedores.
Art. 284. No caso de rateio entre os co-devedores, contribuirão também os exonerados da solidariedade pelo credor, pela parte que na obrigação incumbia ao insolvente.
Art. 285. Se a dívida solidária interessar exclusivamente a um dos devedores, responderá este por toda ela para com aquele que pagar.
[312] DARZÉ, Andréa M. *Responsabilidade tributária:* solidariedade e subsidiariedade. São Paulo: Noeses, 2010. p. 226.

De qualquer forma, alinhamo-nos ao entendimento de que não se trata de hipótese de responsabilidade tributária, mas da maneira eleita pelo legislador para graduar a responsabilidade daqueles sujeitos que compõem conjuntamente o mesmo polo passivo.

4.2.2. O interesse comum na situação que constitua o fato jurídico tributário

Ao disciplinar a solidariedade em âmbito tributário, o inciso I do artigo 124 do Código Tributário Nacional se distanciou do disposto no artigo 264 do Código Civil, o qual dispõe de forma clara que a solidariedade se dá com a pluralidade de devedores na mesma relação jurídica.

O legislador do Código Tributário Nacional optou por definir a presença da solidariedade entre os sujeitos passivos tributários com base na existência de *interesse comum* dos participantes na situação que constitua o fato gerador da obrigação principal, o que, além de se tratar de expressão vaga, não é um roteiro seguro para a identificação do nexo que se estabelece entre os devedores da prestação tributária, como bem demonstra Paulo de Barros Carvalho:

> Basta refletirmos na hipótese do imposto que onera as transmissões imobiliárias. No Estado de São Paulo, a lei indica o comprador como o sujeito passivo do gravame. Entretanto, quer ele quer o vendedor estão diretamente ligados à efetivação do negócio, havendo indiscutível interesse comum. Numa operação relativa à circulação de mercadorias, ninguém afirmaria inexistir convergência de interesses, unindo comerciante e adquirente, para a concretização do fato, se bem que o sujeito passivo seja aquele primeiro. Nas prestações de serviços, gravadas pelo ISS, tanto o prestador quanto o tomador do serviço têm interesse comum no evento, e nem por isso o sujeito passivo deixa de ser o prestador.
> Aquilo que vemos repetir-se com frequência, em casos dessa natureza, é que o *interesse comum* dos participantes no acontecimento factual não representa um dado satisfatório para a definição do vínculo da solidariedade. Em nenhuma dessas circunstâncias cogitou o legislador desse elo que aproxima os participantes do fato, o que ratifica a precariedade do método preconizado pelo inc. I do art. 124 do Código.[313]

---

[313] CARVALHO, Paulo de Barros. *Curso de Direito Tributário*. São Paulo: Saraiva, 2012. p. 386.

A partir de tal dispositivo legal, parte da doutrina passou a entender que, mesmo sem qualquer previsão na lei instituidora do tributo, nas situações em que mais de um sujeito tenha *interesse comum* no fato descrito como hipótese de incidência tributária, poder-se-á atribuir-lhes, em caráter solidário, o dever de adimplir a obrigação tributária, como se extrai das lições de Andréa M. Darzé:

> O fundamento para a imputação de solidariedade, nesses casos, seria o próprio artigo 124, I, do CTN, cujo comando dirigir-se-ia ao agente da administração pública competente para lançar o crédito tributário, autorizando-lhe [sic] a indicar como sujeito passivo todas as pessoas que tenham *interesse comum na situação que constitua o fato gerador da obrigação principal*.[314]

No mesmo sentido, também se manifestou Luciano Amaro:

> Anote-se, em primeiro lugar, que, se os casos de *interesse comum* precisassem ser explicitados em lei, como disse Aliomar Baleeiro, o item I do art. 124 seria inútil, pois as hipóteses todas estariam na disciplina do item II. Nos casos que se enquadrarem no questionado item I a solidariedade passiva decorre desse próprio dispositivo, sendo desnecessário que a lei de incidência o reitere.[315]

Com a devida vênia, não entendemos da mesma forma. Compreendemos com Paulo de Barros Carvalho que "[...] a solidariedade vai instalar-se entre os sujeitos que estiverem no mesmo polo da relação, se e somente se for esse o lado escolhido pela lei para receber o impacto jurídico da exação".[316] Ou seja, a intepretação que nos parece mais adequada do inciso I do artigo 124 do Código Tributário Nacional é justamente aquela que se mantém fiel ao artigo 264 do CC, no sentido de que somente haverá solidariedade quando existir mais de um contribuinte no polo passivo da relação jurídica tributária.

---

[314] DARZÉ, Andréa M. *Responsabilidade tributária:* solidariedade e subsidiariedade. São Paulo: Noeses, 2010. p. 229.

[315] AMARO, Luciano. *Direito Tributário brasileiro*. 19. ed. São Paulo: Saraiva, 2013. p. 341.

[316] "É o que se dá no imposto de transmissão de imóveis, quando dois ou mais forem os comerciantes vendedores; no ISS, toda vez que dois ou mais sujeitos prestarem um único serviço ao mesmo tomador". CARVALHO, Paulo de Barros. *Curso de Direito Tributário*. São Paulo: Saraiva, 2012. p. 386.

Não obstante os fundamentos jurídicos diversos, é necessário observar que, na prática, as lições de Andréa M. Darzé e de Luciano Amaro não se distanciam da presente conclusão. Isso porque a primeira, apesar de entender pela possibilidade de aplicação autônoma do artigo 124, inciso I, do Código Tributário Nacional, limita a expressão *interesse comum* ao interesse jurídico comum, o que culmina na mesma consequência da conclusão a que chegamos, uma vez que o surgimento do interesse jurídico comum é assim descrito por ela:

> [...] surge a partir da existência de direitos e deveres idênticos, entre pessoas situadas no mesmo polo da relação jurídica de direito privado tomada pelo legislador como suporte factual da incidência do tributo, ou mais de uma pessoa realizando o verbo eleito como critério material do tributo, quando esta representar uma situação jurídica.[317]

Por sua vez, Luciano Amaro parte do pressuposto de que a obrigação tributária é sempre divisível e, dessa forma, cada sujeito passivo só seria contribuinte em relação à parcela de tributo que correspondesse à sua quota de interesse na situação. Assim, para o autor, o *interesse comum* no fato gerador seria justamente o fundamento que colocaria os contribuintes de cada parte como devedores solidários do todo, senão vejamos:

> Como a obrigação tributária (sendo pecuniária) seria divisível, cada qual poderia, em princípio, ser obrigado apenas pela parte equivalente ao seu quinhão de interesse. O que determina o Código Tributário Nacional (art. 124, I) é a solidariedade de ambos os devedores da obrigação inteira, donde se poderia dizer que a condição de sujeito passivo assumiria forma híbrida em que cada codevedor seria contribuinte na parte que lhe toca e responsável pela porção que caiba ao outro.[318]

De qualquer forma, ainda que as conclusões se aproximem, entendemos ser mais adequada a interpretação que censura, de antemão, a expressão *interesse comum* do inciso I do artigo 124, no sentido de limitar o referido dispositivo a tão somente reconhecer

---

[317] DARZÉ, Andréa M. *Responsabilidade tributária:* solidariedade e subsidiariedade. São Paulo: Noeses, 2010. p. 231.
[318] AMARO, Luciano. *Direito Tributário brasileiro.* 19. ed. São Paulo: Saraiva, 2013. p. 342.

a existência de solidariedade quando houver a pluralidade de devedores numa mesma relação jurídica tributária, do que a interpretação que admite a validade da expressão *interesse comum*, para depois limitá-la, uma vez que tal caminho abre espaço para interpretações divergentes sobre o sentido da referida expressão, podendo resultar em discricionariedades e arbitrariedades indesejadas por parte do legislador e das autoridades fazendárias.[319]

---

[319] Neste sentido, indicamos, por exemplo, o Parecer Normativo COSIT/RFB nº 04, de 10 de dezembro de 2018, que claramente amplia o âmbito de incidência do artigo 124, inciso I, do CTN, criando nova hipótese de responsabilidade tributária sem qualquer inovação legislativa: NORMAS GERAIS DE DIREITO TRIBUTÁRIO. RESPONSABILIDADE TRIBUTÁRIA. SOLIDARIEDADE. ART. 124, I, CTN. INTERESSE COMUM. ATO VINCULADO AO FATO JURÍDICO TRIBUTÁRIO. ATO ILÍCITO. GRUPO ECONÔMICO IRREGULAR. EVASÃO E SIMULAÇÃO FISCAL. ATOS QUE CONFIGURAM CRIMES. PLANEJAMENTO TRIBUTÁRIO ABUSIVO. NÃO OPOSIÇÃO AO FISCO DE PERSONALIDADE JURÍDICA APENAS FORMAL. POSSIBILIDADE. A responsabilidade tributária solidária a que se refere o inciso I do art. 124 do CTN decorre de interesse comum da pessoa responsabilizada na situação vinculada ao fato jurídico tributário, que pode ser tanto o ato lícito que gerou a obrigação tributária como o ilícito que a desfigurou. A responsabilidade solidária por interesse comum decorrente de ato ilícito demanda que a pessoa a ser responsabilizada tenha vínculo com o ato e com a pessoa do contribuinte ou do responsável por substituição. Deve-se comprovar o nexo causal em sua participação comissiva ou omissiva, mas consciente, na configuração do ato ilícito com o resultado prejudicial ao Fisco dele advindo. São atos ilícitos que ensejam a responsabilidade solidária: (i) abuso da personalidade jurídica em que se desrespeita a autonomia patrimonial e operacional das pessoas jurídicas mediante direção única ("grupo econômico irregular"); (ii) evasão e simulação e demais atos deles decorrentes; (iii) abuso de personalidade jurídica pela sua utilização para operações realizadas com o intuito de acarretar a supressão ou a redução de tributos mediante manipulação artificial do fato gerador (planejamento tributário abusivo). [...] Dispositivos Legais: art. 145, §1º, da CF; arts. 110, 121, 123 e 124, I, do CTN; arts. 71 a 73 da Lei nº 4.502, de 30 de novembro de 1964; Lei nº 6.404, de 15 de dezembro de 1976; arts. 60 e 61 do Decreto-Lei nº 1.598 de 26 de dezembro de 1977; art. 61 da Lei nº 8.981, de 1995; arts. 167 e 421 do Código Civil. De qualquer forma, cumpre apontar que o STJ já se posicionou no sentido de que inexiste solidariedade passiva entre empresas do mesmo grupo econômico, uma vez que tal fato não justifica a presença do "interesse comum" previsto no artigo 124 do CTN, *ex vi*: PROCESSUAL CIVIL E TRIBUTÁRIO. REEXAME FÁTICO-PROBATÓRIO. SÚMULA 07/STJ. EMPRESA DE MESMO GRUPO ECONÔMICO. SOLIDARIEDADE PASSIVA. 1. No que concerne aos arts. 150, 202 e 203, do CTN e ao art. 2º, §8º, da Lei nº 6.830/80, a Corte de origem valeu-se de detida análise do acervo fático-probatório dos autos para atingir as conclusões de que não houve a demonstração de fraude, que a CDA continha profundos vícios e que o recorrente não logrou proceder a sua emenda, sendo certo que a alteração desse entendimento esbarraria no óbice inscrito na Súmula 07/STJ. 2. A jurisprudência desta Corte consolidou-se no sentido de que inexiste solidariedade passiva em execução fiscal apenas por pertencerem às empresas ao mesmo grupo econômico, já que tal fato, por si só, não justifica a presença do "interesse comum" previsto no artigo 124 do Código Tributário Nacional.
3. Agravo regimental não provido (AgRg no REsp 1102894/RS, Rel. Ministro CASTRO MEIRA, SEGUNDA TURMA, julgado em 21/10/2010, DJe 05/11/2010).

Dessa forma, em breve síntese, entendemos que, em consonância ao artigo 264 do Código Civil,[320] o inciso I do artigo 124 do Código Tributário Nacional se aplica somente aos casos de pluralidade subjetiva de contribuintes, ou seja, nos casos em que mais de um sujeito realizou o fato jurídico tributário e, por conseguinte, se tornou sujeito passivo da exação.

Nesse sentido, já se manifestou o próprio Superior Tribunal de Justiça:

> PROCESSUAL CIVIL. TRIBUTÁRIO. RECURSO ESPECIAL. ISS. EXECUÇÃO FISCAL. TÍTULOS DA DÍVIDA PÚBLICA (LETRAS FINANCEIRAS DO TESOURO). AUSÊNCIA DE LIQUIDEZ E CERTEZA. RECUSA. POSSIBILIDADE. MENOR ONEROSIDADE. ART. 620 DO CPC. SÚMULA 7/STJ. LEGITIMIDADE PASSIVA. EMPRESAS DO MESMO GRUPO ECONÔMICO. SOLIDARIEDADE. INEXISTÊNCIA. [...]
> 4. Na relação jurídico-tributária, quando composta de duas ou mais pessoas caracterizadas como contribuinte, cada uma delas estará obrigada pelo pagamento integral da dívida, perfazendo-se o instituto da solidariedade passiva. *Ad exemplum*, no caso de duas ou mais pessoas serem proprietárias de um mesmo imóvel urbano, haveria uma pluralidade de contribuintes solidários quanto ao adimplemento do IPTU, uma vez que a situação de fato – a co-propriedade – é-lhes comum. [...]
> 7. Conquanto a expressão "interesse comum" encarte um conceito indeterminado, é mister proceder-se a uma interpretação sistemática das normas tributárias, de modo a alcançar a *ratio essendi* do referido dispositivo legal. Nesse diapasão, tem-se que o interesse comum na situação que constitua o fato gerador da obrigação principal implica que as pessoas solidariamente obrigadas sejam sujeitos da relação jurídica que deu azo à ocorrência do fato imponível. Isto porque feriria a lógica jurídico-tributária a integração, no pólo passivo da relação jurídica, de alguém que não tenha tido qualquer participação na ocorrência do fato gerador da obrigação. (REsp 859.616/RS, Rel. Ministro LUIZ FUX, PRIMEIRA TURMA, julgado em 18/09/2007, DJ 15/10/2007, p. 240)

Tal entendimento também se extrai do AgRg nº 1.055.860 - RS (2008/0119112-1), no qual, ao analisar a pretensão fazendária

---

[320] Art. 264. Há solidariedade, quando na mesma obrigação concorre mais de um credor, ou mais de um devedor, cada um com direito, ou obrigado, à dívida toda.

de aplicar o artigo 124, inciso I, do CTN, para responsabilizar solidariamente empresas do mesmo grupo econômico, assim se manifestou a Relatora Min. Denise Arruda, em seu voto:

> [...] para se caracterizar responsabilidade solidária em matéria tributária entre duas empresas pertencentes ao mesmo conglomerado financeiro, é imprescindível que ambas realizem conjuntamente a situação configuradora do fato gerador, sendo irrelevante a mera participação no resultado dos eventuais lucros auferidos pela outra empresa coligada ou do mesmo grupo econômico.

Ainda, cabe destacar que a permissão de ampliação, pela autoridade fazendária, do âmbito de abrangência de uma norma que trate de sujeição passiva tributária, além de configurar afronta ao princípio da estrita legalidade e da vinculabilidade da tributação, representaria uma aplicação por analogia da legislação tributária, o que não pode resultar na exigência de tributo não previsto em lei, conforme se extrai do artigo 108, inciso I, §1º, do Código Tributário Nacional.[321] Ou seja, não havendo previsão de sujeição passiva no caso concreto, a autoridade fazendária não pode aplicar a analogia para responsabilizar determinado sujeito cuja responsabilidade não esteja expressamente prevista em lei, uma vez que tal aplicação resultaria na exigência de tributo.

Por fim, quanto ao comentário de Luciano Amaro no sentido de que, caso se admitisse a interpretação de Aliomar Baleeiro de que os casos de interesse comum devem ser explicitados pela lei,[322] "[...] o item I do art. 124 seria inútil, pois as hipóteses todas estariam na disciplina do item II",[323] também não compreendemos dessa maneira.

Em nossa visão, o inciso I do artigo 124 disciplina a maneira eleita pelo legislador complementar para graduar a responsabilidade daqueles sujeitos que já compõem o polo passivo conjuntamente, por imposição da própria lei instituidora do tributo. Por sua vez, o

---

[321] Art. 108. Na ausência de disposição expressa, a autoridade competente para aplicar a legislação tributária utilizará sucessivamente, na ordem indicada: I - a analogia; [...] §1º O emprego da analogia não poderá resultar na exigência de tributo não previsto em lei.

[322] BALEEIRO, Aliomar. *Limitações constitucionais ao poder de tributar*. 8. ed. Rio de Janeiro: Forense, 2010. p. 1119.

[323] AMARO, Luciano. *Direito Tributário brasileiro*. 19. ed. São Paulo: Saraiva, 2013. p. 340.

inciso II trata dos casos em que sujeitos estranhos à realização do fato jurídico tributário são postos na condição de devedores solidários, por expressa disposição legal nesse sentido. Ou seja, trata-se de situações totalmente distintas.

Nesse sentido, assim também se posiciona Regina Helena Costa:

> Observe-se, uma vez mais, que a *solidariedade propriamente dita*, fundada no art. 124, I, CTN, como visto, não constitui modalidade de sujeição passiva indireta, porquanto o devedor solidário também realiza o fato contido na hipótese de incidência e, assim, qualifica-se como contribuinte. Mas há aquela *solidariedade pertinente a terceiros*, a que alude o art. 124, II, CTN. Essas terceiras pessoas são personagens de vínculos distintos da obrigação principal, decorrentes de deveres jurídicos de outras naturezas que não o consequente da realização do fato descrito na hipótese de incidência tributária – a obrigação principal.[324]

Com outra denominação, Zelmo Denari tratou da solidariedade do inciso I do artigo 124 do Código Tributário Nacional como solidariedade paritária, ou seja, "[...] quando dois ou mais sujeitos realizam ou participam da situação base, de sorte que há equivalência dos interesses convergentes no momento da constituição da obrigação".[325] Por sua vez, no inciso II está prevista a solidariedade dependente, em que "[...] ainda que o pressuposto típico esteja relacionado com uma só pessoa, subsiste a coobrigação solidária porque o legislador fez acrescer ao pressuposto monosubjetivo a figura do responsável".[326]

4.2.3. A interpretação sistemática do inciso II do artigo 124 do CTN

Quanto ao inciso II do artigo 124 do Código Tributário Nacional, imprescindível se faz repetir a advertência de Paulo de Barros Carvalho no sentido de que o território de eleição do sujeito passivo das obrigações tributárias, bem como o das pessoas que devam responder

---

[324] COSTA, Regina Helena. *Curso de direito tributário*: constituição e código tributário nacional. São Paulo: Saraiva, 2009. p. 210.
[325] DENARI, Zelmo. *Solidariedade e sucessão tributária*. São Paulo: Saraiva, 1977. p. 44.
[326] DENARI, Zelmo. *Solidariedade e sucessão tributária*. São Paulo: Saraiva, 1977. p. 51.

solidariamente pela dívida, "[...] está circunscrito ao âmbito da situação factual contida na outorga de competência impositiva cravada no texto da Constituição",[327] o que impede, por conseguinte, que o "[...] legislador ordinário, ao expedir a regra-matriz de incidência do tributo, traga para o tópico de devedor, ainda que solidário, alguém que não tenha participado da ocorrência do fato típico".[328]

Dessa forma, o artigo 124, inciso II, não pode ser lido como uma autorização para que qualquer indivíduo seja posto na condição de responsável, desde que isso se dê por lei expressa. É imprescindível que tal imputação observe o disposto no artigo 128 do Código Tributário Nacional, que, como trataremos no tópico seguinte, configura norma geral que autoriza a criação de novas hipóteses de responsabilidade tributária, desde que atendidos os requisitos ali estabelecidos.

Nesse sentido, Luís Eduardo Schoueri observa que o referido dispositivo, ao se referir a pessoas "expressamente designadas por lei", não pode ser lido fora do contexto do Código Tributário Nacional que, em seu artigo 128, "[...] limita a possibilidade de designação do responsável a alguém que esteja vinculado ao fato jurídico tributário. Assim, a solidariedade não poderá alcançar qualquer pessoa, mas apenas alguém que possa ser enquadrado como responsável".[329]

Em complemento, Hamilton Dias de Souza é certeiro ao afirmar que admitir que a solidariedade prevista no inciso II do artigo 124 não precisa obedecer aos parâmetros definidos no Código Tributário Nacional e configuraria "delegação em branco" de matéria reservada à lei complementar para a lei ordinária, em violação ao artigo 146, III, da Constituição Federal. Além disso, a possibilidade de atribuição de responsabilidade solidária a pessoas distintas daquelas elencadas no Código Tributário Nacional tornaria inócuas e sem sentido as normas gerais que cuidam exaustivamente do tema.[330]

---

[327] CARVALHO, Paulo de Barros. *Curso de Direito Tributário*. São Paulo: Saraiva, 2012. p. 387.
[328] CARVALHO, Paulo de Barros. *Curso de Direito Tributário*. São Paulo: Saraiva, 2012. p. 387.
[329] SCHOUERI, Luis Eduardo. *Direito Tributário*. São Paulo: Saraiva, 2011. p. 477.
[330] SOUZA, Hamilton Dias de; FUNARO, Hugo. A desconsideração da personalidade jurídica e a responsabilidade tributária dos sócios e administradores. *Revista Dialética de Direito Tributário*. São Paulo, n. 137, p. 38-64, fev. 200. p. 50.

Ademais, além da exigência prevista no artigo 128 do Código Tributário Nacional de que o responsável seja pessoa vinculada ao fato gerador da respectiva obrigação, é imperioso destacar que não é qualquer tipo de vínculo com o fato jurídico tributário que pode ensejar a responsabilidade de terceiro. Como bem aponta Luciano Amaro, "[...] é necessário que a natureza do vínculo permita a esse terceiro, elegível como responsável, fazer com que o tributo seja recolhido sem onerar seu próprio bolso".[331]

Como demonstramos anteriormente, a responsabilidade solidária pelo pagamento do tributo por terceiro se dá com fundamento no dever de colaborar com a Administração Tributária e somente mediante a verificação da existência de capacidade colaborativa por parte daquele sujeito eleito como responsável. Ou seja, a lei só poderá elencar como responsável solidário aquele sujeito que se encontra em situação de poder para exigir ou fiscalizar que o destinatário constitucional tributário realize o pagamento do tributo devido ou encontrar-se em situação de poder em relação à própria riqueza onerada, podendo verter o tributo devido aos cofres públicos, sem afetar o seu próprio patrimônio.

4.3. O artigo 128 do Código Tributário Nacional

Nas Seções II, III e IV do Capítulo V – Responsabilidade Tributária, o legislador do Código Tributário Nacional optou por estabelecer de antemão algumas hipóteses de responsabilidade tributária que são autoaplicáveis. Por sua vez, na Seção I do referido capítulo, estabeleceu norma geral para criação de novas hipóteses de responsabilidade tributária, desde que atendidos os requisitos ali estabelecidos, *ex vi*:

> Art. 128. Sem prejuízo do disposto neste capítulo, a lei pode atribuir de modo expresso a responsabilidade pelo crédito tributário a terceira pessoa, vinculada ao fato gerador da respectiva obrigação, excluindo a responsabilidade do contribuinte ou atribuindo-a a este em caráter supletivo do cumprimento total ou parcial da referida obrigação.

---

[331] AMARO, Luciano. *Direito Tributário brasileiro*. 19. ed. São Paulo: Saraiva, 2013. p. 338.

A partir do referido dispositivo legal, podemos extrair duas normas de competência diferentes, com conteúdo e destinatários igualmente diversos.

4.3.1. A autorização para definir novas hipóteses distintas daquelas já elencadas pelo CTN e o reconhecimento da harmonia entre a cláusula geral e as hipóteses previstas em lei complementar

A primeira se dirige ao legislador ordinário dos entes políticos tributantes e estabelece autorização para definir novas hipóteses de responsabilidade tributária, distintas daquelas já enumeradas no próprio Código Tributário Nacional, desde que observado um requisito: a responsabilidade só pode ser atribuída a terceira pessoa *vinculada ao fato gerador da respectiva obrigação*.

Nesse sentido, Andréa M. Darzé observa que a lei está autorizada a inovar em matéria de responsabilidade, "[...] introduzindo norma com conteúdo diverso daqueles ostensivamente estipulados no próprio Código, desde que o sujeito eleito para figurar no polo passivo mantenha vínculo com o fato gerador da respectiva obrigação".[332]

A segunda norma de competência se dirige ao legislador complementar, uma vez que o emprego da cláusula *sem prejuízo do disposto neste capítulo,* além de assegurar a harmonia entre o preceito geral contido no artigo 128 e as normas específicas sobre responsabilidade relacionadas na Seção II, III e IV do Capítulo V do Código Tributário Nacional, evidencia que, caso o próprio legislador complementar pretenda incluir nova hipótese de responsabilidade tributária no referido capítulo, retomam-se apenas os limites definidos na Constituição Federal, não sendo obrigatória a observância do vínculo com o fato jurídico tributário, como bem observa Andréa M. Darzé:

---

[332] DARZÉ, Andréa M. *Responsabilidade tributária:* solidariedade e subsidiariedade. São Paulo: Noeses, 2010. p. 70.

Assim, o que se nota é que a referida cláusula excepcionadora não apenas assegura a harmonia entre o preceito geral contido no artigo 128 e as normas específicas sobre responsabilidade relacionadas na Seção II do CTN. Vai além. Autoriza o legislador complementar a definir outros responsáveis tributários, sem que se lhe aplique o requisito aposto no artigo 128, qual seja, a necessidade de vínculo indireto com o fato tributário.[333]

Dessa forma, é possível que sejam introduzidas novas hipóteses de responsabilidade tributária, sem a observância do requisito ali previsto, ocasião em que poderia ser admitida, por exemplo, a responsabilização de terceiro que tenha vínculo com o sujeito que realizou o fato jurídico tributário.

Destacamos que tal inovação legislativa só poderá ser introduzida por lei complementar, que pretenda ampliar o rol de hipóteses previstas no capítulo V do Código Tributário Nacional, e, obviamente, deverá observar todos os limites impostos pela própria Constituição Federal, para fins de responsabilização de qualquer terceiro alheio à relação contributiva. Nesse sentido, cumpre reproduzir as lições de Aires Fernandino Barreto ao discorrer sobre a competência do legislador complementar:

> [...] há, no caso, liberdade relativa ao legislador, no sentido de ser-lhe possível atuar nos desvãos duvidosos ou obscuros da Constituição, mas sempre sob a condição de realizar os princípios que a norma constitucional (obscura ou duvidosa) certamente afirma. Do contrário, agirá inconstitucionalmente e sua obra estará inexoravelmente perdida.[334]

Dessa forma, na análise de validade de uma norma de responsabilidade, introduzida por lei ordinária ou constituída pela autoridade administrativa, a observância do requisito esculpido no artigo 128 do Código Tributário Nacional só será dispensada na eventualidade de: (i) não ser este o fundamento de validade da instituição do responsável, o que se verifica, por exemplo, na hipótese em que a norma instituidora do tributo apenas reproduz o disposto numa hipótese de responsabilidade tributária já prevista no Código Tributário Nacional; ou (ii) nas circunstâncias em que

---

[333] DARZÉ, Andréa M. *Responsabilidade tributária:* solidariedade e subsidiariedade. São Paulo: Noeses, 2010. p. 84.
[334] BARRETO, Aires Fernandino. *ISS na Constituição e na Lei.* São Paulo: Dialética, 2003. p. 254.

o crédito tributário é exigido diretamente com base nestes últimos enunciados normativos.[335]

4.3.2. O vínculo do responsável com o fato jurídico tributário

Para análise concreta do limite imposto pelo artigo 128 do Código Tributário Nacional, é preciso compreender o conteúdo do vínculo necessário entre o terceiro e o fato jurídico tributário. Nesse sentido, o referido dispositivo já sofreu críticas em razão de sua imprecisa redação, como se extrai das lições de Marçal Justen Filho:

> A referência à necessidade de um vínculo entre o terceiro e a materialidade da hipótese de incidência tributária – usualmente apontada como aspecto de grande relevo – é totalmente ineficaz, na medida em que o legislador externou-se de modo tão impreciso e genérico que a regra se tornou imprestável. Se, ao menos, houvesse sido definida a natureza da relação necessária, a vincular terceiro e a materialidade da hipótese de incidência, para que instituível fosse a substituição – então, sim, passaria a ser didaticamente aplaudível a norma.[336]

Apesar da imprecisão da referida redação, a partir de uma análise sistemática do nosso ordenamento jurídico, é possível extrair o conteúdo do referido vínculo, para fins de identificar exatamente os limites de sua abrangência.

4.3.2.1. O critério residual: vínculo distinto do estabelecido entre contribuinte e o fato jurídico tributário

Em uma primeira análise, considerando a distinção entre a figura do responsável e a do contribuinte estabelecida pelo artigo 121 do Código Tributário Nacional, já podemos estabelecer que o

---

[335] DARZÉ, Andréa M. *Responsabilidade tributária:* solidariedade e subsidiariedade. São Paulo: Noeses, 2010. p. 87.
[336] JUSTEN FILHO, Marçal. *Sujeição passiva tributária.* Belém: CEJUP, 1986. p. 306.

vínculo exigido do responsável é distinto da relação pessoal e direta com a materialidade do tributo.

Por se tratar de critério residual, relembramos a afirmação de Amílcar de Araújo Falcão de que "[...] o termo 'pessoal' está relacionado à ideia de 'autoria'",[337] bem como a lição de Hugo Barreto Sodré Leal de que a expressão "relação pessoal e direta" é atribuída "[...] àquela pessoa que realizou o verbo, de ação ou de estado, em que consiste a conduta prevista no critério material da regra-matriz de incidência tributária".[338]

Diante disso, o vínculo exigido impõe que o terceiro participe "[...] da compostura do suporte factual da tributação, sem, contudo, executar a conduta (verbo) descrita no critério material da hipótese normativa".[339] Nesse sentido, Schoueri avalia que o fato que dá nascimento à responsabilidade, seja na substituição, seja na transferência, não há de ser estranho ao fato jurídico tributário.[340]

Na responsabilidade por substituição, o fato que autoriza a responsabilização de terceiro será anterior ou, no máximo, contemporâneo ao fato jurídico tributário: "[...] no momento do surgimento da obrigação, com o fato jurídico tributário imputado ao contribuinte, já há outro fato jurídico que permite apontar quem será o substituto."[341] Por sua vez, na responsabilidade por transferência, "[...] o vínculo poderá surgir até mesmo depois de ter surgido a obrigação tributária em face de outro sujeito passivo".[342]

4.3.2.2. Os fundamentos para exigência do vínculo com o fato jurídico tributário

O sentido do referido vínculo pode ser encontrado a partir da análise dos limites constitucionais anteriormente expostos no

---

[337] FALCÃO, Amílcar de Araújo. *Introdução ao Direito Tributário*. Rio de Janeiro: Rio, 1976. p. 97.
[338] LEAL, Hugo Barreto Sodré. *Responsabilidade tributária na aquisição de estabelecimento empresarial*. São Paulo: Quartier Latin, 2008. p. 34-35.
[339] DARZÉ, Andréa M. *Responsabilidade tributária:* solidariedade e subsidiariedade. São Paulo: Noeses, 2010. p. 83.
[340] SCHOUERI, Luis Eduardo. *Direito Tributário*. São Paulo: Saraiva, 2011. p. 480.
[341] SCHOUERI, Luis Eduardo. *Direito Tributário*. São Paulo: Saraiva, 2011. p. 480.
[342] SCHOUERI, Luis Eduardo. *Direito Tributário*. São Paulo: Saraiva, 2011. p. 480.

presente estudo. De qualquer forma, cumpre analisar a proposta de modificação do anteprojeto do Código Tributário Nacional (1953), formulada pela Comissão do Instituto Brasileiro de Direito Financeiro – IBDF, que demonstra, de forma clara, as intenções do legislador ao incluir o referido requisito.

Assim estava disciplinada a responsabilidade tributária no art. 163 do anteprojeto do Código, de autoria de Rubens Gomes de Sousa:

> Sem prejuízo do disposto no Capítulo V do Título VI do Livro V, a lei tributária poderá atribuir de modo expresso a responsabilidade pela obrigação tributária principal a terceira pessoa, expressamente definida, com exclusão da responsabilidade do sujeito passivo, ou em caráter supletivo do cumprimento total ou parcial da referida obrigação por parte deste.

E este foi o argumento utilizado pelo IBDF, por inspiração de Gilberto Ulhôa Coelho, para propor a modificação suprarreferida, que foi posteriormente aceita e aprovada por unanimidade:

> [...] como está redigido não nos parece que possa subsistir. Permitiria a transferência do ônus tributário a *qualquer terceiro sem nenhuma justificativa*, e facultaria a discriminação. É mister, para que se torne razoável, condicionar-lhe a aplicação aos casos em que terceiro tenha alguma vinculação ao fato gerador ou aos atos, negócios ou relações que lhe dão origem. Acrescente-se [...] desde que seja parte interveniente na situação ou ato definidos como fato gerador da obrigação.[343]

Diante disso, extraímos de forma clara, principalmente pela expressão "parte interveniente na situação ou ato definido como fato gerador da obrigação", que a vinculação ao fato jurídico tributário se impõe, uma vez que, como bem analisou Geraldo Ataliba, é justamente tal proximidade material com os elementos fáticos determinantes da incidência que permite ao terceiro, imputado pela lei na condição de responsável, conhecer adequadamente os contornos e características dos fatos produtores das relações jurídicas em que se envolve:

---

[343] CANTO, Gilberto Ulhôa. *Codificação do Direito Tributário*. Rio de Janeiro: Instituto Brasileiro de Direito Tributário, 1955. p. 39.

Nesse restrito quadro fático, necessariamente, terão controle sobre os dados objetivos contidos no fato acontecido; conhecerão as notas subjetivas eventualmente influentes da obrigação de que são titulares positivos; poderão, eficazmente, exercer as faculdades regressivas implicadas no regime. Terão, enfim, adequadas condições de exercer todos os direitos subjetivos que, no campo da tributação – atividade rigidamente vinculada – são constitucionalmente reconhecidos aos que devem pagar tributos, seja a título próprio, seja por conta de terceiros.[344]

Assim, percebe-se que o vínculo ao fato jurídico tributário é essencial para que o terceiro tenha conhecimento sobre a ocorrência do fato que deu origem à tributação, bem como seja capaz de determinar a obrigação tributária decorrente da incidência da norma tributária, para fins de cumprir com o dever que lhe foi imposto e realizar o recolhimento da exação.

4.3.2.3. A repercussão jurídica do tributo

A vinculação prevista no artigo 128 do Código Tributário Nacional deve assegurar ao terceiro a possibilidade de intervir no sentido de recuperar-se do ônus tributário. Ou seja, trata-se de requisito que tem como objetivo principal "[...] assegurar ao responsável a possibilidade econômica ou jurídica de recuperar-se do ônus tributário que lhe foi imposto pela lei em benefício do Fisco".[345]

No mesmo sentido, Navarro Coêlho é preciso ao afirmar que a vinculação ao fato gerador, no que tange ao responsável, é para garantir-lhe o ressarcimento do ônus tributário:

> De um lado, asseguram-se ao Fisco, ao Estado, condições de eficácia e funcionalidade. De outro, garante-se ao cidadão contribuinte o direito de ressarcimento, de modo a evitar desfalque em seu patrimônio econômico e jurídico. [...]
> A "capacidade contributiva" que deve ser atingida é a da pessoa que pratica o fato gerador, e não a do "substituto". Aqui está o coração do problema.[346]

---

[344] ATALIBA, Geraldo. *Hipótese de incidência tributária*. São Paulo: Malheiros, 2014. p. 92.
[345] COÊLHO, Sacha Calmon Navarro. Sujeição passiva direta e indireta: substituição tributária *In*: ROCHA, Valdir de Oliveira (Coord.). *Grandes questões atuais do Direito Tributário*. São Paulo: Dialética, 2009. v. 13. p. 362.
[346] COÊLHO, Sacha Calmon Navarro. Sujeição passiva direta e indireta: substituição tributária *In*: ROCHA, Valdir de Oliveira (Coord.). *Grandes questões atuais do Direito Tributário*. São Paulo: Dialética, 2009. v. 13. p. 362.

Assim, ao impor o recolhimento do tributo devido pelo destinatário constitucional tributário a terceiro, o legislador deve observar que aquele tenha condições de se ver ressarcido, ao responder por débito que, afinal, não é seu, uma vez que nosso ordenamento jurídico não admite que um terceiro seja afetado peremptoriamente em seu patrimônio em razão de fato jurídico tributário imputável a outro.

Nesse sentido, mesmo no caso da responsabilidade por sanção em razão do descumprimento do dever de colaboração, por mais que a responsabilidade seja imposta em razão de uma conduta do responsável que lesou o erário e, por conseguinte, ensejou a sua responsabilização tributária, entendemos que deve ser assegurado àquele a recomposição de seu patrimônio, mesmo que tal recomposição se dê numa ação privada de regresso.

Isso porque, mesmo nos referidos casos, o requisito da capacidade colaborativa impõe que o terceiro eleito como responsável detenha condições de, ainda que potencialmente, recuperar-se do ônus tributário imposto pela norma de responsabilização.

Como exemplo, mencionamos a hipótese de responsabilidade prevista no artigo 130 do CTN, na qual o adquirente pode repassar o custo dos tributos não adimplidos no preço de aquisição do bem imóvel adquirido, bem como, no caso do artigo 134 do CTN, em que os pais, tutores, curadores, inventariantes, síndicos e sócios detêm liberdade para dispor do patrimônio daqueles contribuintes cuja responsabilidade pelo recolhimento dos tributos lhes foi imposta, assim como os tabeliães, escrivães e demais serventuários de ofício podem garantir que lhe sejam repassados os valores referentes aos tributos devidos sobre os atos praticados por eles, sob condição de não realizarem o referido ato. Trata-se, portanto, de situações indiciárias de repasse do ônus financeiro para o sujeito que realizou a materialidade do tributo.[347]

Schoueri avalia que tal raciocínio auxilia também na compreensão da extensão da responsabilidade, sendo que "[...] se o tributo está justificado porque atinge o contribuinte, então o instituto da

---

[347] DARZÉ, Andréa M. *Responsabilidade tributária*: solidariedade e subsidiariedade. São Paulo: Noeses, 2010. p. 162.

responsabilidade não pode alargar a pretensão tributária".[348] Ou seja, "[...] se o patrimônio do contribuinte é diminuto, deve o Fisco satisfazer-se com este; não pode buscar no responsável aquilo que não existe no contribuinte".[349] Isso porque a responsabilização de terceiro serve apenas para facilitar ou tornar mais efetiva a arrecadação do tributo, mas sempre deve ser observado que não é a capacidade contributiva do responsável que foi manifestada.

Diante disso, Schoueri observa que a imputação de responsabilidade a terceiro sem o referido vínculo com o fato jurídico tributário representa, até mesmo, ofensa à Constituição Federal por ampliar indevidamente a competência tributária conferida às pessoas políticas de Direito público:

> [...] o constituinte foi rigoroso na distribuição de tais competências, assegurando a cada pessoa jurídica de direito público a possibilidade de acessar determinada manifestação de riqueza. Ora, admitir que o patrimônio de terceiro seja atingido pelo imposto, sem que este terceiro tenha revelado a capacidade contributiva reservada ao poder tributante em questão, nem tenha a possibilidade de se ver ressarcido por quem a revelou, implica autorizar que a pessoa jurídica de direito público atinja renda ou patrimônio que não lhe foram reservados, ultrapassando, daí, sua competência.[350]

Dessa forma, o referido vínculo pode até mesmo deixar de ser visto como um mero requisito estatuído no artigo 128 do Código Tributário Nacional, para ser considerado como uma explicitação do limite da competência tributária conferida às pessoas políticas de Direito público interno, quanto à responsabilização de terceiros, tendo em vista que não há como se admitir o instituto da responsabilidade tributária desvinculado da possibilidade de recuperação do ônus do tributo pelo responsável.

Assim, mesmo nas hipóteses excepcionadas pelo artigo 128 do Código Tributário Nacional, em que é admitido que não se observe necessariamente a vinculação do responsável ao fato jurídico tributário, a responsabilização deve observar a possibilidade

---

[348] SCHOUERI, Luis Eduardo. *Direito Tributário*. São Paulo: Saraiva, 2011. p. 480.
[349] SCHOUERI, Luis Eduardo. *Direito Tributário*. São Paulo: Saraiva, 2011. p. 480.
[350] SCHOUERI, Luis Eduardo. *Direito Tributário*. São Paulo: Saraiva, 2011. p. 481.

do terceiro de recuperar-se do ônus tributário, em observância aos limites da competência tributária.

Isso porque o nosso ordenamento jurídico impede a responsabilização tributária de indivíduo que, ainda que vinculado ao fato jurídico tributário, não possa agir no sentido de evitar previamente o ônus tributário ou diligenciar no sentido de que o tributo seja recolhido à conta do indivíduo que, dado o fato tributário, seria elegível como contribuinte.[351]

Ainda, cumpre destacar que a referida exigência assegura que a carga financeira do tributo repercuta sobre a própria manifestação de riqueza tomada como causa da tributação e, diante disso, a "[...] prescrição do vínculo corresponde ao próprio mecanismo jurídico do encargo".[352] Trata-se, portanto, da positivação, pelo legislador complementar, da repercussão econômica do tributo, tornando-a jurídica,[353] o que assegura "[...] que as quantias exigidas pelo Estado a título de tributo correspondam efetivamente a um percentual da manifestação de riqueza tomada como hipótese normativa".[354]

Nesse cenário, a repercussão jurídica surge como norma que autoriza o sujeito passivo da obrigação tributária a transferir o impacto econômico do tributo ao sujeito que realizou o fato jurídico tributário, permitindo, por conseguinte, a recomposição do seu patrimônio.[355]

Dessa forma, o legislador, ao prever a incidência jurídica do tributo, simultaneamente, prevê ou reconhece a existência de uma regra jurídica que outorga ao sujeito passivo da obrigação tributária o direito de repercutir o ônus econômico do tributo sobre o sujeito que realizou o fato jurídico tributário, sendo que tal repercussão jurídica pode ser realizada por duas modalidades: por reembolso ou por retenção na fonte.

---

[351] AMARO, Luciano. *Direito Tributário brasileiro*. 19. ed. São Paulo: Saraiva, 2013. p. 303.

[352] DARZÉ, Andréa M. *Responsabilidade tributária:* solidariedade e subsidiariedade. São Paulo: Noeses, 2010. p. 106.

[353] Como leciona Maria Rita Ferragut, "a repercussão econômica só será relevante ao Direito positivo quando o legislador a verter em linguagem competente, normatizando-a e, nesse sentido, transformando-a em repercussão jurídica." FERRAGUT, Maria Rita. *Responsabilidade tributária e o Código Civil de 2002*. São Paulo: Noeses, 2013. p. 50.

[354] DARZÉ, Andréa M. *Responsabilidade tributária:* solidariedade e subsidiariedade. São Paulo: Noeses, 2010. p. 106.

[355] DARZÉ, Andréa M. *Responsabilidade tributária:* solidariedade e subsidiariedade. São Paulo: Noeses, 2010. p. 106.

Trata-se de classificação proposta por Alfredo Augusto Becker, que vem sendo perpetuada pela doutrina, baseada na noção de contribuinte de fato[356] e contribuinte *de jure*,[357] em que, na repercussão jurídica por reembolso, "[...] a lei outorga ao contribuinte *de jure* o *direito* de receber de uma outra *determinada* pessoa o reembolso do montante do tributo por ele pago",[358] e, na repercussão jurídica por retenção na fonte, "[...] a lei outorga ao contribuinte *de jure* o direito de compensar o montante do tributo com o determinado débito que o contribuinte *de jure* tiver com uma determinada pessoa".[359]

Na repercussão jurídica por reembolso, Becker observa que o legislador cria duas regras jurídicas:

> A primeira regra jurídica tem por hipótese de incidência a realização de determinados fatos que, uma vez acontecidos, desencadeiam a incidência da regra jurídica tributária, e o efeito jurídico desta incidência é o nascimento da relação jurídica tributária, vinculando o contribuinte *de jure* ao sujeito ativo, impondo-lhe o dever de uma prestação jurídico-tributária. A segunda regra jurídica tem como hipótese de incidência a realização da prestação jurídico-tributária que se tornara juridicamente devida após a incidência da primeira regra jurídica. A realização daquela prestação jurídico-tributária realiza a hipótese de incidência desta segunda regra jurídica e, em consequência, desencadeia sua incidência. O efeito jurídico desta incidência é o nascimento de uma segunda relação jurídica que tem: em seu polo positivo, aquela pessoa que fora o contribuinte

---

[356] "A pessoa que suporta definitivamente o ônus econômico do tributo (total ou parcial), por não poder repercuti-lo sobre outra pessoa, é o contribuinte "de fato". Em síntese: contribuinte "de fato" é a pessoa que sofre a incidência econômica do tributo [...]." BECKER, Alfredo Augusto. *Teoria geral do Direito Tributário*. 5. ed. São Paulo: Noeses, 2010. p. 569.

[357] "A relação jurídica tributária vincula o sujeito passivo (situado no seu pólo negativo) ao sujeito ativo (situado no pólo positivo). A pessoa que a regra jurídica localizar no pólo negativo da relação jurídica tributária é o contribuinte *de jure*. Noutras palavras, o contribuinte *de jure* é o *sujeito passivo* da relação jurídica tributária. Em síntese: O contribuinte *de jure* é a pessoa que sofre a incidência jurídica do tributo [...]." BECKER, Alfredo Augusto. *Teoria geral do Direito Tributário*. 5. ed. São Paulo: Noeses, 2010. p. 569-570.

[358] "Exemplo: A lei outorga ao fabricante (contribuinte *de jure*) o direito de por ocasião de celebrar o contrato de venda do produto, acrescentar ao direito de crédito do preço, mais o direito de crédito de reembolso do valor do imposto de consumo pago por ele, fabricante." BECKER, Alfredo Augusto. *Teoria geral do Direito Tributário*. 5. ed. São Paulo: Noeses, 2010. p. 570-571.

[359] "Exemplo: a sociedade anônima, ao ser aprovado o dividendo, torna-se devedora desse dividendo para com o acionista titular de ação ao portador; entretanto, o sujeito passivo da relação jurídica tributária de imposto de renda sobre o dividendo da ação ao portador é a própria sociedade anônima, de modo que a lei outorga-lhe o direito de compensar com o débito do dividendo um imposto por ela pago ou devido, isto é, reter na fonte pagadora do rendimento o imposto de renda devido como referência ao mesmo." BECKER, Alfredo Augusto. *Teoria Geral do Direito Tributário*. São Paulo: Noeses, 2010. p. 571-572.

de jure no primeiro momento e, em seu polo negativo uma outra determinada pessoa na condição de sujeito passivo. O conteúdo jurídico desta segunda relação jurídica consiste num direito de crédito do sujeito ativo (o contribuinte *de jure*) contra o sujeito passivo, tradicionalmente denominado de contribuinte de fato, mas que, cientificamente, somente será contribuinte de fato, na medida em que não puder repercutir o ônus econômico do tributo sobre uma terceira pessoa.[360]

Por sua vez, a modalidade de repercussão jurídica por retenção na fonte se distingue da primeira apenas pelo fato de que enquanto, no reembolso, há o acréscimo do direito de crédito do tributo ao crédito que o contribuinte *de jure* possui com relação a outra pessoa em razão de um determinado negócio jurídico, "[...] na retenção na fonte, há uma redução *num débito* que o contribuinte *de jure* tem perante uma determinada pessoa em virtude de um determinado negócio jurídico.[361]

Aplicando o referido raciocínio ao instituto da responsabilidade tributária, temos que a repercussão se concretiza por meio da incidência de uma norma jurídica que permite ao responsável se recuperar do valor do tributo por ele devido na condição de sujeito passivo, no valor que receberá ou pagará ao realizador do fato jurídico tributário, em função da norma de responsabilidade.

Como bem sintetiza Andréa M. Darzé, "[...] o que se estabelece é uma autorização para o responsável modificar o objeto de uma prestação não-tributária, existente por conta da celebração de negócio jurídico com o próprio sujeito que realizou o fato tributado". Enquanto, na repercussão jurídica por reembolso, a modificação se perfaz por meio de um acréscimo no preço a ser pago ao responsável, na modalidade por retenção na fonte, permite-se o abatimento do valor do tributo do montante da dívida do responsável. De qualquer forma, para que seja possível falar em repercussão jurídica, "[...] a carga fiscal deve ter um único e específico destinatário, qual seja: o sujeito que realizou o suporte fático da tributação".[362]

---

[360] BECKER, Alfredo Augusto. *Teoria geral do Direito Tributário*. 5. ed. São Paulo: Noeses, 2010. p. 571.
[361] BECKER, Alfredo Augusto. *Teoria geral do Direito Tributário*. 5. ed. São Paulo: Noeses, 2010. p. 572.
[362] DARZÉ, Andréa M. *Responsabilidade tributária:* solidariedade e subsidiariedade. São Paulo: Noeses, 2010. p. 110.

Importante observar que, enquanto previsão normativa, a repercussão jurídica existirá ainda que não venha a produzir os efeitos a que se propõe, como nos casos em que o titular do direito subjetivo não o exercita ou em razão de questões acidentais que inviabilizam a sua concretização. De qualquer forma, mesmo em tais situações, o responsável poderá se valer da ação de regresso para ver seu patrimônio recomposto por fato que não deu causa.

Frisamos, por oportuno, que tal ação de regresso configura medida excepcional, não podendo ser a única forma de recomposição patrimonial do terceiro, uma vez que se trata de medida extremamente onerosa ao responsável e que não compactua com a atual cultura jurídica de desjudicialização[363] que se pretende instaurar no país. Portanto, deve se tratar de medida assecuratória do direito do responsável, nos casos em que ele não exercitou adequadamente o direito de repercussão jurídica que detinha ou, ainda, em razão da ocorrência de determinada situação excepcional.

4.4. Extensão da responsabilidade tributária

Cada hipótese legal de responsabilidade tributária deverá fixar exatamente os limites da responsabilização imposta ao terceiro. De qualquer forma, cumpre investigar quais créditos tributários podem ser imputados como de responsabilidade de terceiro, bem como qual a extensão das modalidades já previstas no Código Tributário Nacional.

4.4.1. A distinção entre o conceito de crédito tributário e o conceito de tributo para fins de delimitação da extensão da responsabilidade tributária

Como analisou Luis Eduardo Schoueri, ao tratar das hipóteses de responsabilidade tributária, o Código Tributário Nacional acabou

---

[363] Como exemplo de tal postura, relembramos que o Código de Processo Civil-CPC/2015 instituiu a cultura da cooperação e da consensualidade, com o que se intensificaram e se consolidaram os métodos de soluções alternativas de controvérsias, em substituição à solução judicial, nos termos do seu art. 3º §3º, "A conciliação, a mediação e outros métodos de solução consensual de conflitos deverão ser estimulados por juízes, advogados, defensores públicos e membros do Ministério Público, inclusive no curso do processo judicial".

tratando de sua extensão de diferentes modos: (i) responsabilidade pelo crédito tributário, nos artigos 128, 129, 130 e 135; (ii) responsabilidade pelo tributo, nos artigos 131, 132, 133 e, em parte, 134; e (iii) responsabilidade pelas penalidades de caráter moratório, no artigo 134.[364]

Diante dessa breve análise, podemos extrair que, nas modalidades já previstas no Código Tributário Nacional, nem sempre a responsabilidade tributária terá idêntica extensão. Isso porque, tributo e crédito tributário são conceitos distintos. Enquanto tributo é definido pelo artigo 3º do Código Tributário Nacional,[365] como prestação pecuniária compulsória, que não constitua sanção de ato ilícito, nos termos do artigo 139 do mesmo Código, o crédito tributário decorre da obrigação principal, e esta, por sua vez, tem por objeto o pagamento de tributo ou penalidade pecuniária (artigo 113, §1º).

Dessa forma, compartilhamos do entendimento de Schoueri no sentido de que, como a responsabilidade tributária é matéria que necessariamente decorre expressamente da lei, nos casos em que "[...] o legislador complementar se refere a responsabilidade por *tributo*, não se pode ali entender compreendido o *crédito tributário*". E, por conseguinte, nas hipóteses em que o legislador só admitiu a responsabilização pelo tributo, o terceiro não pode ser responsabilizado pelas penalidades pecuniárias eventualmente existentes.

Por outro lado, ao tratar da responsabilidade dos sucessores, Maria Rita Ferragut posiciona-se no sentido de que a responsabilidade do sucessor deve englobar não só o valor atualizado dos tributos então devidos pelo sucedido, como também as penalidades, em razão de ambos integrarem o passivo fiscal do sucedido e, com base no seu entendimento de que tributo, na redação dos artigos supracitados, equivaleria a crédito tributário. Tal posicionamento é fundamentado pela autora em três razões principais:

> Primeira [...] Analisando-se o artigo 129, que inaugura referida Seção, verificamos que as regras impostas aos sucessores estabelecem a

---

[364] SCHOUERI, Luis Eduardo. *Direito Tributário*. São Paulo: Saraiva, 2011. p. 492-493.

[365] Art. 3º Tributo é toda prestação pecuniária compulsória, em moeda ou cujo valor nela se possa exprimir, que não constitua sanção de ato ilícito, instituída em lei e cobrada mediante atividade administrativa plenamente vinculada.

responsabilidade pelo *crédito tributário*, e não somente pelos tributos, ao estabelecer: O disposto nesta Seção aplica-se por igual aos créditos tributários definitivamente constituídos [...].
Segunda. A responsabilidade pelo pagamento das multas deve ser transferida ao sucessor, pois, se assim não fosse, facilmente seriam criados artifícios para que o devedor se beneficiasse da "anistia fiscal", já que o débito transferido corresponderia apenas ao valor atualizado do tributo. Certamente seriam inúmeras as fusões, incorporações e transformações realizadas com esse fim, contrariando o princípio constitucional da indisponibilidade do interesse público.
Terceira. Nossa conclusão não fere o princípio da legalidade nem o da tipicidade, ao pretensamente estender a abrangência da responsabilidade por sucessão. É sabido que o Direito positivo trabalha com diversos vocábulos ambíguos, devendo o interprete procurar elucidá-los por meio de uma interpretação sistemática, que construa o melhor sentido para o termo. E a melhor, em nosso entendimento, é a que considera que o conteúdo semântico do vocábulo "tributo" não é somente o do artigo 3º do CTN, e sim dessa quantia acrescida de juros e da multa.

Quanto ao primeiro argumento, discordamos da interpretação dada ao artigo 129 do Código Tributário Nacional no sentido de estender ao crédito tributário as regras válidas para os tributos. Não encontramos naquele dispositivo qualquer mandamento para extensão ao crédito tributário de disciplina legal que não lhe é própria. O referido dispositivo limita-se a determinar que "[...] se dê igual tratamento ao crédito tributário constituído ou em via de constituição, ou ainda, aos constituídos posteriormente mas concernentes a obrigações anteriores".[366]

A segunda razão apontada, apesar de se tratar de argumento político e pré-jurídico, parece sedutora. Ocorre que, por mais que as leis deixem lacunas nas quais é possível que os sujeitos passivos da obrigação tributária atuem para reduzir seus débitos, não cabe ao operador do direito interpretar a lei no sentido de reduzir direitos ou ampliar deveres, com o simples propósito de reparar eventuais opções legislativas tomadas pelo legislador complementar.

Ainda, o próprio artigo 116, parágrafo único, do Código Tributário Nacional[367] assegura ao Fisco o direito de desconsiderar

---

[366] SCHOUERI, Luis Eduardo. *Direito Tributário*. São Paulo: Saraiva, 2011. p. 493.

[367] Art. 116. Salvo disposição de lei em contrário, considera-se ocorrido o fato gerador e existentes os seus efeitos: [...] Parágrafo único. A autoridade administrativa poderá

eventuais negócios jurídicos praticados com a exclusiva finalidade de dissimular a natureza dos elementos constitutivos da obrigação tributária.

Quanto à interpretação do conteúdo semântico do vocábulo tributo como crédito tributário, já nos manifestamos no sentido de que a produção legislativa muitas vezes vem eivada de vícios que devem ser corrigidos pelo intérprete do Direito, porém, não parece ser este o caso. Além da clareza do artigo 3º do Código Tributário Nacional, que exclui expressamente as sanções por ato ilícito, uma interpretação conjunta dos artigos 113, §1º, e 139, do Código Tributário Nacional, deixa ausente de dúvidas que o crédito tributário decorre da obrigação principal e esta tem por objeto o pagamento de tributo e/ou penalidade pecuniária. Ou seja, nos termos do CTN, tributo é apenas um dos objetos possíveis da obrigação tributária, não sendo o único e, muito menos, equivalente à expressão crédito tributário.

Nesse sentido, ainda mais esclarecedoras são as lições de Luciano Amaro:

> Se, quando o Código quis abranger penalidades, usou de linguagem harmônica com os conceitos por ele fixados, há de entender-se que, ao mencionar responsabilidade por *tributos*, não quis abarcar as sanções. Por outro lado, se *dúvida* houvesse, entre punir ou não o sucessor, o art. 112 do Código manda aplicar o princípio *in dubio pro reo*.[368]

Diante disso, nas situações descritas pela lei como responsabilidade pelo tributo, não pode ser compreendida como responsabilidade pelo crédito tributário, ou seja, não podem ser consideradas quaisquer penalidades pecuniárias, sendo devido pelo responsável tributário apenas o valor atualizado do tributo.

Nesse sentido, ressaltamos que, com a realização do fato jurídico tributário, surge o tributo e, por conseguinte, há uma legítima expectativa de arrecadação por conta do sujeito ativo, ocasião em que a regra de responsabilidade serve para viabilizar ou simplificar a arrecadação. Por outro lado, as penalidades pecuniárias não têm

---

desconsiderar atos ou negócios jurídicos praticados com a finalidade de dissimular a ocorrência do fato gerador do tributo ou a natureza dos elementos constitutivos da obrigação tributária, observados os procedimentos a serem estabelecidos em lei ordinária.

[368] AMARO, Luciano. *Direito Tributário brasileiro*. 19. ed. São Paulo: Saraiva, 2013. p. 351.

a função de abastecer os cofres do Estado, mas de coagir o sujeito passivo a realizar o recolhimento, o que demonstra a incoerência de se impor a terceiro multa por fato que não lhe pode ser imputado.

Trata-se daquilo que foi denominado, por Luciano Amaro, de aplicação do princípio da personalização da pena em matéria de sanções administrativas,[369] e que foi assim analisado por Luis Eduardo Schoueri:

> Com efeito, o tributo surge já com o fato jurídico tributário. Eventual sucessão não poderia frustrar a legítima expectativa do Fisco. No momento daquele fato, manifestou-se capacidade contributiva ou houve atividade estatal, ensejando o tributo. O princípio da Igualdade, junto com o Princípio da Legalidade, não permitiriam outra conclusão.
> Diverso é o caso das multas primitivas. Não há pretensão do Estado pela infração, apenas. O Estado Fiscal não vive de multas primitivas, mas de tributos. A multa primitiva não tem a função de encher as burras do Estado, mas de coagir o sujeito passivo. Daí a ideia de que não há sentido em impor a terceiro multa por fato que não lhe pode ser imputado. Nada há a puni-lo. Não há pretensão do Fisco contra tal terceiro.

De qualquer forma, como o legislador também tratou da possibilidade de responsabilização pelo crédito tributário, é necessário analisar quais os limites da responsabilização pelas penalidades pecuniárias.

4.4.2. A extensão da responsabilidade quanto às penalidades pecuniárias

De antemão, reiteramos que o responsável eleito pela lei deverá ser vinculado ao fato jurídico tributário no sentido de poder fiscalizar o pagamento, pelo sujeito passivo, da integralidade do crédito tributário, ou seja, tanto do tributo como das penalidades pecuniárias, ou estar numa situação de poder realizar o recolhimento de todos os valores pelos quais pode ser responsabilizado.

Nesse cenário, observamos que existem duas modalidades de penalidades pecuniárias que podem vir a integrar o crédito

---

[369] AMARO, Luciano. *Direito Tributário brasileiro*. 19. ed. São Paulo: Saraiva, 2013. p. 351.

tributário: a multa moratória e a multa punitiva. Ambas decorrem da ocorrência de determinado fato ilícito. Ocorre que, como bem leciona Maria Rita Ferragut, enquanto na multa moratória "[...] o antecedente é o não-pagamento do tributo devido no prazo legalmente determinado",[370] na multa punitiva, "[...] o antecedente é composto cumulativamente por um outro fato, como o descumprimento de deveres instrumentais mediante a prática de ato doloso por parte do devedor".[371]

Considerando a necessária vinculação do responsável ao fato jurídico tributário e, por conseguinte, a possibilidade de fiscalizar ou assegurar que o recolhimento do tributo seja realizado tempestivamente, ou até intempestivamente, mas antes de qualquer procedimento administrativo ou medida de fiscalização – ocasião em que há a exclusão da responsabilidade pelas infrações incorridas, nos termos do artigo 138 do Código Tributário Nacional[372] –, entendemos que, nos casos em que a responsabilidade abrange o crédito tributário, o responsável pode ser obrigado a recolher tanto o valor atualizado do tributo quanto o referente à multa moratória.

Como exemplo, é razoável admitir que os terceiros elencados no artigo 134 do Código Tributário Nacional[373] são responsáveis tanto pelo recolhimento do tributo quanto pela sua tempestividade, como se extrai da expressão *nos atos em que intervierem ou pelas*

---

[370] FERRAGUT, Maria Rita. *Responsabilidade tributária e o Código Civil de 2002*. São Paulo: Noeses, 2013. p. 112.

[371] FERRAGUT, Maria Rita. *Responsabilidade tributária e o Código Civil de 2002*. São Paulo: Noeses, 2013. p. 112.

[372] Art. 138. A responsabilidade é excluída pela denúncia espontânea da infração, acompanhada, se for o caso, do pagamento do tributo devido e dos juros de mora, ou do depósito da importância arbitrada pela autoridade administrativa, quando o montante do tributo dependa de apuração.
Parágrafo único. Não se considera espontânea a denúncia apresentada após o início de qualquer procedimento administrativo ou medida de fiscalização, relacionados com a infração.

[373] Art. 134. Nos casos de impossibilidade de exigência do cumprimento da obrigação principal pelo contribuinte, respondem solidariamente com este nos atos em que intervierem ou pelas omissões de que forem responsáveis: I - os pais, pelos tributos devidos por seus filhos menores; II - os tutores e curadores, pelos tributos devidos por seus tutelados ou curatelados; III - os administradores de bens de terceiros, pelos tributos devidos por estes; IV - o inventariante, pelos tributos devidos pelo espólio; V - o síndico e o comissário, pelos tributos devidos pela massa falida ou pelo concordatário; VI - os tabeliães, escrivães e demais serventuários de ofício, pelos tributos devidos sobre os atos praticados por eles, ou perante eles, em razão do seu ofício; VII - os sócios, no caso de liquidação de sociedade de pessoas.

omissões de que forem responsáveis, e como é esclarecido expressamente pelo próprio parágrafo único do referido artigo.[374]

Da mesma forma, a responsabilidade prevista no artigo 135 do Código Tributário Nacional impõe a responsabilidade pessoal de terceiro pelas obrigações tributárias resultantes de atos praticados, por aquele, com excesso de poderes ou infração de lei, contrato social ou estatutos. Assim, se o ato praticado pelo terceiro resultou em mora no recolhimento dos tributos devidos ao Fisco, é razoável que seja compelido a realizar não só o pagamento do tributo, mas também da multa moratória.

Cumpre apontar que, mesmo nos casos em que já houve a constituição do crédito tributário, por existir a possibilidade de o responsável assegurar o seu recolhimento pelo sujeito passivo previamente obrigado, antes de ser responsabilizado por seu pagamento, é admissível que ele seja compelido a recolher o valor atualizado do tributo e da multa moratória.

Por outro lado, entendemos que a multa punitiva não pode ser objeto de transferência de responsabilidade, por não poder ultrapassar a pessoa do infrator. Como lembra Maria Rita Ferragut, "[...] no Direito brasileiro, somente o autor do ilícito pode sofrer as consequências sancionatórias típicas".[375] Ademais, não há como se exigir que o responsável fiscalize todo e qualquer dever a cargo do sujeito passivo originário, sendo totalmente desarrazoado responsabilizá-lo pelas eventuais infrações por ele cometidas.

4.4.3. A extensão do artigo 129 do CTN quanto à responsabilidade dos sucessores

Também é objeto de divergência a aplicação do artigo 129 do Código Tributário Nacional no que se refere à extensão da responsabilidade dos sucessores a todo e qualquer crédito tributário, em que, supostamente, não haveria distinção entre os

---

[374] Art. 134. [...] Parágrafo único. O disposto neste artigo só se aplica, em matéria de penalidades, às de caráter moratório.
[375] FERRAGUT, Maria Rita. *Responsabilidade tributária e o Código Civil de 2002*. São Paulo: Noeses, 2013. p. 113.

créditos constituídos e os não constituídos antes do fato que gerou a responsabilização de terceiro. A partir de tal dispositivo, "[...] os dogmáticos do Direito costumam defender que se o evento tributário (*data no fato*) foi praticado pelo sucedido antes da sucessão dos bens, a pessoa que o sobrevém fica obrigada ao pagamento integral do débito",[376] independentemente de "[...] a constituição do fato jurídico tributário (*data do fato*) ter sido realizada antes ou depois da operação sucessória".[377]

Todavia, como bem analisa Andréa M. Darzé, o sucessor não pode ser responsabilizado por créditos tributários que não estavam, ao menos, em curso de constituição no instante em que celebrou o negócio jurídico que implica a transferência da titularidade de bens e direitos. Isso porque a referida responsabilização carece do requisito imprescindível da existência de norma de repercussão jurídica:

> Com efeito, não sendo postos à disposição do sucessor meios para identificar a existência de débitos fiscais relativos aos bens, móveis ou imóveis, que está adquirindo, não há como operacionalizar a transferência da carga fiscal para o realizador do pressuposto de fato da tributação. De forma mais direta, caso o adquirente de bens: *i.* vasculhe toda a contabilidade da empresa; *ii.* analise os livros contábeis e demais documentos fiscais – DCTF, DIPJ, DCOMP, GFIP, GIA etc. – dos últimos cinco anos; *iii.* exija todos os comprovantes de pagamento de tributos e, mesmo assim, não identifique a ocorrência de qualquer fato tributário desacompanhado de pagamento ou com pagamento a menor; não existirá qualquer elemento para fundamentar a ilação de que houve abatimento do valor devido a título de tributos do preço dos bens em negociação.[378]

Nesse cenário, Darzé reitera que, em matéria de repercussão jurídica, o legislador se apropria de situações que, no seu entender, são indiciárias de repasse do ônus financeiro para o sujeito que realizou a materialidade do tributo. Por via reflexa, a escolha não pode recair sobre fatos que, por sua própria natureza, indiquem

---

[376] DARZÉ, Andréa M. *Responsabilidade tributária:* solidariedade e subsidiariedade. São Paulo: Noeses, 2010. p. 161.
[377] DARZÉ, Andréa M. *Responsabilidade tributária:* solidariedade e subsidiariedade. São Paulo: Noeses, 2010. p. 161.
[378] DARZÉ, Andréa M. *Responsabilidade tributária:* solidariedade e subsidiariedade. São Paulo: Noeses, 2010. p. 161.

justamente o contrário, ou seja, que não haverá a transferência da carga tributária. Até porque, em tal situação, "[q]ual seria o fundamento para construir a conjectura de que o responsável irá transferir um ônus tributário que não conhece nem tem como conhecer, por mais diligente que seja o seu comportamento?"[379]

Diante disso, há de se reconhecer a inconstitucionalidade parcial da norma veiculada pelo artigo 129 do Código Tributário Nacional, por impor a responsabilidade sobre créditos tributários dos quais o responsável sequer tomou conhecimento previamente, o que demonstra a sua total ausência de capacidade colaborativa, bem como de oportunidade de transferir o ônus tributário para o sujeito que lhe deu causa.

Quanto ao argumento de que a responsabilidade a que se reporta o artigo 129 do Código Tributário Nacional teria caráter sancionador, o que afastaria a exigência de repercussão do tributo, Andréa M. Darzé é precisa ao demonstrar a sua insustentabilidade:

> [...] não tem qualquer propósito obrigar o responsável a ter conhecimento de todos os atos praticados por sujeitos com os quais se relacione comercialmente, inclusive sobre o não pagamento de tributos devidos, em especial nas situações em que os documentos contábeis ou fiscais que lhe são apresentados não denunciam qualquer irregularidade no adimplemento de obrigações tributárias. Tal pretensão é impossível, motivo pelo qual não pode o seu suposto descumprimento ser considerado fato ilícito suficiente para desencadear relação tributária sancionatória, afastando, por conseguinte, a necessidade de repercussão do ônus tributário.[380]

Diante disso, afastando parcialmente a constitucionalidade do artigo 129 do Código Tributário Nacional, com base nos fundamentos supracitados, compreendemos que a atribuição de responsabilidade ao terceiro deve limitar-se aos débitos constituídos ou em fase de constituição à época em que foi celebrado o negócio jurídico que resultou na sucessão,[381] por não existir qualquer fundamento que

---

[379] DARZÉ, Andréa M. *Responsabilidade tributária:* solidariedade e subsidiariedade. São Paulo: Noeses, 2010. p. 162.
[380] DARZÉ, Andréa M. *Responsabilidade tributária:* solidariedade e subsidiariedade. São Paulo: Noeses, 2010. p. 167.
[381] DARZÉ, Andréa M. *Responsabilidade tributária:* solidariedade e subsidiariedade. São Paulo: Noeses, 2010. p. 167.

autorize a invasão de patrimônio alheio, em razão de fato tributário que foge totalmente ao seu controle.

4.5. Os efeitos da responsabilidade tributária: solidariedade, subsidiariedade e pessoalidade

A norma geral e abstrata que implica tributação é constituída por um conjunto de enunciados que versam sobre a hipótese de incidência e o consequente – o que inclui os enunciados sobre a responsabilidade –, cujo produto é a autorização para constituir crédito tributário em face de sujeito que não realizou o fato tributado. Nesse sentido, rememoramos as lições de Andréa M. Darzé de que a norma de responsabilidade tributária colabora na fixação do critério subjetivo passivo do tributo, cujo resultado variará a depender da espécie ou das características da responsabilidade em análise.[382]

Em breve recapitulação, a norma que prevê a responsabilidade tributária, em sua modalidade por substituição, é proposição que se inter-relaciona com a norma geral e abstrata que prevê o fato jurídico tributário, construindo a norma jurídica completa, em que, desde o início, o responsável tributário é o sujeito passivo da relação jurídica tributária. Por sua vez, teremos a responsabilidade por transferência, quando, em razão de fato diverso ao fato jurídico tributário, a norma que prevê a responsabilidade altera ou amplia o critério pessoal passivo da norma individual e concreta que constituiu o crédito tributário, que havia previsto inicialmente um outro indivíduo como sujeito passivo da relação jurídica tributária.

No entanto, em cada caso, a lei deverá dispor exatamente sob qual condição se dará a responsabilidade do responsável, podendo ser: solidária ou subsidiária, com o sujeito passivo já previsto na relação jurídica tributária; ou pessoal, com a exclusão da responsabilidade do sujeito passivo original ou com o nascimento da relação jurídica tributária diretamente em face do responsável. É sobre tais condições que passamos a tratar.

---

[382] DARZÉ, Andréa M. *Responsabilidade tributária:* solidariedade e subsidiariedade. São Paulo: Noeses, 2010. p. 88.

4.5.1. A responsabilidade solidária

A solidariedade passiva está prevista no artigo 124 do Código Tributário Nacional, e a solidariedade existente entre o contribuinte e o responsável – que é o objeto do presente tópico – restou autorizada pelo inciso II do referido dispositivo.

O principal efeito da solidariedade passiva é justamente a vinculação dos codevedores, de modo que todos se obriguem ao pagamento integral do tributo, o que inegavelmente amplia a probabilidade de arrecadação do tributo, uma vez que o Estado-credor só deixará de receber a prestação inteira se todos os devedores solidários restarem insolventes.

Como consequência, uma vez que os sujeitos passivos solidários são obrigados a pagar a integralidade do tributo, não podendo pagar apenas a sua fração do débito ou exigir que os codevedores paguem a parte que lhes compete, a solidariedade tributária não comporta benefício de ordem, como restou expressamente disposto no parágrafo único do artigo 124 do Código Tributário Nacional,[383] e como bem explica Maria Rita Ferragut:

> O credor poderá escolher o devedor que desejar, ou mesmo todos, para o cumprimento da obrigação, acionando-os em litisconsórcio ou isoladamente, e sem que perca a prerrogativa de demandar contra os demais, caso não consiga receber o valor daquele contra quem interpôs eventual ação.[384]

Ainda, é necessário apontar que o pagamento integral realizado por um dos codevedores a todos aproveita. Por outro lado, se o pagamento for parcial, a dívida extingue-se apenas na proporção do adimplemento, persistindo a solidariedade quanto ao valor remanescente.

Ainda que cada devedor não possa, para se eximir da obrigação, pagar ao credor apenas sua quota-parte, é certo que, entre si, cada um só deve o percentual que lhes corresponde. Tal situação

---

[383] Art. 124. São solidariamente obrigadas: [...] Parágrafo único. A solidariedade referida neste artigo não comporta benefício de ordem.
[384] FERRAGUT, Maria Rita. *Responsabilidade tributária e o Código Civil de 2002*. São Paulo: Noeses, 2013. p. 80.

decorre da circunstância de a solidariedade poder ser vista sob duas perspectivas distintas: "[...] *i.* uma externa, que se estabelece entre os vários devedores e o credor; e *ii.* uma interna, composta exclusivamente por devedores."[385] E tal condição implica justamente o direito de regresso daquele que realizou o pagamento integral do tributo de obter o reembolso dos valores despendidos dos demais codevedores.

Nos casos em que os devedores solidários são contribuintes e responsáveis, não há de se falar em quota-parte devida pelo responsável, uma vez que ele não realizou o fato jurídico tributário. Nesses casos, deve ser assegurada a possibilidade de repercussão jurídica integral do tributo pelo responsável solidário ou, nos casos excepcionais, o direito de ação de regresso.

Nesse sentido, Andréa M. Darzé afirma que, em se tratando de solidariedade dependente, "[...] competirá ao devedor que interessar exclusivamente a obrigação proceder ao ressarcimento do valor integral que o outro codevedor eventualmente tenha desembolsado".[386] Trata-se de regra também prevista na legislação civil, estando expressamente disposto no artigo 285 do Código Civil, que "[s]e a dívida solidária interessar exclusivamente a um dos devedores, responderá este por toda ela para com aquele que pagar".

4.5.1.1. Os efeitos da solidariedade previstos no artigo 125 do Código Tributário Nacional

O Código Tributário Nacional estabelece três efeitos da solidariedade, *ex vi*:

> Art. 125. Salvo disposição de lei em contrário, são os seguintes os efeitos da solidariedade:
> I - o pagamento efetuado por um dos obrigados aproveita aos demais;
> II - a isenção ou remissão de crédito exonera todos os obrigados, salvo se outorgada pessoalmente a um deles, subsistindo, nesse caso, a solidariedade quanto aos demais pelo saldo;

---

[385] DARZÉ, Andréa M. *Responsabilidade tributária:* solidariedade e subsidiariedade. São Paulo: Noeses, 2010. p. 209.

[386] DARZÉ, Andréa M. *Responsabilidade tributária:* solidariedade e subsidiariedade. São Paulo: Noeses, 2010. p. 217.

III - a interrupção da prescrição, em favor ou contra um dos obrigados, favorece ou prejudica aos demais.

O primeiro inciso tão somente expressa uma decorrência lógica de o pagamento poder ser exigido de qualquer um dos devedores, bem como do princípio da vedação do enriquecimento ilícito. Se o instituto da solidariedade serve para auxiliar na arrecadação do tributo, ele não pode ser utilizado além de tal finalidade, até porque não há qualquer fundamento que justifique a cobrança a maior do tributo.

Ademais, sendo demonstrado que o tributo foi integralmente pago por um dos devedores, os demais não podem ser demandados pela Fazenda Pública para realizar o recolhimento de crédito tributário que não mais existe. Por mais óbvio que seja, o artigo 156, inciso I,[387] do Código Tributário Nacional, deixa expresso que o pagamento extingue o crédito tributário. Assim, não haveria tributo a ser cobrado.

Quanto ao inciso II do artigo 125, podemos afirmar, primeiramente, que a isenção ou remissão objetiva, ou seja, aquela concedida em razão de determinado aspecto do próprio fato jurídico tributário, exonerará todos os codevedores. Por sua vez, nos casos de isenção ou remissão subjetiva, ou seja, aquela concedida a determinado sujeito, o legislador complementar decidiu, alterando a posição exarada no artigo 124 do Código Tributário Nacional – de que a obrigação solidária seria indivisível –, que "[...] cinge-se o objeto da prestação, excluindo-se do montante devido à quota-parte que caberia ao sujeito beneficiado pela isenção ou remissão",[388] bem como, "[...] veda-se a possibilidade de exigir dessas pessoas (isentas ou remidas) o pagamento da quantia devida pelos demais devedores solidários".[389]

De qualquer forma, quando a solidariedade existente é entre contribuinte e responsável, há uma solidariedade dependente, que

---

[387] Art. 156. Extinguem o crédito tributário: I - o pagamento; [...]
[388] DARZÉ, Andréa M. *Responsabilidade tributária:* solidariedade e subsidiariedade. São Paulo: Noeses, 2010. p. 301.
[389] DARZÉ, Andréa M. *Responsabilidade tributária:* solidariedade e subsidiariedade. São Paulo: Noeses, 2010. p. 301.

só subsiste enquanto perdurar a obrigação do contribuinte, como bem explica Luciano Amaro:

> Se "A" pratica certo fato (em regra previsto como gerador de obrigação) e a lei indica terceiro como responsável solidário, em razão de certo vínculo com a situação material em que se traduza o fato gerador, o terceiro só é devedor da obrigação na medida em que "A" também seja, efetivamente, devedor. Uma norma isencional que venha a desqualificar o fato como gerador de obrigação (ainda que levando em conta condições *pessoais* de "A") não deixa espaço para a responsabilidade do terceiro. Inexistindo "interesse comum" do terceiro no fato gerador, inexiste medida em que ele possa permanecer como devedor de tributo. O mesmo se diga quanto à imunidade e à remissão.[390]

Por outro lado, caso a isenção ou remissão beneficie o próprio responsável e não o realizador do fato jurídico tributário, persistirá o débito tributário, que somente poderá ser exigido do contribuinte ou de outro responsável solidário não alcançado pela isenção ou remissão.

Já o inciso III do artigo 125 estabelece que "[a] interrupção da prescrição, em favor ou contra um dos obrigados, favorece ou prejudica aos demais". Como avaliou Schoueri, trata-se de dispositivo que opera contra os coobrigados, uma vez que "[...] basta que um dos devedores solidários seja citado, para que se interrompa a prescrição",[391] mas também em benefício daqueles, tendo em vista que, "[...] se um sujeito passivo solidário efetua o protesto para interromper a prescrição e assim assegurar seu direito de reaver tributo indevido, o protesto aproveita aos demais".[392]

Quanto ao referido inciso, a maior discussão doutrinária é sobre a aplicação da regra exclusivamente à prescrição ou se seria possível estender os seus efeitos a todos os prazos extintivos da obrigação tributária, especialmente aos casos de decadência. Luciano Amaro entende que, "[...] embora se fale "em prescrição", o princípio informador da norma deve aplicar-se aos prazos extintivos em geral"[393] e, dessa forma, se o sujeito ativo notifica um

---

[390] AMARO, Luciano. *Direito Tributário brasileiro*. 19. ed. São Paulo: Saraiva, 2013. p. 344-345.
[391] SCHOUERI, Luis Eduardo. *Direito Tributário*. São Paulo: Saraiva, 2011. p. 478.
[392] SCHOUERI, Luis Eduardo. *Direito Tributário*. São Paulo: Saraiva, 2011. p. 478.
[393] AMARO, Luciano. *Direito Tributário brasileiro*. 19. ed. São Paulo: Saraiva, 2013. p. 345.

dos codevedores, nos termos do art. 173, parágrafo único,[394] "[...] e, com isso, dá início ao curso da decadência do direito de lançar, esse prazo deve entender-se aplicável também em relação aos demais devedores solidários".[395]

Por outro lado, Andréa M. Darzé entende pela interpretação restritiva do referido dispositivo, pelos seguintes fundamentos:

> Pois bem, o artigo 111, do CTN, determina que se interprete literalmente a legislação tributária que disponha sobre suspensão ou exclusão do crédito tributário. Apesar de não se referir à extinção, entendemos que se tivermos que atribuir interpretação ampliativa a algum desses dois dispositivos, deve ser em relação ao artigo 111, o que impede seja dilargada a abrangência do inciso III, do artigo 125.
> Ademais, deve-se ter presente o seguinte: no direito tributário, os vínculos também surgem por ato unilateral do próprio credor público (lançamento ou auto de infração). Daí a razão de ser constitucionalmente assegurado aos particulares ampla defesa e contraditório também na esfera administrativa. Mais uma razão para entendermos que o presente enunciado não se estende à hipótese de decadência, vez que o regular exercício desses direitos tem como pressuposto a notificação de cada um dos coobrigados.

Compreendemos a questão de uma forma um pouco distinta. Primeiramente, é certo que o início do prazo de decadência para um dos devedores conta também para os demais, mas não por aplicação do artigo 125, inciso III, do Código Tributário Nacional, mas justamente em razão da decadência implicar extinção do crédito tributário. Assim, caso haja o reconhecimento da decadência para um dos devedores, o crédito tributário estará extinto para todos.

É possível que o crédito tributário seja constituído em face de um sujeito passivo e se opere a decadência em face do outro, por ausência de constituição do crédito em face daquele. Nesses casos,

---

[394] Art. 173. O direito de a Fazenda Pública constituir o crédito tributário extingue-se após 5 (cinco) anos, contados: I - do primeiro dia do exercício seguinte àquele em que o lançamento poderia ter sido efetuado; II - da data em que se tornar definitiva a decisão que houver anulado, por vício formal, o lançamento anteriormente efetuado. Parágrafo único. O direito a que se refere este artigo extingue-se definitivamente com o decurso do prazo nele previsto, contado da data em que tenha sido iniciada a constituição do crédito tributário pela notificação, ao sujeito passivo, de qualquer medida preparatória indispensável ao lançamento.

[395] AMARO, Luciano. *Direito Tributário brasileiro*. 19. ed. São Paulo: Saraiva, 2013. p. 345.

a Fazenda perde o direito de cobrar o tributo em face do último, podendo ser cobrado normalmente do primeiro. Ocorre que, caso a decadência se opere em face do primeiro sujeito passivo demandado, nestes casos, todos os demais sujeitos serão beneficiados pela decadência, em razão da extinção do crédito tributário, nos termos do artigo 156, inciso V, do CTN.

Por sua vez, quanto a eventual interpretação do artigo 125, inciso III, do Código Tributário Nacional em prejuízo dos demais devedores, em relação à decadência ou qualquer outro prazo extintivo distinto da prescrição, entendemos, em linha com o segundo argumento exposto por Andréa M. Darzé, que não pode haver qualquer redução de direitos sem expressa previsão legal e, portanto, inaplicável o referido dispositivo que trata tão somente de prescrição.

4.5.2. A responsabilidade subsidiária

Quanto à responsabilidade subsidiária, por mais que não exista qualquer dispositivo que enuncie o que é subsidiariedade, não parece haver grande dificuldade em determinar o seu sentido e, por conseguinte, o alcance da referida norma de responsabilização. Na linguagem vulgar, o termo subsidiário designa "[...] o que *vem em segundo lugar,* isto é, é *secundário, auxiliar,* ou *supletivo*".[396] E, dessa forma, "[...] o que se mostra subsidiário, como secundário, revela, ou pressupõe, o *principal,* a que vem, conforme as circunstâncias, *auxiliar, apoiar,* ou *reforçar*".[397]

Diante disso, a responsabilidade subsidiária é entendida como "[...] a que vem *reforçar* a responsabilidade principal, desde que não seja esta suficiente para atender os imperativos da obrigação assumida".[398] Pablo Stolze e Rodolfo Pamplona Filho assim explicam as obrigações subsidiárias:

> Existe uma preferência (dada pela lei) na 'fila' (ordem) de excussão: no mesmo processo primeiro são demandados os bens do devedor (porque foi ele quem se vinculou de modo pessoal e originário à dívida); não

---
[396] SILVA, De Plácido e. *Vocabulário jurídico.* 7. ed. Rio de Janeiro: Forense, 1982. p. 278.
[397] SILVA, De Plácido e. *Vocabulário jurídico.* 7. ed. Rio de Janeiro: Forense, 1982. p. 278.
[398] SILVA, De Plácido e. *Vocabulário jurídico.* 7. ed. Rio de Janeiro: Forense, 1982. p. 278.

tendo sido encontrados bens do devedor ou não sendo eles suficientes, inicia-se a excussão dos bens do responsável em caráter subsidiário, por toda a dívida.[399]

Em linha com o referido entendimento, Andréa M. Darzé aponta que a "[...] responsabilidade subsidiária decorre da inviabilidade de promover-se a execução contra o devedor originário",[400] destacando que "[...] a reversão contra o responsável subsidiário depende, portanto, da fundada insuficiência de bens penhoráveis do devedor principal e de eventuais responsáveis solidários".[401]

Dessa forma, na responsabilidade tributária subsidiária, o sujeito ativo está obrigado a cobrar inicialmente de um sujeito específico, normalmente o contribuinte, para, apenas em um segundo momento, depois de frustrada a primeira tentativa, poder invadir a esfera patrimonial do responsável tributário.[402]

Assim, o responsável só poderá ser compelido a realizar o recolhimento do tributo se restar demonstrado que o sujeito passivo principal não possui patrimônio suficiente para saldar a dívida, estando a responsabilidade limitada ao valor não coberto pelo patrimônio do sujeito passivo principal.

Para Andréa M. Darzé, o único traço que distingue o instituto da solidariedade e da subsidiariedade "[...] se resume à presença de uma ordem de preferência na excussão dos patrimônios dos devedores que se encontram vinculados entre si e obrigados ao pagamento da integralidade do débito".[403] Não entendemos da mesma forma.

Cremos que não há de se falar em obrigação ao pagamento integral da dívida pelo responsável subsidiário ou obrigação solidária ao pagamento do valor restante não alcançado pelo patrimônio do sujeito passivo principal. Isso porque, diferente da

---

[399] GAGLIANO, Pablo Stolze; PAMPLONA FILHO, Rodolfo. *Novo curso de Direito Civil*: obrigações. 9. ed. São Paulo: Saraiva, 2008. v. II. p. 78.
[400] DARZÉ, Andréa M. *Responsabilidade tributária*: solidariedade e subsidiariedade. São Paulo: Noeses, 2010. p. 222.
[401] DARZÉ, Andréa M. *Responsabilidade tributária*: solidariedade e subsidiariedade. São Paulo: Noeses, 2010. p. 222.
[402] DARZÉ, Andréa M. *Responsabilidade tributária*: solidariedade e subsidiariedade. São Paulo: Noeses, 2010. p. 224.
[403] DARZÉ, Andréa M. *Responsabilidade tributária*: solidariedade e subsidiariedade. São Paulo: Noeses, 2010. p. 225-226.

solidariedade, nos casos de obrigação subsidiária, o tributo deve ser analisado como uma obrigação divisível, em que o responsável subsidiário só pode ser compelido a recolher o exato montante do tributo não satisfeito pelo patrimônio do sujeito passivo principal. Ainda, não há obrigação solidária entre o sujeito passivo principal e o responsável subsidiário quanto ao restante do tributo, uma vez que, sendo comprovado qualquer aumento patrimonial por parte do sujeito passivo principal, este volta a ser o único responsável pelo pagamento do tributo, não concorrendo com o responsável subsidiário, uma vez que a ausência de patrimônio do sujeito passivo principal é condição inafastável para a responsabilização do terceiro nestes casos. Por outro lado, sendo demonstrada a ausência de patrimônio por parte do sujeito passivo principal, o responsável subsidiário é o único responsável (no sentido comum da palavra) pelo pagamento do tributo.

4.5.3. A responsabilidade pessoal ou exclusiva

A responsabilidade pessoal pode ocorrer em razão do nascimento da relação jurídica tributária diretamente em face do responsável tributário ou da exclusão da responsabilidade do contribuinte. O principal apontamento a se fazer quanto ao efeito da referida responsabilidade é justamente o fato de o responsável assumir a condição de único ocupante do polo passivo da obrigação tributária.[404]

Na primeira situação elencada, temos a pessoalidade como efeito direto da responsabilidade tributária por substituição. Isso porque, como bem explica Maria Rita Ferragut, a norma de substituição prescreve, "[...] em seu consequente, a obrigação de o substituto cumprir com a obrigação tributária gerada em virtude de fato juridicamente relevante praticado pelo substituído, ao mesmo tempo que exonera este último de cumprir com a obrigação".[405]

Por mais que o emprego do vocábulo "substituição" induza o intérprete a erro, já que, na verdade, só existe uma substituição pré-jurídica, o realizador do fato jurídico tributário jamais será sujeito passivo da relação jurídica tributária e, dessa forma, jamais

---

[404] AMARO, Luciano. *Direito Tributário brasileiro*. 19. ed. São Paulo: Saraiva, 2013. p. 347.
[405] FERRAGUT, Maria Rita. *Responsabilidade tributária e o Código Civil de 2002*. São Paulo: Noeses, 2013. p. 70.

poderá ser compelido a realizar qualquer recolhimento de tributo, uma vez que não há lei exigindo o cumprimento da prestação por ele. Assim, ressalvando-se os casos em que há mais de um responsável, a responsabilidade do substituto será pessoal, ou seja, ele será o único a responder pela respectiva obrigação tributária.

Na segunda situação, temos as normas em que o legislador imputa a responsabilidade ao terceiro e exclui, expressa ou implicitamente, a responsabilidade do realizador do fato jurídico tributário, o que culmina na responsabilidade pessoal daquele, ainda que não seja expressamente este o termo utilizado pelo legislador. Como exemplo, temos o artigo 130 do Código Tributário Nacional[406] que dispõe sobre a *sub-rogação* dos créditos tributários na pessoa dos adquirentes, o artigo 133, inciso I,[407] que trata da responsabilidade *integral* do adquirente, bem como, os artigos 131[408] e 135[409] que tratam expressamente da responsabilidade pessoal.

Independentemente do termo utilizado, o importante é a compreensão de que a referida responsabilidade pessoal impõe que a obrigação tributária seja constituída e executada tão somente em face daquele respectivo responsável. Nesse sentido, precisas são as lições de Maria Rita Ferragut ao analisar a responsabilidade prevista no artigo 135 do Código Tributário Nacional:

> Ser pessoalmente responsável significa que a responsabilidade é pessoal, solidária ou subsidiária?
> Não temos dúvidas em afirmar que ela é pessoal. O terceiro responsável assume individualmente as consequências advindas do ato ilícito por ele praticado, ou em relação ao qual seja partícipe ou mandante, eximindo a pessoa jurídica, realizadora do fato tributário, de qualquer obrigação.

---

[406] Art. 130. Os créditos tributários relativos a impostos cujo fato gerador seja a propriedade, o domínio útil ou a posse de bens imóveis, e bem assim os relativos a taxas pela prestação de serviços referentes a tais bens, ou a contribuições de melhoria, subrogam-se na pessoa dos respectivos adquirentes, salvo quando conste do título a prova de sua quitação.

[407] Art. 133. A pessoa natural ou jurídica de direito privado que adquirir de outra, por qualquer título, fundo de comércio ou estabelecimento comercial, industrial ou profissional, e continuar a respectiva exploração, sob a mesma ou outra razão social ou sob firma ou nome individual, responde pelos tributos, relativos ao fundo ou estabelecimento adquirido, devidos até à data do ato: I - integralmente, se o alienante cessar a exploração do comércio, indústria ou atividade;

[408] Art. 131. São pessoalmente responsáveis [...]

[409] Art. 135. São pessoalmente responsáveis pelos créditos correspondentes a obrigações tributárias resultantes de atos praticados com excesso de poderes ou infração de lei, contrato social ou estatutos:

O sujeito que realizou o evento nem sequer chega a participar da relação jurídica tributária.
Assim, a responsabilidade é pessoal, e não subsidiária ou solidária.[410]

Por fim, aproveitando que na pessoalidade temos expressões distintas para qualificar o mesmo efeito, ressaltamos a lição de Andréa M. Darzé de que "[...] o mero emprego de um ou de outro termo não é suficiente para identificar a realidade que se está regulando",[411] e sessa forma, cabe "[...] ao intérprete examinar o contexto normativo no qual está inserido, a fim de verificar, com segurança, o tipo de vínculo que efetivamente foi positivado".[412] E, no presente caso, definir se a responsabilidade imposta ao terceiro tem caráter pessoal, solidário ou subsidiário.

4.6. Considerações acerca do lançamento e da cobrança do crédito tributário em face do responsável tributário

4.6.1. Considerações gerais acerca do lançamento e do auto de infração

O Código Tributário Nacional estabelece, em seu artigo 142, que "[c]ompete privativamente à autoridade administrativa constituir o crédito tributário pelo lançamento, assim entendido o procedimento administrativo tendente a verificar a ocorrência do fato gerador da obrigação correspondente, determinar a matéria tributável, calcular o montante do tributo devido, identificar o sujeito passivo e, sendo caso, propor a aplicação da penalidade cabível". Essa atividade, nos termos do parágrafo único, é vinculada e obrigatória, sob pena de responsabilidade funcional.

---

[410] FERRAGUT, Maria Rita. *Responsabilidade tributária e o Código Civil de 2002*. São Paulo: Noeses, 2013. p. 137.
[411] DARZÉ, Andréa M. *Responsabilidade tributária:* solidariedade e subsidiariedade. São Paulo: Noeses, 2010. p. 226.
[412] DARZÉ, Andréa M. *Responsabilidade tributária:* solidariedade e subsidiariedade. São Paulo: Noeses, 2010. p. 226.

O referido dispositivo faz menção a um *procedimento* administrativo, enfatizando o caráter dinâmico, procedimental da atividade de aplicação das normas jurídicas tributárias. Ocorre que, como evidencia Fabiana Del Padre Tomé, "[...] essa alusão ao prisma da dinamicidade do Direito Tributário leva à ambiguidade na definição de lançamento: trata-se do procedimento ou do ato jurídico-administrativo conclusivo daquele procedimento?"[413]

Trata-se, em verdade, de ambiguidade que decorre da dualidade significativa que atinge todas as ações. Como explica Gregorio Robles Morchon, a ação concreta pode ser observada sob duas perspectivas: (i) uma estática, em que se toma a ação como um produto acabado, expresso, comumente, pelo emprego de substantivos (ex: a saudação, o juramento, a decisão); e (ii) outra dinâmica, considerado o curso do seu processamento, sendo referida, geralmente, por meio de um verbo (ex: saudar, jurar, decidir).[414]

Como sintetiza Fabiana Del Padre Tomé, "[a]mbas as visões coexistem, sendo uma o resultado da outra: o conceito estático exige o dinâmico; o ato decorre da ação; a ação concreta pressupõe o procedimento concreto".[415]

De qualquer forma, por ser mais útil ao nosso objeto de estudo, empregaremos a locução *lançamento tributário* para designar o ato que consiste no enunciado normativo mediante o qual se realiza a incidência tributária, fazendo nascer o fato jurídico e a relação jurídica tributária, utilizando-nos da definição empregada por Paulo de Barros Carvalho:

> Lançamento tributário é o ato jurídico administrativo, da categoria dos simples, constitutivos e vinculados, mediante o qual se insere na ordem jurídica brasileira uma norma individual e concreta, que tem como antecedente o fato jurídico tributário e, como consequente, a formalização do vínculo obrigacional, pela individualização dos sujeitos ativo e passivo, a determinação do objeto da prestação, formado pela base de cálculo e correspondente alíquota, bem como pelo estabelecimento dos termos espaço-temporais em que o crédito há de ser exigido.[416]

---

[413] TOMÉ, Fabiana Del Padre. *A prova no Direito Tributário*. São Paulo: Noeses, 2008. p. 282.
[414] MORCHON, Gregorio Robles. *Teoria del derecho*: fundamentos da teoria comunicacional del derecho. Madri: Civitas, 1998. p. 231.
[415] TOMÉ, Fabiana Del Padre. *A prova no Direito Tributário*. São Paulo: Noeses, 2008. p. 284.
[416] CARVALHO, Paulo de Barros. *Curso de Direito Tributário*. São Paulo: Saraiva, 2012. p. 354.

Destacamos que é pelo lançamento tributário que se dá a constituição do crédito tributário. Ou seja, é por meio do lançamento tributário que será expedida a norma individual e concreta que prescreve a obrigação de pagar o tributo. Ainda, por vezes, a expedição da norma individual e concreta é realizada pelo próprio sujeito passivo de quem se espera, também, o cumprimento da prestação pecuniária, modalidade denominada de autolançamento ou lançamento por homologação.

Em breve síntese, as modalidades de lançamento são classificadas com base no grau de atuosidade do particular e da Administração Pública nas providências necessárias à apuração e constituição do crédito tributário. Os lançamentos por declaração e de ofício exigem a participação do agente público competente, para prática daqueles atos-fatos necessários para preencher os respectivos suportes fáticos, em conformidade com o esboço do art. 142 do CTN. Por outro lado, no lançamento por homologação, o crédito é formalizado independentemente de qualquer ato-fato administrativo; sem prescindir, entretanto, de norma individual e concreta de similar estrutura àquela da relação jurídica intranormativa do ato-norma administrativo de lançamento tributário.[417]

No lançamento por homologação, a função da Administração Pública se resume ao controle da regularidade da norma emitida pelo particular, rejeitando-a ou homologando-a, expressa ou tacitamente,[418] sendo que, no caso de rejeição integral ou parcial daquela, a autoridade fazendária procederá ao lançamento, que substituirá a norma emitida pelo particular ou saneará alguma omissão constatada.

O lançamento realizado pela autoridade fazendária pode vir acompanhado da aplicação de uma penalidade ou imposição de multas, objetivadas num auto de infração. De qualquer forma, trata-se

---

[417] SANTI, Eurico Marcos Diniz de. *Lançamento tributário*. São Paulo: Max Limonad, 2001. p. 175.
[418] Código Tributário Nacional. Art. 150. O lançamento por homologação, que ocorre quanto aos tributos cuja legislação atribua ao sujeito passivo o dever de antecipar o pagamento sem prévio exame da autoridade administrativa, opera-se pelo ato em que a referida autoridade, tomando conhecimento da atividade assim exercida pelo obrigado, expressamente a homologa. [...] §4º Se a lei não fixar prazo a homologação, será ele de cinco anos, a contar da ocorrência do fato gerador; expirado esse prazo sem que a Fazenda Pública se tenha pronunciado, considera-se homologado o lançamento e definitivamente extinto o crédito, salvo se comprovada a ocorrência de dolo, fraude ou simulação.

de atos administrativos distintos: um, de lançamento, produzindo uma regra cujo antecedente é um fato lícito e o consequente, uma relação jurídica de tributo; outro, o ato de aplicação de penalidade, veiculando uma norma que tem, no suposto, a descrição de um delito e, no consequente, a instituição de um liame jurídico sancionatório, cujo conteúdo pode ser tanto um valor pecuniário (multa) como uma conduta de fazer ou de não fazer.[419]

Entretanto, muitas vezes, sob a epígrafe "auto de infração", deparamo-nos com dois atos: um de lançamento, exigindo o tributo devido; e outro de aplicação de penalidade a quem cometeu ilícito tributário, exigidos conjuntamente num único instrumento material. De qualquer forma, ainda que por motivos de comodidade administrativa estejam reunidos no mesmo suporte físico, não deixam de ser duas normas jurídicas distintas.

Teremos então o auto de infração *lato sensu* como a denominação daquele documento que figura como plano de expressão daqueles conteúdos normativos, podendo conter dois atos administrativos diversos; e o auto de infração *strictu sensu* como aquele relativo exclusivamente à constituição da norma individual e concreta, cujo antecedente constitui o fato de uma infração, sendo o consequente veiculador da relação jurídica sancionatória correspondente.

4.6.2. O requisito de individualização do sujeito passivo e a necessária constituição da norma individual e concreta em face do responsável tributário

No que se refere à responsabilidade tributária, importante observar que o fato de não existirem enunciados específicos sobre o referido tema não significa ausência de regramento, existindo pressupostos e condições essenciais para a válida constituição de toda e qualquer obrigação tributária.

Além dos requisitos gerais, no lançamento em face do responsável tributário, é imperioso destacar o requisito de individualização do sujeito passivo. Trata-se de exigência expressa no artigo 142

---

[419] CARVALHO, Paulo de Barros. *Direito Tributário:* fundamentos jurídicos da incidência. 10. ed. rev. e atual. São Paulo: Saraiva, 2015. p. 329.

do Código Tributário Nacional, que impõe a obrigatoriedade de identificação do sujeito passivo no ato de lançamento. Tal comando também é repetido nos artigos 10, inciso I,[420] e 11, inciso I,[421] do Decreto nº 70.235/72, ao tratar dos requisitos obrigatórios ao auto de infração e à notificação de lançamento.

Quanto à responsabilidade tributária, é imprescindível que se realize o procedimento administrativo de apuração da responsabilidade do terceiro antes de qualquer ato tendente à cobrança do débito tributário ou de constrição de seu patrimônio. Até mesmo nos casos de responsabilidade objetiva, é necessário que tal situação seja devidamente apurada e formalizada, sendo inconcebível a cobrança do débito tributário, seja administrativa seja judicialmente, sem a devida constituição da norma individual e concreta de responsabilização do terceiro.

Nos casos de responsabilidade subjetiva, tal requisito fica ainda mais evidente. No caso do artigo 134 do CTN, por exemplo, é imperioso que se demonstre, além da impossibilidade de ser exigido do contribuinte o tributo, a intervenção ou omissão do responsável relativa a um dever legal que deveria ter sido observado e que necessariamente concorreu para o descumprimento da obrigação tributária.

No caso do artigo 135 do CTN, é essencial a apuração da responsabilidade durante o procedimento de lançamento do tributo, vez que, por se tratar de responsabilidade pessoal e exclusiva, caso seja constatada a responsabilidade do terceiro, consequentemente não deve ser lançado o tributo em face daquele que realizou o fato jurídico tributário. Por outro lado, não sendo apurados atos praticados com excesso de poderes ou infração de lei, contrato social ou estatutos, não será exigível a constituição do crédito tributário em face do terceiro.

Nesse cenário, destacamos, com a devida vênia, nossa discordância em relação à doutrina que compreende que o procedimento administrativo de constituição da obrigação tributária prescinde

---

[420] Art. 10. O auto de infração será lavrado por servidor competente, no local da verificação da falta, e conterá obrigatoriamente: I - a qualificação do autuado;

[421] Art. 11. A notificação de lançamento será expedida pelo órgão que administra o tributo e conterá obrigatoriamente: I - a qualificação do notificado;

da apuração da responsabilidade tributária.⁴²² Tal entendimento parte do pressuposto de que, para cobrança do tributo em face do responsável, basta a constituição da obrigação tributária. Ocorre que, como pudemos observar, a mera constituição da obrigação tributária não é o bastante para responsabilização do terceiro, sendo imprescindível a apuração e constituição da norma individual e concreta de responsabilização.

Reitere-se exemplificativamente que, no caso do artigo 134 do CTN, o nascimento da relação jurídica de responsabilidade não advém direta e exclusivamente da constituição do fato jurídico tributário, carecendo do reconhecimento jurídico de que é impossível a exigência do tributo em face do contribuinte e de que o terceiro responsabilizado atuou de forma ativa ou omissiva concorrendo para o descumprimento da obrigação tributária. A constituição do fato jurídico tributário, portanto, é uma causa necessária para a responsabilização do terceiro, mas não é suficiente por si só.

Remembre-se que a norma geral e abstrata que impõe a tributação é construída pelo conjunto de enunciados que tratam da incidência tributária propriamente dita e por aqueles que tratam da responsabilidade tributária, cujo produto é a autorização para constituir obrigação tributária em face de sujeito que não realizou o fato tributado. Assim, para responsabilização de um terceiro é imprescindível a constituição da norma individual e concreta integral, ou seja, tanto da regra-matriz de incidência tributária quanto da norma de responsabilidade tributária.

Na linha do que defendemos, a Instrução Normativa RFB nº 1862/2018, que dispõe sobre o procedimento de imputação da responsabilidade tributária no âmbito da Secretaria da Receita Federal do Brasil, reconhece, em seu artigo 1º, inciso I,⁴²³ que "a

---

⁴²² Nesse sentido, Zelmo Denari entende que: "Os responsáveis não realizam o pressuposto, e isto explica porque não são alcançados pelo lançamento tributário. O procedimento administrativo preordena-se a constituir a obrigação tributária e, por isso, deve-se ocupar unicamente do contribuinte, ou seja, daquele que se encontra em relação pessoal e direta com o fato gerador." *Enciclopédia Saraiva do Direito*. São Paulo: Saraiva, v. 66. p. 30-31.

⁴²³ Art. 1º Esta Instrução Normativa dispõe sobre a imputação de responsabilidade tributária no âmbito da Secretaria da Receita Federal do Brasil (RFB). Parágrafo único. Para fins do disposto nesta Instrução Normativa, considera-se que: I - a responsabilidade tributária pressupõe a existência da regra-matriz de incidência tributária, referente à obrigação tributária, e da regra-matriz de responsabilidade tributária; II - a imputação de

responsabilidade tributária pressupõe a existência da regra-matriz de incidência tributária, referente à obrigação tributária, e da regra-matriz de responsabilidade tributária".

Nos termos da referida Instrução Normativa, a imputação da responsabilidade tributária não é automática, dependendo de um processo administrativo para atribuir responsabilidade tributária a terceiro que não consta da relação tributária como contribuinte ou como substituto tributário, nas hipóteses legais.

4.6.3. O lançamento tributário em face do responsável e a observância ao contraditório, à ampla defesa e ao devido processo legal

A individualização do sujeito passivo é requisito essencial do lançamento também porque a devida notificação do sujeito passivo é imprescindível para assegurar-lhe o exercício do contraditório e da ampla defesa, assim como o devido processo legal, em face de título constituído unilateralmente pela autoridade fazendária. Nesse sentido, no julgamento do Agravo Regimental no Recurso Extraordinário nº 608.426, assim destacou a 2ª Turma do STF:

> Os princípios do contraditório e da ampla defesa aplicam-se plenamente à constituição do crédito tributário em desfavor de qualquer espécie de sujeito passivo, irrelevante sua nomenclatura legal (contribuintes, responsáveis, substitutos, devedores solidários etc.).[424]

A Constituição Federal, em seu artigo 5º, inciso LV, expressamente dispõe que "aos litigantes, em processo judicial ou administrativo, e aos acusados em geral são assegurados o contraditório e ampla defesa, com os meios e recursos a ela inerentes".

No que se refere ao devido processo legal, o responsável tem o direito de ser citado/notificado no início do processamento do

---

responsabilidade tributária é o procedimento administrativo para atribuir responsabilidade tributária a terceiro que não consta da relação tributária como contribuinte ou como substituto tributário, nas hipóteses legais.

[424] RE 608426 AgR, Relator(a): JOAQUIM BARBOSA, Segunda Turma, julgado em 04/10/2011, DJe-204 DIVULG 21-10-2011 PUBLIC 24-10-2011 EMENT VOL-02613-02 PP-00356 RT v. 101, n. 917, 2012. p. 629-633.

feito, direito ao contraditório e à ampla defesa prévia ao julgamento e direito a recurso, ou seja, ao reexame de seu processo por outro julgador, preferencialmente um órgão colegiado, tudo isso antes de ser gerado qualquer efeito contra si.

Explicitando os referidos direitos, Renato Lopes Becho destaca que o direito de ser citado/notificado e ao contraditório compreende o direito de conhecer, previamente, o teor da acusação, ter acesso à movimentação processual e às provas apresentadas pela parte contrária. O direito à ampla defesa compreende o de apresentar defesa técnica, feita por profissional competente, e de produzir provas que suportarão seus argumentos. Ainda, ressalta-se o direito a um julgamento motivado, que é essencial ao exercício do direito de recurso, e o direito de recurso, que compreende o reexame do processo por outro julgador e está insculpido na regra do duplo grau de jurisdição.[425]

A intimação, na verdade, é ato indispensável para a imputação de consequências jurídicas. Como bem leciona Andréa Darzé, "[s]em que seja oferecido ao conhecimento dos administrados o inteiro teor dos enunciados produzidos, especialmente quando individuais e concretos, não se lhes pode exigir qualquer comportamento". Mais que isso: "[...] não se pode sequer afirmar que o ato existe juridicamente".[426]

Reitere-se que o objeto do processo administrativo é verificar a ocorrência do fato jurídico tributário, calcular o montante do tributo devido e de eventuais penalidades, e identificar o sujeito passivo. O contraditório, portanto, é essencial para que seja possível formar uma melhor convicção acerca dos fatos constantes do lançamento.

Na verdade, o contraditório é o que permite que a Certidão de Dívida Ativa seja considerada título executivo extrajudicial, que goza de presunção de certeza e liquidez e tem o efeito de prova pré-constituída, nos termos dos artigos 784, inciso IX, do Código de Processo Civil[427], e 201 e 204 do Código Tributário Nacional.[428]

---

[425] BECHO, Renato Lopes. *Responsabilidade tributária de terceiros:* CTN, arts. 134 e 135. São Paulo: Saraiva, 2014. p. 203.

[426] DARZÉ, Andréa M. *Responsabilidade tributária:* solidariedade e subsidiariedade. São Paulo: Noeses, 2010. p. 329.

[427] Código de Processo Civil. Art. 784. São títulos executivos extrajudiciais: [...] IX - a certidão de dívida ativa da Fazenda Pública da União, dos Estados, do Distrito Federal e dos Municípios, correspondente aos créditos inscritos na forma da lei;

[428] Código Tributário Nacional. Art. 201. Constitui dívida ativa tributária a proveniente de crédito dessa natureza, regularmente inscrita na repartição administrativa competente,

Isso porque, no processo executivo, parte-se do direito já identificado, certo, seguro, e procura-se satisfazer o autor pela violação compulsória do patrimônio do executado, mesmo contra sua vontade.[429] Portanto, como bem analisa Maria Rita Ferragut, a impugnação do lançamento pelo devedor provoca a reapreciação do lançamento já praticado, configurando forma de controle de legalidade do ato que determinou os termos da obrigação tributária, e visa formar título hábil a possibilitar a execução judicial do débito.[430]

4.6.4. A impossibilidade de promover ou redirecionar a execução fiscal sem a prévia constituição da norma individual e concreta em face do responsável tributário

Na execução fiscal, o título executivo é extrajudicial. Isso significa que o Estado encontra-se habilitado a executar o pretenso devedor sem o prévio processo de conhecimento. Não há fase probatória, sendo apenas necessário que o credor demonstre possuir um título executivo em condição de dar ao Estado-Jurisdição segurança para violar o patrimônio do devedor, sem o seu consentimento ou até contra a sua vontade.[431] Como ensina Maria Rita Ferragut, "[o] título representa, por força de lei (artigo 204 do CTN), forma de declaração de certeza da relação jurídica estabelecida entre credor e devedor, constituindo para o credor direito subjetivo à execução forçada (direito de ação)".[432]

---

depois de esgotado o prazo fixado, para pagamento, pela lei ou por decisão final proferida em processo regular. [...]
Art. 204. A dívida regularmente inscrita goza da presunção de certeza e liquidez e tem o efeito de prova pré-constituída.
[429] BECHO, Renato Lopes. *Responsabilidade tributária de terceiros*: CTN, arts. 134 e 135. São Paulo: Saraiva, 2014. p. 211.
[430] FERRAGUT, Maria Rita. *Responsabilidade tributária e o Código Civil de 2002*. São Paulo: Noeses, 2013. p. 205.
[431] BECHO, Renato Lopes. *Responsabilidade tributária de terceiros*: CTN, arts. 134 e 135. São Paulo: Saraiva, 2014. p. 216.
[432] FERRAGUT, Maria Rita. *Responsabilidade tributária e o Código Civil de 2002*. São Paulo: Noeses, 2013. p. 188.

Nos termos do artigo 2º, §§1º e 3º, da Lei nº 6.830/1980, qualquer valor cuja cobrança seja atribuída por lei à União, aos Estados e ao Distrito Federal, será considerado Dívida Ativa da Fazenda Pública, sendo que a inscrição, que se se constitui no ato de controle administrativo da legalidade, será feita pelo órgão competente para apurar a liquidez e certeza do crédito, devendo conter as informações previstas no §5º do referido artigo, *in verbis*:

> §5º - O Termo de Inscrição de Dívida Ativa deverá conter:
> I - o nome do devedor, dos co-responsáveis e, sempre que conhecido, o domicílio ou residência de um e de outros;
> II - o valor originário da dívida, bem como o termo inicial e a forma de calcular os juros de mora e demais encargos previstos em lei ou contrato;
> III - a origem, a natureza e o fundamento legal ou contratual da dívida;
> IV - a indicação, se for o caso, de estar a dívida sujeita à atualização monetária, bem como o respectivo fundamento legal e o termo inicial para o cálculo;
> V - a data e o número da inscrição, no Registro de Dívida Ativa; e
> VI - o número do processo administrativo ou do auto de infração, se neles estiver apurado o valor da dívida.

No caso da dívida tributária inscrita em dívida ativa, a CDA deve observar integralmente as informações e os limites do crédito tributário previamente constituído. Ou seja, a inscrição em dívida ativa deve corresponder exatamente à obrigação tributária constituída pelo lançamento, especialmente para o que nos interessa no presente estudo, quanto ao sujeito passivo do qual poderá ser exigido o pagamento do tributo.

Para que o nome do devedor e/ou do responsável conste na CDA, é necessário que, administrativamente, os fatos implicativos da obrigação tributária e da responsabilidade tenham sido regularmente apurados e documentados. Isso porque, como aponta Paulo Cesar Conrado, "[...] a Certidão de Dívida Ativa não é, por si, documento constitutivo do crédito tributário e tampouco da responsabilidade de terceiros, reportando-se, como verdadeiro canal de metalinguagem, a outro plano, o do lançamento".[433]

---

[433] CONRADO, Paulo Cesar. Redirecionamento como forma (esdrúxula) de constituição da obrigação tributária (relativamente ao terceiro-responsável) e de aparelhamento da lide executiva fiscal (conta aquele mesmo terceiro) *In*: CONRADO, Paulo Cesar (Coord.). *Processo tributário analítico*. São Paulo: Noeses, 2013. v. 2. p. 184.

A inscrição em dívida ativa e a consequente execução fiscal, portanto, só pode ser realizada em face daquele sujeito passivo cuja responsabilidade tributária foi devidamente constituída pelo lançamento ou reconhecida em procedimento administrativo próprio. Não se pode admitir a violação do patrimônio de quem não teve conhecimento ou a possibilidade de participar do processo de lançamento do tributo. Em tais situações, falta justamente o requisito da certeza e da exigibilidade ao título executivo.

Ocorre que, com base nos artigos 4º, incisos V e VI, da Lei nº 6.830/1980,[434] e 779, inciso VI, do CPC,[435] parte da doutrina e da jurisprudência entende que é possível que a execução seja promovida ou redirecionada em face do responsável tributário sem a prévia imputação da responsabilidade tributária em âmbito administrativo. Tal entendimento, com a devida vênia, parte de uma interpretação equivocada dos referidos dispositivos.

Vejam que ambos os dispositivos permitem que a execução fiscal seja promovida contra o devedor, mas isso não autoriza que a execução seja proposta antes de devidamente constituído o crédito tributário em face daquele. A lógica deve ser a mesma quanto ao responsável. A execução fiscal pode ser promovida contra o responsável, mas desde que tenha sido previamente constituído o crédito tributário em face dele ou tenha sido imputada a sua responsabilidade em procedimento próprio.

Admitir a propositura ou redirecionamento da execução fiscal em face de terceiro não devidamente constituído como responsável tributário configura ofensa ao caráter privativo do lançamento tributário, insculpido no artigo 142 do CTN, e à garantia constitucional ao devido processo legal, prevista no artigo 5º, inciso LIV, da Constituição Federal, que dispõe que "ninguém será privado da liberdade ou de seus bens sem o devido processo legal".

Como bem analisa Renato Lopes Becho, "[...] a pessoa indicada como responsável tributário tem que ser formalmente

---

[434] Art. 4º - A execução fiscal poderá ser promovida contra: [...] V - o responsável, nos termos da lei, por dívidas, tributárias ou não, de pessoas físicas ou pessoas jurídicas de direito privado; e VI - os sucessores a qualquer título.

[435] Art. 779. A execução pode ser promovida contra: [...] VI - o responsável tributário, assim definido em lei.

acusada, com direito à ampla defesa e aos recursos postos à sua disposição", sendo que, "[e]xceto se houver processo administrativo prévio que apure a responsabilidade antes da inscrição em dívida ativa, o pedido de inclusão do responsável no curso da execução, desnatura o processo executivo",[436] em que não há contraditório e ampla defesa.[437]

Some-se a isso o fato de a exceção de pré-executividade normalmente não ser aceita como veículo apropriado para discussão sobre a responsabilidade tributária, durante o feito executivo, por ser questão que demanda dilação probatória. Assim, para poder se defender, o único meio cabível ao executado é os embargos à execução que, para sua oposição, exige a violação do patrimônio, em razão de só serem admitidos após a garantia da execução, nos termos do §1º do artigo 16 da Lei nº 6.830/1980.[438]

Assim, é vedada a propositura ou o redirecionamento de execução fiscal em face de terceiro, sem prévio processo administrativo de apuração da responsabilidade tributária, que pode ser realizado tanto durante o lançamento do tributo quanto em procedimento administrativo próprio. Nos casos de apuração de responsabilidade tributária quando a execução fiscal já está em curso, é possível até mesmo o pedido de suspensão do feito executivo, para apuração das circunstâncias fáticas que justifiquem a responsabilização, observando, por óbvio, na referida apuração, o contraditório, a ampla defesa e o devido processo legal.

Nesse sentido, é importante mencionar a própria Instrução Normativa RFB nº 1862/2018 anteriormente citada. No referido diploma normativo, a Receita Federal aborda procedimentos administrativos para imputação da responsabilidade tributária na constituição do crédito tributário[439] e também nas situações

---

[436] BECHO, Renato Lopes. *Responsabilidade tributária de terceiros:* CTN, arts. 134 e 135. São Paulo: Saraiva, 2014. p. 217-218.
[437] No processo executivo, parte-se do direito já identificado, certo, seguro, e procura-se satisfazer o autor pela violação compulsória do patrimônio do executado, mesmo contra sua vontade.
[438] Art. 16. O executado oferecerá embargos, no prazo de 30 (trinta) dias, contados: [...] §1º Não são admissíveis embargos do executado antes de garantida a execução.
[439] Art. 2º O Auditor-Fiscal da Receita Federal do Brasil que identificar hipótese de pluralidade de sujeitos passivos na execução de procedimento fiscal relativo a tributos administrados pela RFB deverá formalizar a imputação de responsabilidade tributária no lançamento de ofício.

em que o crédito tributário está em sede de constituição ("antes do julgamento em primeira instância")[440] e até mesmo quando o crédito tributário já está devidamente constituído, mas ainda não foi inscrito em dívida ativa.[441]

Ora, se tais procedimentos administrativos devem ser realizados durante e após a constituição do crédito tributário, para fins de responsabilização tributária, ainda mais correto é que tais procedimentos sejam formalizados também quando se trata de créditos já executados, para permitir, se for o caso, o redirecionamento da execução em face de terceiro devidamente reconhecido como responsável tributário.

---

[440] Art. 11. A identificação de hipótese de pluralidade de sujeitos passivos decorrente de fatos novos ou subtraídos ao conhecimento do Auditor-Fiscal da Receita Federal do Brasil responsável pelo procedimento fiscal deve seguir o disposto neste Capítulo.
Art. 12. Caso o processo administrativo fiscal esteja pendente de julgamento em primeira instância, será emitido Termo de Devolução de Processo para Imputação de Responsabilidade por Auditor-Fiscal da Receita Federal do Brasil, que será anexado ao processo. Parágrafo único. Fica dispensada a lavratura do Termo de Devolução de Processo na hipótese de o Auditor-Fiscal da Receita Federal do Brasil identificar pluralidade de sujeitos passivos na execução do procedimento de diligência ou de perícia a que se refere o art. 18 do Decreto nº 70.235, de 1972.
Art. 13. Identificada a hipótese a que se refere o art. 11, o Auditor Fiscal da Receita Federal do Brasil lavrará Termo de Imputação de Responsabilidade Tributária, que deve conter os requisitos previstos no art. 3º.

[441] Art. 15. Nos casos em que o crédito tributário definitivamente constituído não seja extinto, o Auditor-Fiscal da Receita Federal do Brasil que identificar hipóteses de pluralidade de sujeitos passivos previamente ao encaminhamento para inscrição em dívida ativa deverá formalizar a imputação de responsabilidade tributária mediante Termo de Imputação de Responsabilidade Tributária, o qual observará o disposto no art. 3º.

CONCLUSÕES

1. Partindo da compreensão de que tributo não é um mero instrumento de abastecimento dos cofres públicos e de que os interesses meramente arrecadatórios não podem se sobrepor aos princípios e normas jurídicas que informam a tributação, nos propusemos a estudar o tema da responsabilidade tributária. Matéria que, de forma bastante polêmica e complexa, busca conciliar o interesse arrecadatório da Administração Tributária com os direitos constitucionais conferidos aos cidadãos, imputando a responsabilidade pelo recolhimento de determinado tributo a um terceiro distinto daquele que realizou o fato jurídico tributário previsto na hipótese de incidência da norma tributária.

2. Para inaugurar as considerações a respeito da sujeição passiva tributária, importante se fez apresentar a distinção entre a capacidade de realizar o fato jurídico tributário e a capacidade para ser sujeito passivo da obrigação tributária, bem como definir que a correta interpretação do artigo 126 do Código Tributário Nacional deve ser no sentido de que os entes nele elencados são capazes de realizar o fato jurídico tributário, que enseja a inauguração do *vinculum juris* que dá ao Estado o direito subjetivo público de exigir parcelas do patrimônio privado, e não que são capazes de figurar na condição de sujeitos passivos da obrigação tributária.

Nesse sentido, enquanto o legislador tributário desfruta de ampla liberdade para atribuir personalidade tributária e capacidade para realizar o fato jurídico tributário, ou dele participar, a quem não as tenha por reconhecida no enredo das normas de Direito Civil, desde que observe os limites da outorga constitucional de competência e o grau de relacionamento do sujeito com o evento fático, a mesma situação não se verifica quando da fixação dos termos da relação jurídica tributária, que carece do reconhecimento de capacidade civil para fins de sujeição passiva.

3. Para fins de definição do objeto de estudo, estabelecemos que o sujeito passivo tributário é a pessoa física ou jurídica, privada ou pública, que consta no polo passivo de uma relação jurídica tributária, na qual se exige o cumprimento da prestação de pagar determinado tributo, destacando que o sujeito passivo deve ocupar obrigatoriamente o polo passivo da relação jurídica, uma vez que esta é a única forma que o Direito reconhece para obrigar alguém a realizar determinada conduta. Por mais simples que pareça a afirmação, ela é precisa no sentido de demonstrar que, ainda que o sujeito tenha realizado o fato jurídico tributário ou tenha extraído proveito econômico dele, não poderá ser compelido a pagar o tributo se a lei não o inserir na condição de sujeito passivo da obrigação tributária.

4. Apontando que todas as materialidades dos tributos referem-se a um comportamento de pessoas, estabelecemos que o sujeito que realiza ou dá ensejo ao fato jurídico tributário é o destinatário constitucional tributário. E que, nos casos de responsabilidade tributária, o destinatário constitucional tributário se torna elemento imprescindível para verificação da constitucionalidade da norma, uma vez que quem sempre deverá suportar o encargo da tributação é aquele e a própria riqueza efetivamente prevista como de objeto da tributação, mesmo que o pagamento do tributo se dê por sujeito distinto. No mesmo sentido, o destinatário constitucional tributário permanecerá sempre como fonte de referência para o esclarecimento de aspectos concernentes ao nascimento, vida e extinção da obrigação tributária.

5. A partir do critério da validade jurídica e, posteriormente, da utilidade, optamos pela classificação que distingue os sujeitos passivos tributários entre aquele que realiza ou dá ensejo ao fato jurídico tributário – o destinatário constitucional tributário – e aquele que, sem revestir tal condição, é colocado na condição de devedor da obrigação tributária. E, diante disso, utilizamos o termo contribuinte para a pessoa que é, cumulativamente, destinatário constitucional tributário e sujeito passivo da relação jurídica tributária, e o termo responsável para o sujeito passivo da obrigação tributária que não realizou ou deu ensejo ao fato jurídico tributário, mas, por algum fundamento legal, foi posto na condição de sujeito passivo.

6. Com base na compreensão de que a norma geral e abstrata que impõe a tributação é construída pelo conjunto de enunciados que versam sobre a matéria – o que inclui os enunciados sobre a responsabilidade – e cujo produto é a autorização para constituir crédito tributário em face de sujeito que não realizou o fato tributado, apresentamos as duas modalidades de responsabilidade tributária existentes: responsabilidade por substituição e responsabilidade por transferência, tendo como critério distintivo o momento em que o responsável é incluído no polo passivo da relação jurídica tributária.

Na responsabilidade por substituição, a norma que prevê a responsabilidade tributária é proposição que se inter-relaciona com a norma geral e abstrata que prevê a hipótese de incidência, construindo a norma jurídica completa, em que, desde o início, o responsável tributário é o sujeito passivo da relação jurídica tributária. Por outro lado, na responsabilidade por transferência, em razão de fato diverso ao fato jurídico tributário, a norma que prevê a responsabilidade altera ou amplia o critério pessoal passivo da norma individual e concreta que constituiu o crédito tributário, que havia previsto inicialmente um outro indivíduo como sujeito passivo da relação jurídica tributária.

7. Para a instituição de determinada obrigação, é imprescindível que se verifique se a pessoa colocada no polo passivo tem efetivamente a aptidão de cumprir o ônus ou encargo que lhe é imposto, e se esse cumprimento pode dar-se sem prejuízo das suas próprias atividades e interesses, ou seja, sem que comprometa desproporcionalmente seus direitos, sua liberdade e seu patrimônio. Trata-se da capacidade colaborativa, que surge como critério prévio e indispensável para instituição da responsabilidade tributária, sendo imprescindível que tal capacidade seja reconhecida pela lei tributária, e não criada por ela, para impor a responsabilização.

8. Enquanto o dever fundamental de pagar tributos surge como contrapartida ao caráter democrático e social do Estado, uma vez que os cidadãos são responsáveis diretos por viabilizar a existência e o funcionamento das instituições públicas em consonância com os desígnios constitucionais, pudemos observar que as obrigações tributárias não se limitam à contribuição de cada um conforme a sua capacidade contributiva. Envolvem, também, a colaboração das pessoas em um sentido mais amplo de cooperação, requerendo que concorram para a efetividade da tributação. E, considerando ser o dever fundamental de pagar tributos insuficiente por si só para garantir uma tributação justa e eficaz, vem a lume o dever de colaborar com a Administração Tributária.

9. Com base nas premissas estabelecidas, apresentamos três espécies distintas de responsabilidade tributária existentes no nosso ordenamento jurídico: (i) responsabilidade como concretização do dever de colaborar com a Administração Tributária, (ii) responsabilidade como sanção em razão do descumprimento do dever de colaborar com a Administração Tributária e (iii) responsabilidade como sanção por ato doloso.

Na primeira espécie, temos a responsabilidade tributária como concretização direta do dever de colaborar com a Administração Tributária. Na segunda, temos que a responsabilidade tributária tem como fundamento aplicar uma sanção ao responsável tributário, em razão do descumprimento do dever de colaboração que lhe foi imposto antes de ser posto na condição de sujeito passivo da obrigação tributária.

De qualquer forma, destacamos que, em ambas as espécies tratadas, vinculadas a um dever de colaboração com a Administração Tributária, a causa de existência da responsabilidade tributária é a arrecadação tributária, seja por razões de conveniência, por ser mais eficaz e menos oneroso ao Fisco, seja por razões de necessidade, como nos casos em que o sujeito passivo originário desaparece (*v.g.* sociedade incorporada ou pessoa física que falece).

Assim, mesmo nos casos de sanção por descumprimento do dever de colaborar com a Administração Tributária, deve ser constatada a existência de capacidade colaborativa por parte do terceiro eleito responsável tributário, no sentido de estar em situação de poder exigir ou fiscalizar que o destinatário constitucional realize o pagamento do tributo ou encontrar-se em situação de poder em relação à própria riqueza onerada, podendo verter o tributo devido aos cofres públicos, sem afetar o seu próprio patrimônio. Isso porque a norma de responsabilidade tem como objetivo única e exclusivamente facilitar ou garantir a arrecadação tributária, mas não alterar o sujeito que deve arcar em última instância com o encargo da exação, devendo ser ele, sempre, o destinatário constitucional tributário.

Situação diversa ocorre quando tratamos da responsabilidade como sanção por ato doloso. Trata-se de hipótese de responsabilidade *sui generis*, uma vez que não corresponde a natureza e razão de ser do instituto da responsabilidade tributária. De qualquer forma, por estar prevista no nosso ordenamento jurídico, analisamos *en passant* no presente trabalho. Nesse caso, a lei determina que terceiro seja responsável pelo pagamento do tributo, como forma de sanção pelo ato praticado com dolo, e que prejudicou os interesses do contribuinte. A responsabilização do terceiro é desvinculada de qualquer dever de colaboração com a Administração Tributária ou necessidade arrecadatória do Fisco, tratando-se de hipótese de responsabilidade que visa punir o terceiro por realizar atos dolosos contra o interesse do contribuinte e, nesse cenário, não há de se falar em qualquer débito ou capacidade contributiva do sujeito passivo originário, sendo ele considerado completamente alheio à referida obrigação tributária.

Diante disso, para fins de desenvolvimento do presente estudo, e considerando que esta última espécie foge à regra geral da responsabilidade tributária, decidimos ter como objeto de estudo tão somente as duas primeiras espécies aqui elencadas.

10. Depois de compreender o instituto da responsabilidade tributária, iniciamos o exame dos limites da responsabilização de terceiros em matéria tributária pelas limitações de ordem formal e material impostas pelo legislador constituinte.

10.1. O primeiro limite constitucional formal no que se refere à competência para introduzir uma norma de responsabilidade tributária é o princípio da legalidade, uma vez que, com base nos desígnios constitucionais, a lei tributária deve trazer todos os elementos descritores do fato jurídico e os dados prescritores da relação obrigacional entre eles o sujeito passivo.

Ademais, verificamos que o legislador constituinte prescreveu a necessidade de lei complementar para estabelecer normas gerais em matéria de legislação tributária, especialmente sobre contribuintes e obrigação tributária (art. 146, inciso III, alíneas "a" e "b", CF), estando em tais dispositivos o segundo limite constitucional formal no que se refere à competência para introduzir uma norma de responsabilidade tributária. A responsabilidade tributária deve ser regulada e ter suas normas gerais estabelecidas em lei complementar, por tratar-se de elemento integrante da obrigação tributária e por ser matéria inclusa naquilo que o constituinte pretendeu alcançar com o termo contribuinte. Ainda, inegável tratar-se de matéria que carece de uma harmonização entre os entes federados no território nacional.

10.2. O princípio da capacidade contributiva impõe que só podem ser postos na condição de sujeitos passivos da obrigação tributária aqueles que detêm a possibilidade de verter ou exigir que seja vertida aos cofres públicos a riqueza manifestada pela realização do fato signo presuntivo de riqueza, previsto no antecedente da norma de incidência tributária. Trata-se daqueles sujeitos que se encontram em situação de poder sobre o destinatário constitucional tributário, de molde a lhe ser dado exigir ou verificar o cumprimento da prestação devida.

10.3. O princípio da vedação da cobrança de tributo com efeito de confisco (i) impede a cobrança de tributo em excesso – limitando o *quantum* da riqueza manifestada pelo fato jurídico tributário que pode ser apreendido pelo Estado – e (ii) assegura que só sejam colocados na condição de sujeito passivo da obrigação tributária aqueles que detêm condições de verter ou exigir que seja vertida aos cofres públicos a riqueza manifestada pelo fato constitucionalmente previsto.

10.4. Extraímos também do texto constitucional que os princípios da razoabilidade e da proporcionalidade impõem uma análise global do instituto da responsabilidade tributária, para fins de garantir que o dever imposto a terceiro seja o mais adequado, o menos oneroso, o mais proporcional e o mais razoável diante das circunstâncias que englobam a instituição, fiscalização e arrecadação de determinado tributo.

11. O Código Tributário Nacional foi recepcionado pela Constituição Federal de 1988 com eficácia de lei complementar e, assim, cumpre com a previsão do artigo 146 do diploma constitucional de estabelecer normas gerais em matéria de legislação tributária.

Indicamos que o legislador do Código Tributário Nacional optou por estabelecer de antemão algumas hipóteses de responsabilidade tributária, as quais são autoaplicáveis, ou seja, podem ser aplicadas pelas autoridades fazendárias independentemente de legislação própria das respectivas pessoas políticas de Direito público. Por outro lado, estabeleceu no seu artigo 128 norma geral para criação de novas hipóteses de responsabilidade tributária, desde que atendidos os requisitos que estabelece. Com isso em vista, analisamos os principais dispositivos legais do Código Tributário Nacional que tratam da responsabilidade tributária e que delimitam a matéria em questão.

11.1. Analisando o artigo 121 do Código Tributário Nacional, elucidamos que tal dispositivo legal traz três delimitações ao instituto da responsabilidade tributária.

11.1.(a) A primeira é o enquadramento da figura do responsável no gênero sujeito passivo da obrigação principal. Dessa forma, quando falamos de responsabilidade tributária, nos referimos à sujeição passiva tributária em sentido estrito, não envolvendo, portanto, os sujeitos passivos da obrigação acessória.

11.1.(b) A segunda delimitação é de caráter residual, no sentido de que o sujeito passivo da obrigação tributária será o responsável quando não revestir a condição de contribuinte, ou seja, quando não tiver relação pessoal e direta com a situação que constitua o respectivo fato gerador.

11.1.(c) A terceira delimitação, pautada na limitação constitucional formal do princípio da legalidade, impõe que a responsabilidade tributária decorra de disposição expressa de lei. Nesse sentido, o emprego da expressão "decorra de disposição expressa de lei" se justifica, uma vez que, enquanto a obrigação do contribuinte pode estar implícita no texto legal, como desdobramento do próprio critério material da regra-matriz de incidência tributária – já que coincide com o sujeito oculto do verbo da hipótese normativa –, a indicação do responsável tributário exige sempre enunciado expresso, atribuindo-lhe esta condição.

11.2. Quanto aos limites de aplicação do artigo 124 do Código Tributário Nacional, no que se refere ao instituto da responsabilidade tributária, destacamos, de antemão, que o referido dispositivo pretendeu disciplinar a solidariedade passiva em matéria tributária, uma vez que, no Sistema Tributário Nacional, não encontramos situações de solidariedade ativa.

11.2.(a) A solidariedade prevista no inciso I do artigo 124 não é forma de transformação do contribuinte em responsável ou de inclusão de um terceiro no polo passivo da obrigação tributária. Trata-se apenas da maneira eleita pelo legislador complementar para graduar a responsabilidade (no sentido comum da palavra) daqueles sujeitos que já compõem o polo passivo da relação jurídica.

11.2.(b) A expressão *interesse comum* do inciso I do artigo 124 deve ser censurada, no sentido de limitar o referido dispositivo a tão somente reconhecer a existência de solidariedade quando houver a pluralidade de devedores numa mesma relação jurídica tributária, em consonância com o artigo 264 do Código Civil, uma vez que admitir a validade da expressão *interesse comum*, para depois limitá-la, abre espaço para interpretações divergentes sobre o sentido da referida expressão, podendo resultar em discricionariedades e arbitrariedades indesejadas por parte do legislador e das autoridades fazendárias.

11.2.(c) Os objetos de disciplina dos incisos I e II do artigo 124 do Código Tributário Nacional são distintos. O inciso I do artigo 124 disciplina a maneira eleita pelo legislador complementar para graduar a responsabilidade daqueles sujeitos que já compõem o polo passivo conjuntamente, por imposição da própria lei instituidora do tributo. Por sua vez, o inciso II trata dos casos em que sujeitos estranhos à realização do fato jurídico tributário são postos na condição de devedores solidários, por expressa disposição legal nesse sentido.

11.2.(d) O artigo 124, inciso II, não pode ser lido como uma autorização para que qualquer indivíduo seja posto na condição de responsável desde que isso se dê por lei expressa. É imprescindível que tal imputação observe o disposto no artigo 128 do Código Tributário Nacional, o qual configura norma geral que autoriza a criação de novas hipóteses de responsabilidade tributária, desde que atendidos os requisitos ali estabelecidos.

11.3. Ao analisar o artigo 128 do Código Tributário Nacional, pudemos extrair duas normas de competência diferentes, com conteúdo e destinatários igualmente diversos.

11.3.(a) A primeira se dirige ao legislador ordinário dos entes políticos tributantes e estabelece autorização para definir novas hipóteses de responsabilidade tributária, distintas daquelas já enumeradas no próprio Código Tributário Nacional, desde que observado um requisito: a responsabilidade só pode ser atribuída a terceira pessoa *vinculada ao fato gerador da respectiva obrigação*.

11.3.(b) A segunda norma de competência se dirige ao legislador complementar, uma vez que o emprego da cláusula *sem prejuízo do disposto neste capítulo*, além de assegurar a harmonia entre o preceito geral contido no artigo 128 e as normas específicas sobre responsabilidade, relacionadas na Seção II, III e IV do Capítulo V do Código Tributário Nacional, evidencia que, caso o próprio legislador complementar pretenda incluir nova hipótese de responsabilidade tributária no referido capítulo, retomam-se apenas os limites definidos na Constituição Federal, não sendo obrigatória a observância do vínculo com o fato jurídico tributário.

11.3.(c) Para análise concreta do limite imposto pelo artigo 128 do Código Tributário Nacional, adentramos no estudo do conteúdo do vínculo necessário entre o terceiro e o fato jurídico tributário. Em uma primeira análise, tendo em vista a distinção entre a figura do responsável e a do contribuinte estabelecida no artigo 121 do Código Tributário Nacional, o vínculo exigido do responsável é distinto da relação pessoal e direta com a materialidade do tributo. Dessa forma, o vínculo exigido impõe que o terceiro participe da compostura do suporte factual da tributação, sem, contudo, executar a conduta descrita no critério material da hipótese normativa.

Ademais, a vinculação ao fato jurídico tributário se impõe, uma vez que, primeiramente, é justamente tal proximidade material com os elementos fáticos determinantes da incidência que permite ao terceiro, imputado pela lei na condição de responsável, conhecer adequadamente os contornos e características dos fatos produtores das relações jurídicas em que se envolve. Assim, o vínculo ao fato jurídico tributário é essencial para que o terceiro tenha conhecimento sobre a ocorrência do fato que deu origem à tributação, bem como seja capaz de determinar a obrigação tributária decorrente da incidência da norma tributária, para fins de cumprir com o dever que lhe foi imposto e realizar o recolhimento da exação.

Ainda, a referida vinculação deve assegurar ao terceiro a possibilidade de intervir no sentido de recuperar-se do ônus tributário. Isso porque, ao impor o recolhimento do tributo devido pelo destinatário constitucional tributário a terceiro, o legislador deve observar que aquele tenha condições de se ver ressarcido, ao responder por débito que, afinal, não é seu, uma vez que nosso ordenamento jurídico não admite que um terceiro seja afetado peremptoriamente em seu patrimônio em razão de fato jurídico tributário imputável a outro.

Nesse sentido, mesmo no caso da responsabilidade por sanção em razão do descumprimento do dever de colaboração, por mais que a responsabilidade seja imposta em razão de uma conduta do responsável que lesou o erário e, por conseguinte, ensejou a sua responsabilização tributária, entendemos que deve ser assegurado àquele a recomposição de seu patrimônio, seja pela eleição pelo legislador de situações indiciárias de repasse do ônus financeiro para o sujeito que realizou a materialidade do tributo, seja, em último caso, numa ação privada de regresso.

De qualquer forma, mesmo nas hipóteses excepcionadas pelo artigo 128 do Código Tributário Nacional, quando é admitido que não se observe necessariamente a vinculação do responsável ao fato jurídico tributário, a responsabilização deve observar a possibilidade do terceiro de recuperar-se do ônus tributário, em observância aos limites da competência tributária. Isso porque o nosso ordenamento jurídico impede que seja colocada na condição de responsável tributário pessoa que, ainda que vinculada ao fato jurídico tributário, não possa agir no sentido de evitar previamente o ônus tributário ou diligenciar no sentido de que o tributo seja recolhido à conta do destinatário constitucional tributário.

Ainda, a referida exigência assegura que a carga financeira do tributo repercuta sobre a própria manifestação de riqueza tomada como causa da tributação e, diante disto, a prescrição do vínculo corresponde ao próprio mecanismo jurídico do encargo. Trata-se, portanto, da positivação, pelo legislador complementar, da repercussão econômica do tributo, tornando-a jurídica, o que assegura que as quantias exigidas pelo Estado a título de tributo correspondam efetivamente a um percentual da manifestação de riqueza tomada como hipótese normativa.

Dessa forma, o legislador, ao prever a incidência jurídica do tributo, simultaneamente, prevê ou reconhece a existência de uma regra jurídica que outorga ao sujeito passivo da obrigação tributária o direito de repercutir o ônus econômico do tributo sobre o sujeito que realizou o fato jurídico tributário, sendo que tal repercussão jurídica pode ser realizada por duas modalidades: por reembolso ou por retenção na fonte.

Em breve síntese, na repercussão jurídica por reembolso, a lei outorga ao responsável o direito de receber do destinatário constitucional tributário o reembolso do montante do tributo por ele pago, e, na repercussão jurídica por retenção na fonte, a lei outorga ao responsável o direito de compensar o montante do tributo com o determinado débito que o destinatário constitucional tributário tiver com aquele.

Importante observar que, enquanto previsão normativa, a repercussão jurídica existirá ainda que não venha a produzir os efeitos a que se propõe, como nos casos em que o titular do direito subjetivo não o exercita ou em razão de questões acidentais que inviabilizam a sua concretização. De qualquer forma, mesmo em tais situações, o responsável poderá se valer da ação de regresso para ver seu patrimônio recomposto por fato que não deu causa.

Frisamos, por oportuno, que tal ação de regresso configura medida excepcional, não podendo ser a única forma de recomposição patrimonial do terceiro, uma vez que se trata de medida extremamente onerosa ao responsável e que não compactua com a atual cultura jurídica que se pretende instaurar no país, de desjudicialização. Portanto, deve tratar-se de medida assecuratória do direito do responsável, nos casos em que ele não exercitou adequadamente o direito de repercussão jurídica que detinha ou, ainda, em razão da ocorrência de determinada situação excepcional.

11.4. Analisando as hipóteses de responsabilidade tributária já previstas no Código Tributário Nacional, pudemos perceber que nem sempre a responsabilidade terá idêntica extensão.

11.4.(a) Como a responsabilidade tributária é matéria que necessariamente decorre expressamente da lei, nos casos em que o legislador complementar se refere a responsabilidade por tributo, não se pode ali entender compreendido o crédito tributário. E, por conseguinte, nas hipóteses em que o legislador só admitiu a responsabilização pelo tributo, o terceiro não pode ser responsabilizado pelas penalidades pecuniárias eventualmente existentes.

Com a realização do fato jurídico tributário, surge o tributo e, por conseguinte, há uma legítima expectativa de arrecadação por conta do sujeito ativo, ocasião em que a regra de responsabilidade serve para viabilizar ou simplificar a arrecadação. Por outro lado, as penalidades pecuniárias não têm a função de abastecer os cofres do Estado, mas de coagir o sujeito passivo a realizar o recolhimento, o que demonstra a incoerência de se impor a terceiro o pagamento de multa por fato que não lhe pode ser imputado.

11.4.(b) Como o legislador também tratou da possibilidade de responsabilização pelo crédito tributário, analisamos quais os limites da responsabilização pelas penalidades pecuniárias. De antemão, o responsável deverá ser vinculado ao fato jurídico tributário no sentido de poder fiscalizar o recolhimento, pelo sujeito passivo, da integralidade do crédito tributário, ou seja, tanto do tributo como das penalidades pecuniárias, ou estar numa situação de poder realizar o recolhimento de todos os valores pelos quais pode ser responsabilizado.

Considerando a necessária vinculação do responsável ao fato jurídico tributário e, por conseguinte, a possibilidade de fiscalizar ou assegurar que o recolhimento do tributo seja realizado tempestivamente, ou até intempestivamente, mas antes de qualquer procedimento administrativo ou medida de fiscalização – ocasião em que há a exclusão da responsabilidade pelas infrações incorridas, nos termos do artigo 138 do Código Tributário Nacional –, nos casos em que a responsabilidade abrange o crédito tributário, o responsável pode ser obrigado a recolher tanto o valor atualizado do tributo quanto o referente à multa moratória.

Por sua vez, a multa punitiva não pode ser objeto de transferência de responsabilidade, por não poder ultrapassar a pessoa do infrator. Além de, no nosso ordenamento jurídico, somente o autor do ilícito poder sofrer as consequências sancionadoras típicas, não há como se exigir que o responsável fiscalize todo e qualquer dever a cargo do sujeito passivo originário, sendo totalmente desarrazoado responsabilizá-lo pelas eventuais infrações por ele cometidas.

11.4.(c) Quanto ao objeto de aplicação do artigo 129 do CTN, destacamos nosso entendimento de que o sucessor não pode ser responsabilizado por créditos tributários que não estavam, ao menos, em curso de constituição no instante em que celebrou o negócio jurídico que implica a transferência da titularidade de bens e direitos. Isso porque a referida responsabilização carece do requisito imprescindível da existência de norma de repercussão jurídica.

Diante disso, há de se reconhecer a inconstitucionalidade parcial da norma veiculada pelo artigo 129 do Código Tributário Nacional, por impor a responsabilidade tributária sobre créditos tributários dos quais o responsável sequer tomou conhecimento previamente, o que demonstra a sua total ausência de capacidade colaborativa, bem como de oportunidade de transferir o ônus tributário para o sujeito que lhe deu causa. E, dessa forma, a atribuição de responsabilidade ao terceiro deve se limitar aos débitos constituídos ou em fase de constituição à época em que foi celebrado o negócio jurídico que resultou na sucessão, por não existir qualquer fundamento que autorize a invasão de seu patrimônio, em razão de fato tributário que foge totalmente ao seu controle.

11.5. Ainda, em cada hipótese de responsabilidade tributária, a lei deverá dispor exatamente sob qual condição ela se dará, podendo ser: solidária ou subsidiária, com o sujeito passivo já previsto na relação jurídica tributária; ou pessoal, com a exclusão da responsabilidade do sujeito passivo original ou com o nascimento da relação jurídica tributária diretamente em face do responsável.

11.5.(a) O principal efeito da solidariedade passiva é justamente a vinculação dos codevedores, de modo que todos se obriguem ao pagamento integral do tributo. Uma vez que os sujeitos passivos solidários são obrigados a pagar a integralidade do tributo, não podendo recolher apenas a sua fração do débito ou exigir que os codevedores paguem a parte que lhes compete, a solidariedade tributária não comporta benefício de ordem.

Ainda que cada devedor não possa, para se eximir da obrigação, pagar ao credor apenas sua quota-parte, é certo que, entre si, cada um só deve o percentual que lhes corresponde. Tal situação decorre da circunstância de a solidariedade poder ser vista sob duas perspectivas distintas: uma externa, que se estabelece entre os vários devedores e o credor; e uma interna, composta exclusivamente por devedores. E tal condição implica justamente o direito de regresso daquele que realizou o pagamento integral do tributo de obter o reembolso dos valores despendidos dos demais codevedores.

Nos casos em que os devedores solidários são contribuintes e responsáveis, não há de se falar em quota-parte devida pelo responsável, uma vez que este não realizou o fato jurídico tributário. Nesses casos, deve ser assegurada a possibilidade de repercussão jurídica integral do tributo pelo responsável solidário ou, nos casos excepcionais, o direito de ação de regresso.

Ademais, o Código Tributário Nacional estabelece três efeitos da solidariedade, em seu artigo 125, incisos I, II e III. O primeiro inciso tão somente expressa uma decorrência lógica de o pagamento poder ser exigido por qualquer um dos devedores, bem como do princípio da vedação do enriquecimento ilícito. É certo que, se o instituto da solidariedade serve para auxiliar na arrecadação do tributo, ele não pode ser utilizado além de tal finalidade, até porque não há qualquer fundamento que justifique a cobrança maior do tributo.

Quanto ao inciso II do artigo 125, primeiramente, a isenção ou remissão objetiva, ou seja, aquela concedida em razão de determinado aspecto do próprio fato jurídico tributário, exonerará todos os codevedores. Por sua vez, nos casos de isenção ou remissão subjetiva, ou seja, aquela concedida a determinado sujeito, o legislador complementar decidiu, alterando a posição exarada no artigo 124 do Código Tributário Nacional – de que a obrigação solidária seria indivisível –, que se cinge o objeto da prestação, excluindo-se do montante devido a quota-parte que caberia ao sujeito beneficiado pela isenção ou remissão, bem como vedando a possibilidade de exigir dessas pessoas (isentas ou remidas) o pagamento da quantia devida pelos demais devedores solidários.

De qualquer forma, quando a solidariedade existente é entre contribuinte e responsável, há uma solidariedade dependente, em que a solidariedade só subsiste enquanto perdurar a obrigação do contribuinte. Por outro lado, caso a isenção ou remissão beneficie o próprio responsável e não o realizador do fato jurídico tributário, persistirá o débito tributário, que somente poderá ser exigido do contribuinte.

Já o inciso III do artigo 125 trata de dispositivo que opera contra os coobrigados, uma vez que basta um dos devedores solidários ser citado para que se interrompa a prescrição, mas também em benefício daqueles, tendo em vista que, se um sujeito passivo solidário efetua o protesto para interromper a prescrição e assim assegurar seu direito de reaver tributo indevido, o protesto aproveita aos demais.

Quanto a esse inciso, a maior discussão que se põe é sobre a aplicação da regra exclusivamente à prescrição ou se seria possível estender os seus efeitos a todos os prazos extintivos da obrigação tributária, especialmente aos casos de decadência. Destacamos nosso entendimento de que o início do prazo de decadência para um dos devedores conta também para os demais, mas não por aplicação do artigo 125, inciso III, do Código Tributário Nacional, mas em razão da decadência implicar extinção do crédito tributário. Assim, caso haja o reconhecimento da decadência para um dos devedores, o crédito tributário estará extinto para todos.

Por sua vez, quanto à eventual interpretação do artigo 125, inciso III, do Código Tributário Nacional, em prejuízo dos demais devedores, em relação à decadência ou qualquer outro prazo extintivo distinto da prescrição, entendemos que não pode haver qualquer redução de direitos sem expressa previsão legal e, portanto, inaplicável o dispositivo que trata tão somente de prescrição.

11.5.(b) Na responsabilidade tributária subsidiária, o sujeito ativo está obrigado a cobrar inicialmente de um sujeito específico, normalmente o contribuinte, para, apenas em um segundo momento, depois de frustrada a primeira tentativa, poder invadir a esfera patrimonial do responsável tributário. Assim, o responsável só poderá ser compelido a realizar o recolhimento do tributo se restar demonstrado que o sujeito passivo principal não possui patrimônio suficiente para saldar a dívida, estando a responsabilidade limitada ao valor não coberto pelo patrimônio do sujeito passivo principal.

Não há de se falar em obrigação ao pagamento integral da dívida pelo responsável subsidiário ou obrigação solidária ao pagamento do valor restante não alcançado pelo patrimônio do sujeito passivo principal. Isso porque, diferentemente da solidariedade, nos casos de obrigação subsidiária, o tributo deve ser analisado como uma obrigação divisível, em que o responsável subsidiário só pode ser compelido a recolher o exato montante do tributo não satisfeito pelo patrimônio do sujeito passivo principal.

Ainda, não há obrigação solidária entre o sujeito passivo principal e o responsável subsidiário quanto ao restante do tributo, uma vez que, sendo comprovado qualquer aumento patrimonial por parte do sujeito passivo principal, este volta a ser o único responsável pelo pagamento do tributo, não concorrendo com o responsável subsidiário, tendo em vista que a ausência de patrimônio do sujeito passivo principal é condição inafastável para a responsabilização do terceiro nesses casos. Por outro lado, sendo demonstrada a ausência de patrimônio por parte do sujeito passivo principal, o responsável subsidiário é o único responsável (no sentido comum da palavra) pelo pagamento do tributo.

11.5.(c) Finalmente, a responsabilidade pessoal pode ocorrer em razão do nascimento da relação jurídica tributária diretamente em face do responsável tributário ou da exclusão da responsabilidade do contribuinte. O principal apontamento feito quanto ao efeito da referida responsabilidade é justamente o fato de o responsável assumir a condição de único ocupante do polo passivo da obrigação tributária.

Na primeira situação elencada, a pessoalidade é efeito direto da responsabilidade tributária por substituição. Isso porque a norma de substituição prescreve, em seu consequente, a obrigação de o substituto cumprir com a obrigação tributária gerada em virtude de fato jurídico tributário praticado pelo substituído, ao mesmo tempo que exime este último de cumprir com a obrigação.

Na segunda situação, a norma que imputa a responsabilidade ao terceiro exclui, expressa ou implicitamente, a responsabilidade do realizador do fato jurídico tributário, o que culmina na responsabilidade pessoal daquele. Independentemente do termo utilizado, o importante é a compreensão de que a referida responsabilidade pessoal impõe que a obrigação tributária seja constituída e executada tão somente em face daquele respectivo responsável.

11.6. Por fim, destacamos que é imprescindível que se realize o procedimento administrativo de apuração da responsabilidade do terceiro antes de qualquer ato tendente à cobrança do débito tributário ou de constrição de seu patrimônio. Até mesmo nos casos de responsabilidade objetiva, é necessário que tal situação seja devidamente apurada e formalizada, sendo inconcebível a cobrança do débito tributário, seja administrativa seja judicialmente, sem a devida constituição da norma individual e concreta de responsabilização do terceiro.

A individualização do sujeito passivo é requisito essencial do lançamento também porque a devida notificação do sujeito passivo é imprescindível para assegurar-lhe o exercício do contraditório e da ampla defesa, assim como o devido processo legal, em face de título constituído unilateralmente pela autoridade fazendária.

A inscrição em dívida ativa e a consequente execução fiscal, portanto, só pode ser realizada em face daquele sujeito passivo cuja responsabilidade tributária foi devidamente constituída pelo lançamento ou reconhecida em procedimento administrativo próprio. Não se pode admitir a violação do patrimônio de quem não teve conhecimento ou a possibilidade de participar do processo de lançamento do tributo. Em tais situações, falta justamente o requisito da certeza e da exigibilidade ao título executivo.

Admitir a propositura ou redirecionamento da execução fiscal em face de terceiro não devidamente constituído como responsável tributário configura ofensa ao caráter privativo do lançamento tributário, insculpido no artigo 142 do CTN, e à garantia constitucional ao devido processo legal, prevista no artigo 5º, inciso LIV, da Constituição Federal, que dispõe que "ninguém será privado da liberdade ou de seus bens sem o devido processo legal".

12. Diante das conclusões a que chegamos, esperamos ter atingido o objetivo proposto, de estudar os limites da responsabilidade tributária estabelecidos no ordenamento jurídico pátrio, no sentido de poder realizar análise de qualquer norma de responsabilidade tributária, para averiguar sua compatibilidade com as normas previstas na Constituição Federal e no Código Tributário Nacional, bem como para compreender seu fundamento e seu critério para eleição do responsável tributário.

REFERÊNCIAS

AMARO, Luciano. *Direito Tributário brasileiro*. 19. ed. São Paulo: Saraiva, 2013.

ARISTÓTELES. *A política*. Tradução de Roberto Leal Ferreira. 3. ed. São Paulo: Martins Fontes, 2006.

ATALIBA, Geraldo. *Hipótese de incidência tributária*. São Paulo: Malheiros, 2014.

ÁVILA, Humberto. O princípio da isonomia em matéria tributária. *In:* TORRES, Heleno Taveira (Coord.). *Teoria geral da obrigação tributária*: estudos em homenagem ao professor José Souto Major Borges. São Paulo: Malheiros, 2005.

ÁVILA, Humberto. *Sistema constitucional tributário*. São Paulo: Saraiva, 2006.

ÁVILA, Humberto. *Teoria dos princípios*: da definição à aplicação dos princípios jurídicos. São Paulo: Malheiros, 2003.

BALEEIRO, Aliomar. *Direito Tributário brasileiro*. 12. ed. Rio de Janeiro: Forense, 2013.

BALEEIRO, Aliomar. *Limitações constitucionais ao poder de tributar*. 8. ed. Rio de Janeiro: Forense, 2010.

BALEEIRO, Aliomar. *Uma introdução à ciência das finanças*. 14. ed. rev. e atual. por Flávio Bauer Novelli. Rio de Janeiro: Forense, 1990.

BAPTISTA, Marcelo Caron. *ISS*: do texto à norma. São Paulo: Quartier Latin, 2005.

BARRETO, Aires F. ISS – Consórcio para execução de obras de construção civil: solidariedade passiva das empresas consorciadas. *Revista Dialética de Direito Tributário*, São Paulo, n. 43, p. 164-184, abr. 1999.

BARRETO, Aires Fernandino. *ISS na Constituição e na Lei*. São Paulo: Dialética, 2003.

BECHO, Renato Lopes. *Responsabilidade tributária de terceiros*: CTN, arts. 134 e 135. São Paulo: Saraiva, 2014.

BECHO, Renato Lopes. *Sujeição passiva e responsabilidade tributária*. São Paulo: Dialética, 2000.

BECKER, Alfredo Augusto. *Teoria geral do Direito Tributário*. 5. ed. São Paulo: Noeses, 2010.

BORGES, José Souto Maior. *Lei complementar tributária*. São Paulo: Revista dos Tribunais; EDUC, 1975.

CANOTILHO, Jose Joaquim Gomes Canotilho. *Direito Constitucional*. 5. ed. Coimbra: Livraria Almedina, 1991.

CANTO, Gilberto Ulhôa. *Codificação do Direito Tributário*. Rio de Janeiro: Instituto Brasileiro de Direito Tributário, 1955.

CARDOSO, Alessandro Mendes. A responsabilidade do substituto tributário e os limites à praticidade. *Revista Tributária e de Finanças Públicas*, São Paulo, n. 68, p. 141-178, jul. 2006.

CARDOSO, Alessandro Mendes. *O dever fundamental de recolher tributos no Estado democrático de direito*. Porto Alegre: Livraria do Advogado, 2014.

CARRAZZA, Roque Antônio. *Curso de Direito Constitucional tributário*. 3. ed. São Paulo: Revista dos Tribunais, 1991.

CARRAZZA, Roque Antônio. *Curso de Direito Constitucional Tributário*. 30. ed. rev. ampl. e atual. até a Emenda Constitucional n. 84/2014. São Paulo: Malheiros, 2015.

CARRIÓ, Genaro R. *Notas sobre derecho y linguaje*. 4. ed. Buenos Aires: Abeledo-Perrot, 1994.

CARVALHO, Aurora Tomazini de. *Curso de teoria geral do Direito*: o construtivismo lógico-semântico. São Paulo: Noeses, 2013.

CARVALHO, Paulo de Barros. *Curso de Direito Tributário*. 24. ed. São Paulo: Saraiva, 2012.

CARVALHO, Paulo de Barros. *Direito Tributário:* fundamentos jurídicos da incidência. 10. ed. rev. e atual. São Paulo: Saraiva, 2015.

CARVALHO, Paulo de Barros. *Direito tributário, linguagem e método*. São Paulo: Noeses, 2008.

CARVALHO, Paulo de Barros. Grupos econômicos e responsabilidade tributária. *In*: VALLE, Mauricio Dalri Timm do; VALADÃO, Alexsander Roberto Alves; DALLAZEM, Dalton Luiz. (Coord.). *Ensaios em homenagem ao professor José Roberto Vieira*: ao mestre e amigo, com carinho. 1. ed. São Paulo: Noeses, 2017.

CARVALHO, Paulo de Barros. Limitações constitucionais ao poder de tributar. *Revista de Direito Tributário*, São Paulo, n. 62, p. 111-132, out./dez. 1993.

COÊLHO, Sacha Calmon Navarro. Obrigação tributária: art. 128. *In*: NASCIMENTO, Carlos Valder do (Coord.). *Comentário ao Código Tributário Nacional*: (Lei nº 5.172, de 25.10.1966). Rio de Janeiro: Forense, 1999.

COÊLHO, Sacha Calmon Navarro. Sujeição passiva direta e indireta: substituição tributária *In*: ROCHA, Valdir de Oliveira (Coord.). *Grandes questões atuais do Direito Tributário*. São Paulo: Dialética, 2009. v. 13.

COÊLHO, Sacha Calmon Navarro. *Teoria geral do tributo, da interpretação e da exoneração tributária*. São Paulo: Dialética, 2003.

CONRADO, Paulo Cesar (Coord.). *Processo tributário analítico*. São Paulo: Noeses, 2013. v. 2.

COSTA, Pietro; ZOLO, Danilo (Orgs.). *O Estado de Direito*: história, teoria. São Paulo: Martins Fontes, 2006.

COSTA, Pietro. *Soberania, representação, democracia*: ensaios de história do pensamento jurídico. Curitiba: Juruá, 2010.

COSTA, Regina Helena. *Curso de direito tributário:* constituição e código tributário nacional. São Paulo: Saraiva, 2009.

COSTA, Valterlei Aparecido da. *Ensaio para uma teoria trilógica do tributo:* um estudo normativo sobre tributação, competência e lançamento. 2019. 248 p. Dissertação (Mestrado em Direito do Estado) – Universidade Federal do Paraná, Curitiba, 2019. Disponível em: https://acervodigital.ufpr.br/bitstream/handle/1884/66389/R%20-%20D%20-%20 VALTERLEI%20APARECIDO%20DA%20COSTA.pdf?sequence=1&isAllowed=y.

DARZÉ, Andréa M. *Responsabilidade tributária*: solidariedade e subsidiariedade. São Paulo: Noeses, 2010.

DENARI, Zelmo. *Solidariedade e sucessão tributária*. São Paulo: Saraiva, 1977.

DERZI, Misabel Abreu Machado. *Direito Tributário, Direito Penal e tipo*. São Paulo: Revista dos Tribunais, 1988.

DERZI, Misabel de Abreu Machado. *Do imposto sobre a propriedade predial e territorial urbana*. São Paulo: Saraiva, 1982.

ENGISCH, Karl. *Introduzione al pensiero giuridico*. Milão: Giuffrè, 1970.

FALCÃO, Amílcar de Araújo. *Introdução ao Direito Tributário*. Rio de Janeiro: Rio, 1976.

FERRAGUT, Maria Rita. *Responsabilidade tributária e o Código Civil de 2002*. São Paulo: Noeses, 2013.

FERRAGUT, Maria Rita. Substituição tributária: antecipação, valor agregado e ressarcimento. *Revista de Direito Tributário*, São Paulo, n. 107/108, p. 119-124, 2010.

FERRAZ JR., Tércio Sampaio. *Introdução ao estudo do Direito*. São Paulo: Atlas, 1991.

FERRAZ JR., Tércio Sampaio. Segurança Jurídica e Normas Gerais Tributárias. *Revista de Direito Tributário*, São Paulo, ano V, n. 17-18, p. 51-56. jul./dez. 1981.

FOUCAULT, M. *Microfisica del potere. interventi politici*. A. Fontana e P. Pasquino (Org.). Torino: Einaudi, 1977.

GAGLIANO, Pablo Stolze; PAMPLONA FILHO, Rodolfo. *Novo curso de Direito Civil*: obrigações. 9. ed. São Paulo: Saraiva, 2008. v. II.

GRECO, Marco Aurélio. *Contribuições (Uma figura "Sui Generis")*. São Paulo: Dialética, 2000.

GRECO, Marco Aurélio; GODOI, Marciano Seabra de (Coords.). *Solidariedade social e tributação*. São Paulo: Dialética, 2005.

GRUPENMACHER, Betina Treiger. Sujeição passiva e responsabilidade tributária. *In*: SABBAG, Eduardo (Org.). *Estudos tributários*. São Paulo: Saraiva, 2014.

GRUPENMACHER, Betina Treiger. A regra-matriz de incidência do imposto sobre serviços. *In: O Direito Tributário*: entre a forma e o conteúdo. São Paulo: Noeses, 2014.

HORVATH, Estevão. Não-confisco e limites à tributação. *In*: PARISI, Fernanda Drummond; TORRES, Heleno Taveira; MELO, José Eduardo Soares de (Coord.). *Estudos de Direito Tributário em homenagem ao professor Roque Antonio Carrazza*. São Paulo: Malheiros, 2014.

HORVATH, Estevão. *O princípio do não-confisco no direito tributário*. São Paulo: Dialética, 2002.

HOUAISS, Antônio; VILLAR, Mauro de Salles. *Dicionário Houaiss da Língua Portuguesa*, elaborado no Instituto Antônio Houaiss de Lexicografia e Banco de Dados da Língua Portuguesa. Rio de Janeiro: Objetiva, 2001.

JELLINEK, Georg. *Teoría general del estado*. Granada: Comares, 2000.

JÈZE, Gaston. *Principios generales del derecho administrativo*. Buenos Aires: Editorial Depalma, 1949. v. 1.

JUSTEN FILHO, Marçal. *O imposto sobre serviços na Constituição*. São Paulo: Revista dos Tribunais, 1985.

JUSTEN FILHO, Marçal. O princípio da moralidade pública e o direito tributário. *Revista de Direito Tributário*, São Paulo, n. 67, p. 65-80, 1995.

JUSTEN FILHO, Marçal. *Sujeição passiva tributária*. Belém: CEJUP, 1986.

KELSEN, HANS. *Teoria geral das normas*. Tradução de José Florentino Duarte. Porto Alegre: Sérgio Antônio Fabris, 1986.

KELSEN, Hans. *Teoria geral do Direito e do Estado*. São Paulo: Martins Fontes, 2005.

KELSEN, Hans. *Teoria pura do Direito*. Tradução de João Baptista Machado. São Paulo: Martins Fontes, 1987.

LACOMBE, Américo Masset. *Princípios constitucionais tributários*. São Paulo: Malheiros, 1996.

LEAL, Hugo Barreto Sodré. *Responsabilidade tributária na aquisição de estabelecimento empresarial*. São Paulo: Quartier Latin, 2008.

LOEWENSTEIN, Karl. *Teoría de la Constitución*. Barcelona: Ariel, 1983.

MACHADO, Hugo de Brito; MACHADO SEGUNDO, Hugo de Brito. Os postulados da proporcionalidade e da razoabilidade: algumas notas sobre sua aplicação no âmbito tributário. *Revista de Direito Tributário da APET*, São Paulo, Ano III, 9. ed., p. 55-78, 2006.

MAXIMILIANO, Carlos. *Comentários à Constituição Brasileira de 1946*. 5. ed. Rio de Janeiro: Freitas Bastos, 1954. v. I.

MELLO, Celso Antônio Bandeira de. *Curso de Direito Administrativo*. São Paulo: Malheiros, 2014.

MORAES, Maria Celina Bodin de. O princípio da solidariedade. In: MATOS, Ana Carla Harmatiuk (Org.). *Novos direitos e constituição*. Porto Alegre: Nuria Fabris, 2008.

MORCHON, Gregorio Robles. *Teoria del derecho*: fundamentos da teoria comunicacional del derecho. Madri: Civitas, 1998.

MOSCHETTI, Francesco. O princípio da capacidade contributiva. *In:* FERRAZ, Roberto (Coord.). *Princípios e limites da tributação 2*: os princípios da ordem econômica e a tributação. São Paulo: Quartier Latin, 2009.

MOURA, Frederico Seabra de. *Lei complementar tributária*. São Paulo: Quartier Latin, 2009.

NABAIS, José Casalta. *O dever fundamental de pagar impostos*. Coimbra: Livraria Almedina, 1998.

NOGUEIRA, Ruy Barbosa. *Curso de Direito Tributário*. 14. ed. São Paulo: Saraiva, 1995.

NOGUEIRA, Ruy Barbosa. *Direito Financeiro* (Curso de Direito Tributário). 2. ed. São Paulo: José Bushatsky, 1969.

PAULSEN, Leandro. *Capacidade colaborativa*: princípio de Direito Tributário para obrigações acessórias e de terceiros. Porto Alegre: Livraria do Advogado, 2014.

PAULSEN, Leandro. *Responsabilidade e substituição tributárias*. Porto Alegre: Livraria do Advogado, 2012.

PEDROTTI, Irineu Antonio; PEDROTTI, William Antonio; CARLETTI, Amilcare. *Máximas latinas no Direito*: anotadas. Campinas, SP: Servanda, 2010.

PEIXOTO, Daniel Monteiro. *Responsabilidade tributária e os atos de formação, administração, reorganização e dissolução de sociedades*. São Paulo: Saraiva, 2012.

SANTI, Eurico Marcos Diniz de. *Lançamento tributário*. São Paulo: Max Limonad, 2001.

SANTI, Eurico Marcos Diniz. As classificações no sistema tributário brasileiro. *In: Justiça Tributária*: direitos do fisco e garantias dos contribuintes nos atos da administração e no processo tributário. São Paulo: Max Limonad, 1998.

SARLET, Ingo Wolgang; MARINONI, Luiz Guilherme; MITIDIERO, Daniel. *Curso de Direito Constitucional*. 2. ed. Rio de Janeiro: Revista dos Tribunais, 2013.

SCHOUERI, Luis Eduardo. *Direito Tributário*. São Paulo: Saraiva, 2011.

SCHOUERI, Luís Eduardo. *Normas tributárias indutoras e intervenção econômica*. Rio de Janeiro: Forense, 2005.

SILVA, De Plácido e. *Vocabulário jurídico*. 7. ed. Rio de Janeiro: Forense, 1982.

SOUSA, Rubens Gomes de. Sujeito passivo das taxas. *RDP*, v. 16, p. 340-365, 1949.

SOUSA, Rubens Gomes de. *Compêndio de legislação tributária*. Coordenação: IBET – Instituto Brasileiro de Estudos Tributários. Obra póstuma. São Paulo: Resenha Tributária, 1975.

SOUZA, Hamilton Dias de; FUNARO, Hugo. A desconsideração da personalidade jurídica e a responsabilidade tributária dos sócios e administradores. *Revista Dialética de Direito Tributário*. São Paulo, n. 137, p. 38-64, fev. 2007.

SOUZA, Priscila de. Intertextualidade na linguagem jurídica: conceito, definição e aplicação. *In*: CARVALHO, Paulo de Barros *et al*. *Constructivismo lógico-semântico*. São Paulo: Noeses, 2014.

TAVARES, Diogo Ferraz Lemos. *A supremacia do interesse público e o direito tributário*. Porto Alegre: Núria Fabris, 2012.

TIPKE, Klaus; LANG, Joachim. *Direito Tributário (Steuerrecht)*. 18. ed. Tradução de Luiz Doria Furquim. Porto Alegre: Sergio Antonio Fabris, 2008. v. 1.

TIPKE, Klaus; YAMASHITA, Douglas. *Justiça fiscal e princípio da capacidade contributiva*. São Paulo: Malheiros, 2002.

TOMÉ, Fabiana Del Padre. *A prova no Direito Tributário*. São Paulo: Noeses, 2008.

TOMÉ, Fabiana Del Padre. A incidência do ISS na locação de bens móveis: a importância da definição do fato gerador. *Revista Dialética de Direito Tributário*, São Paulo, n. 129, 38-53, 2006.

TÔRRES, Heleno Taveira. Código Tributário Nacional: teoria da codificação, funções das leis complementares e posição hierárquica no sistema. *Revista Dialética de Direito Tributário* São Paulo, n. 71, p. 84-103, ago. 2001.

TORRES, Ricardo Lobo. *Curso de Direito Financeiro e Tributário*. 6. ed. Rio de Janeiro: Renovar, 1999.

UCKMAR, Victor. Princípio da legalidade: aprovação das prestações pecuniárias coativas pelos órgãos representativos – origem histórica. *In: Princípios comuns de Direito Constitucional Tributário*. 2. ed. Tradução de Marco Aurélio Greco. São Paulo: Malheiros, 1999.

UHDRE, Dayana de Carvalho. *Competência tributária*: incidência e limites de novas hipóteses de responsabilidade tributária. Curitiba: Juruá, 2017.

VARGAS, Jorge de Oliveira. *Princípio do não-confisco como garantia constitucional da tributação justa*. Curitiba: Juruá, 2003.

VIEIRA, José Roberto. *A regra-matriz de incidência do IPI*: texto e contexto. Curitiba: Juruá, 1993.

VIEIRA, José Roberto. Legalidade e norma de incidência: influxos democráticos no direito tributário. *In*: GRUPENMACHER, Betina T. (Coord.). *Tributação*: democracia e liberdade – em homenagem à Ministra Denise Martins Arruda. São Paulo: Noeses, 2014.

VIEIRA, José Roberto. Normas gerais de Direito Tributário: um velho tema sob novíssima perspectiva. *In: 50 anos do código tributário nacional*. São Paulo: Noeses; IBET, 2016.

VILLEGAS, Héctor B. *Curso de Direito Tributário*. Tradução de Roque Antonio Carrazza. São Paulo: Revista dos Tribunais, 1980.

XAVIER, Alberto. Contribuinte responsável no imposto de renda sobre juros pagos a residentes no exterior. *Revista de Direito Tributário*. São Paulo, v. 15, n. 55, p. 82-114, jan./mar. 1991.

XAVIER, Alberto. *Tipicidade da tributação, simulação e norma antielisiva*. São Paulo: Dialética, 2001.